全国司法职业教育"十二五"规划教材

基层法律服务 （第三版）

全国司法职业教育教学指导委员会　审定

主　编◎马建荣

副主编◎彭春艳　柳　捷

撰稿人◎（以姓氏笔画为序）

柳　捷　史　云　彭春艳

徐东晖　原永红　马建荣

魏　巍　史伟丽

中国政法大学出版社

2018·北京

图书在版编目（ＣＩＰ）数据

基层法律服务/马建荣主编. —3版. —北京：中国政法大学出版社,2018.10（2025.6重印）
ISBN 978-7-5620-8579-9

Ⅰ.①基…　Ⅱ.①马…　Ⅲ.①法律－基本知识－中国　Ⅳ.①D920.5

中国版本图书馆CIP数据核字(2018)第223733号

书　　名	基层法律服务 JICENG FALÜ FUWU
出 版 者	中国政法大学出版社
地　　址	北京市海淀区西土城路 25 号
邮　　箱	fadapress@163.com
网　　址	http://www.cuplpress.com (网络实名：中国政法大学出版社)
电　　话	010-58908435(第一编辑部) 58908334(邮购部)
承　　印	保定市中画美凯印刷有限公司
开　　本	720mm×960mm　1/16
印　　张	16
字　　数	305 千字
版　　次	2018 年 10 月第 3 版
印　　次	2025 年 6 月第 6 次印刷
印　　数	26001～31000 册
定　　价	43.00 元

作 者 简 介

马建荣　女，1970 年生，宁夏警官职业学院教授，民商法学硕士，兼职律师，仲裁员，宁夏回族自治区政府法律咨询委员会委员。曾参与编写高职院校法学教学参考书《常用法律文书写作指南》、全国普通高等教育高职高专法律类规划教材《民事法律原理与实务》等公开出版教材，承担并主持宁夏教育厅科研课题"宁夏房地产企业法律风险管理模式研究"，发表多篇论文。

彭春艳　女，1970 年生，湖南司法警官职业学院法律系副教授，法律硕士，兼职律师。长期从事诉讼法学教学和研究工作，先后参编《刑法学》等多部教材。主持"高职法律事务专业教学改革的研究"等多项课题，发表"诊所式法律教育在我院的适用研究"等多篇论文。

柳　捷　男，1959 年生，浙江警官职业学院应用法律系副教授，法学硕士，研究方向为法理学。曾参与编写《司法警察概论》《律师事务所管理概论》《法学基础》等公开出版教材，发表多篇论文。

原永红　女，1964 年生，山东司法警官职业学院教授，全国司法职业教育教学指导委员会法律实务教学委员会委员，兼职仲裁员。从事民法、基层法律服务等课程的教学工作，发表论文 20 余篇，主编《民法原理与实务》等教材多部，主持全国"法律事务专业顶岗实习标准"等省部级以上项目 10 多个。

史伟丽　女，1968 年生，宁夏警官职业学院教授，硕士，宁夏法学会民商法学研究会副会长。法律事务专业学科带头人，兼职仲裁员。从事法理学、民法学等课程的教学工作。公开发表论文 20 余篇，编著《法理学》等书籍 5 部，主持"实践性教学模式在高职法律专业中的应用"等自治区级课题 10 多项。

　　徐东晖　男，1968 年生，安徽警官职业学院讲师，兼职律师。参编《民法学》《合同法》等多部教材。对我国民事立法思想的变化和现行民事法律法规及司法解释的规定有较深入的理解。对民事纠纷的发生和实践处理以及企业法律顾问工作有较全面的理论认识和较丰富的实践经验。

　　史　云　男，1973 年生，宁夏警官职业学院教授，法律硕士。主要承担司法文书、民法、合同法等授课任务。参编《常用法律文书写作指南》《民法原理与实务》《法学基础理论》，发表多篇论文。

　　魏　巍　男，1977 年生，中南财经政法大学经济法学硕士。1999 年参加工作，现任教于武汉警官职业学院，讲师。从教 11 年来公开发表论文、编写教材共计 20 多项。

出 版 说 明

　　世纪之交，我国高等职业教育进入了一个以内涵发展为主要特征的新的发展时期。1999 年 1 月，随着教育部和国家发展计划委员会《试行按新的管理模式和运行机制举办高等职业技术教育的实施意见》的颁布，各地成人政法院校纷纷开展高等法律职业教育。随后，全国大部分司法警官学校，或单独升格，或与司法学校、政法管理干部学院等院校合并组建法律类高等职业院校举办高等法律职业教育，一些普通本科院校、非法律类高等职业院校也纷纷开设高职法律类专业，高等法律职业教育蓬勃兴起。2004 年 10 月，教育部颁布《普通高等学校高职高专教育指导性专业目录（试行)》，将法律类专业作为一大独立的专业门类，正式确立了高等法律职业教育在我国高等职业教育中的重要地位。2005 年 12 月，受教育部委托，司法部组建了全国高职高专教育法律类专业教学指导委员会。2012 年 12 月，全国高职高专教育法律类专业教学指导委员会经教育部调整为全国司法职业教育教学指导委员会，积极指导并大力推进高等法律职业教育的发展。

　　截至 2007 年 11 月，全国开设高职高专法律类专业的院校有 400 多所，2008 年全国各类高校共上报目录内法律类专业点数达到 700 多个。为了进一步推动和深化高等法律职业教育教学的改革，促进我国高等法律职业教育的质量提升和协调发展，原全国高职高专教育法律类专业教学指导委员会（现全国司法职业教育教学指导委员会）于 2007 年 10 月，启动了高等法律职业教育规划教材编写工作。该批教材积极响应各专业人才培养模式改革要求，紧密联系课程教学模式改革需要，以工作过程为导向，对课程教学内容进行了整合，并重新设计相关学习情景、安排相应教学进程，突出培养学生一线职业岗位所必需的职业能力及相关职业技能，体现高职教育职业性特点。教

材的编写力求吸收高职教育课程开发理论研究新成果和一线实务部门工作新经验，邀请相关行业专家和业务骨干参与编写，着力使本规划教材课程真正反映当前我国高职高专教育法律类专业人才培养模式及教学模式改革的新趋势，成为我国高等法律职业教育的精品、示范教材。

全国司法职业教育教学指导委员会
2013 年 6 月

第三版说明

　　《基层法律服务》第二版付梓后，在使用过程中发现一些需修改校对的内容，各位编写人员亦结合教学反馈及相关法律法规的变化，对相应内容作了修订和调整，以期更加贴合实践，适应教学需要。

　　此次除单元四、单元七未做修订外，其他内容均由各单元参编人员结合最新法律法规作了重新修订。

　　具体详见各单元。

编　者

2018 年 6 月

第二版说明

　　《基层法律服务》第一版付梓印刷后，在使用过程中发现一些需修改校对的内容，各位编写人员亦结合教学反馈及相关法律法规的变化，对相应内容作了修订和调整，以期更加贴合实践，适应教学需要。

　　此次修订的有单元一、单元三、单元六、单元七、单元八的内容。

　　具体详见各单元。

编　者

2013 年 9 月

编 写 说 明

　　《基层法律服务》是全国政法干警招录培养体制改革试点专业"法律事务专业（基层司法行政事务方向）"的专业核心课程。该课程教材编写组依据法律事务专业人才培养目标和课程标准，遵循高职高专教育规律，紧密联系司法行政系统工作实践，以基层法律事务职业岗位（群）的相关法律服务工作过程和工作任务分析为基础，以培养职业能力为主线，选取和序化教材内容，设计学习单元，突出教材内容的职业性、教学活动的实践性和教学效果的针对性。

　　本教材内容包括基础理论和实务两部分。基础理论部分简要介绍基层法律服务工作基本制度，为学习者明确将来的工作性质并做好相关实务工作奠定基础；实务部分以常见的基层法律服务事务为载体，围绕民间纠纷法律事务处理实务及技巧，提炼典型工作任务，设计相关学习情境，明确具体纠纷的处理方法和步骤，训练相应的基层法律事务处理能力，真正体现本课程学习的理论必须性、职业针对性，实现培养学生基层法律服务实际能力的目标。本教材共包括学习单元8个、学习情境23个、范例16个、实例20个，拓展训练（思考习作）35个。本教材也适用于高职高专法律类相关专业选用，同时还适用于在职干警的业务培训。

　　本教材由主编马建荣拟定编写提纲和编写计划，副主编彭春艳、柳捷等参与了编写体例的商讨、确定，主编马建荣统稿并统一修改、定稿。

　　本书编写人员撰写分工如下（按编写单元次序）：

　　柳　捷（浙江警官职业学院）　　　　学习单元一；

　　史　云（宁夏警官职业学院）　　　　学习单元二；

　　彭春艳（湖南司法警官职业学院）　　学习单元三；

徐东晖（安徽警官职业学院）　　　　学习单元四；

原永红（山东司法警官职业学院）　　学习单元五；

马建荣（宁夏警官职业学院）　　　　学习单元六；

魏　巍（武汉警官职业学院）　　　　学习单元七；

史伟丽（宁夏警官职业学院）　　　　学习单元八；

　　在本书编写过程中，我们得到了全国高职高专教育法律类专业教学指导委员会以及中国政法大学出版社的大力支持，在此深表感谢！此外，诚挚感谢浙江警官职业学院、湖南司法警官职业学院、宁夏警官职业学院的各位领导和老师为本书的编写给予的大力支持！本书的编写参考和借鉴了大量的教材、学术著作和网络媒体资讯，并吸收和借鉴了学者、专家的研究成果，对此谨向原作者致以衷心的感谢！鉴于本书由各地多所警官院校的多名老师合作编创，写作风格上不尽一致在所难免，同时，限于编写者的理论水平和司法实践经验，书中出现疏漏甚至错误在所难免，敬请读者谅解和指正。

编　者

2018 年 6 月 6 日

目录CONTENTS

学习单元一 基层法律服务概述

学习目标

● 了解基层法律服务的基本制度及基本规定，掌握基层法律服务的特点、性质、工作目标与基本原则。

● 了解基层法律服务的基本工作状态，熟悉、掌握一般的法律服务技能与技巧，可以为基层民众熟练地提供亲民、本土、准确、到位的法律服务。

一、基层法律服务概述

（一）概念、性质与特点

1. 概念。所谓基层，是指各种组织机构中最下层的，与人民群众联系最直接的一级机构；所谓法律，是指拥有立法权的国家机关依照立法程序制定的规范性法律文件；所谓服务，是为集体或他人的利益或某种事业而从事的一种工作。

本教材所指称的基层法律服务机构主要是指设立在城市里区一级、农村中乡镇一级的司法所和设立在城市街道、农村乡镇的法律服务所。鉴于另有专门的课程教材介绍司法所的工作，所以本教材仅介绍基层法律服务所的工作任务。

基层法律服务所是依据司法部发布的行政法规《基层法律服务所管理办法》设立的，该法规由司法部于2000年3月30日以第59号令的形式发布，施行17年之后，经司法部部务会议修订通过，于2017年12月25日由司法部令第137号的形式修订公布，自2018年2月1日起正式施行。

根据上述《基层法律服务所管理办法》的规定，基层法律服务所是在乡镇和街道设立的法律服务组织，是基层法律服务工作者的执业机构，是按照司法部规定的业务范围和执业要求，面向基层的政府机关、基层群众性自治组织、企业事业单位、社会组织和承包经营户、个体工商户、合伙组织，以及为公民提供法律服务，维护当事人合法权益，维护法律正确实施，促进社会稳定、经济发展和法治建设，为社会提供服务的法律机构。

目前基层法律服务所的体制形式有两种：①事业体制，②合伙体制。

依照《基层法律服务所管理规定》，基层法律服务所应当有规范的名称和章程；有3名以上符合司法部规定条件、能够专职执业的基层法律服务工作者；有住所和必要的资产。

事业体制基层法律服务所除应当符合上述规定外，还应当持有事业单位登记管理机关颁发的《事业单位法人证书》。

普通合伙制基层法律服务所除应当符合上述规定外，还应当至少有2名具有3年以上执业经历、能够专职执业的基层法律服务工作者作为合伙人，并有经全体合伙人协商一致并签名的合伙协议。

基层法律服务所是设置在最基层的，运用自己的法律知识和法律技能，依法为处于乡镇和街道的社区民众、农村百姓，尤其是为弱势群体，例如流动到城市打工的外来务工者，远离家乡的外出务工者，偏远农村的留守老人、儿童等低收入群体，在经济、民事、行政等法律事务层面上，提供最直接服务的一级组织。

基层法律服务所始建于20世纪80年代初期、中期，主要是为了弥补我国律师制度恢复之初存在的律师数量难以满足大量基层法律服务需求状况而出现的一种法律服务机构。

20世纪80年代，在当时律师极为稀少的情况下，通过建立法律服务所，利用贴近基层、便利群众、服务便捷、收费低廉等优势，面向基层社会提供法律服务。基层法律服务工作者与律师形成了竞争关系。在《中华人民共和国行政许可法》实施之前的2000年，根据司法部《基层法律服务所管理办法》的规定和有关实施意见，广泛开展了基层法律服务所的调整整顿工作，对已有的经司法行政机关批准设立的各种形式的基层法律服务所进行了一次全面的清理检查，并在调整整顿的基础上按新的管理体制重新办理设立登记。2000年，司法行政机关继续采取多种措施，提高人员整体素质。根据《基层法律服务工作者管理办法》建立了规范的执业资格认定和执业准入控制制度。2000年12月24日，司法部组织了首次全国基层法律服务工作者执业资格统一考试。

2012年8月31日第十一届全国人民代表大会常务委员会第二十八次会议第二次修正的《民事诉讼法》（已修改）第58条明确规定，基层法律服务工作者和律师一样均可作为诉讼代理人参加民事诉讼。这是我国立法机关第一次从法律层面明确了基层法律服务工作者的执业依据。这对于维护当事人的合法权益，调动基层法律工作者的积极性，防止不具有诉讼代理人资格的公民参与诉讼具有重大意义。

在政府的统一部署之下，各地归司法行政系统管理的、由国家出资办理的、占国家行政编制的（公务员编制）的律师事务所、法律服务所主要建立在城市，但在县、乡以下的基层地区，则严重缺乏法律服务机构。后来随着体制改革，国家出台了一系列的方针政策，引导律师事务所、法律服务所改制，由国办向合作、合伙制改变，由国有向非国有方向发展，以激发活力，增加数量，提高质量，扩大服务面。

在中央政策的指导推进下，现在的基层法律服务所渐渐地形成了相对稳定的为底层低收入民众服务的社会分工结构，体制形式也固定为有政府财政支持的事业体制与自负盈亏的民间合伙体制。

2. 特点。基层法律服务具有亲民、本土、高效率、低成本的基本特征。

（1）空间距离近。法律服务所一般设在其他法律服务机构（如律师事务所）不愿意设置的、地段相对偏远的、人口密度不是太高、相对不够繁荣热闹的地区，但它却与社区民众、农村百姓地理位置相对较近，与普通民众，尤其是低收入的弱势群体所在的生产生活区域密切接触。

（2）心理距离近。与其他法律服务机构相比较，基层法律服务所的办公场所、硬件设施大多比较简便、简陋。它一般不设在高楼大厦、豪华写字间内，它的朴实简单，给一般的民众、普通的寻求法律帮助者提供了一个出入随意自在、访谈无心理压力、熟悉适宜的背景环境。许多在基层法律服务所里进行的调解，都因平和对话的气氛而有力地促成了纠纷双方当事人合意的达成。

（3）文化背景近。基层法律工作者多为本土出生人士，或者虽为外乡人，但是已在当地工作多年，充分了解所在地区的乡土民情并已基本融入当地文化，基于这样相同的文化背景，基层法律服务者与当地民众遇事也就有着共同的心理反应，双方互有身份认同感，共同语言多，地理、心理零距离，沟通基本无障碍，这也是基层法律服务工作者与本土民众易于交流沟通的有利条件之一。

（4）高效率。基于以上三点，基层法律服务工作者在为民众提供法律服务时就自然具备了时间成本节省、交通成本节省、沟通成本节省的特点，再加上绝大多数基层法律服务工作者的敬业、努力、勤奋，随叫随到，效率当然也就大大提高。

（5）低成本。基层法律服务所与律师事务所收费标准都是经过国家有关管理部门批准的，但基层法律服务所与律师事务所的收费标准相比，低廉得多。对于一般民众而言，普通的民间纠纷，有时候不一定需要名牌大律师提供涉讼服务，低收费的法律服务工作者可能足以帮助他们解决一般的法律问题。低收费不一定等于劣质服务，基层法律服务工作者能为乡里乡亲尽心尽力地提供优质服务。

（6）解决法律纠纷的手段多样化。基层法律服务工作者一般以化解纠纷、维护稳定，促进团结为目的，能不诉讼就尽量不诉讼，重在调解解决，拒绝挑词架讼，反对浪费司法资源。基层法律服务工作者以简洁便利、价廉质优的服务方式，节约了当事人的时间成本和经济成本，使当事人以相对较低的代价获取了相对较大的利益。

以司法效率为例，若走诉讼途径，根据《民事诉讼法》的规定，普通程序审结期限为 6 个月，如果因为特殊情况在 6 个月内不能审结的案件，经过本院院长的批准之后，可以延长 6 个月；仍然需要延长的，须报请上级法院同意。若再加上其他各种因素对审判过程的影响，案件审理久拖不决的现象已是司空见惯。所以，效率因素加上其他诸如技术因素、经费因素等多种因素导致普通民众对诉讼解决纠纷的方式视为畏途。而调解比诉讼的方式简洁便利得多，经过法院确认的调解书同样具有法律效力。

另外，从人际关系、感情维系的角度来说，中国素有"惧讼、无讼"的传统习俗，在我国，纠纷当事人通过诉讼的方式实现权利救济的结果，可能最终的结果，不一定对自己有利，因为诉讼往往意味着紧张的利益对抗，导致和谐的人际关系被撕裂，这对于讲究人际关系、人情社会的中国老百姓来说，无疑也是一种高昂的成本。而基层法律服务所参与的民间调解，却能避免诉讼方式的低效率、高成本，它可以使纠纷的双方当事人在协商与对话的氛围中握手言和，达成合意，化干戈为玉帛，这比耗时费力的竞技型诉讼更有利于纠纷双方当事人之间长久的感情维系。

（7）新力量的输入。目前，随着我国政法招录体制的改革，一批批优秀的退伍军人、大学毕业生，甚至有一些硕士毕业生在受过专业的岗前高等教育培训之后，逐步充实到了政法工作的基层单位——城乡司法所、基层法律服务所，在这新的工作岗位上，他们正在和将要以自己在基层经受过锻炼后拥有的良好素质、丰富的社会阅历、对基层法律服务工作的热情以及对基层民众尤其是对急需帮助的社会弱势群体的关爱情怀，努力工作，深入基层，为基层人民政府、企事业单位和广大人民群众提供便利的法律服务，维护国家法律的正确实施，维护公民、法人的合法权益。

新力量的输入，使我国的基层法律服务工作者的学历水平、专业水平、人员素质都达到了一个前所未有的新高度。

（8）新方法的使用。随着社会的飞速发展，我国已踏入"互联网＋"的新时代。原有的时间、空间距离已被互联网科技突破。新的时代带来了新的挑战与新的机遇。许多基层法律服务工作者看到了并且把握住了时代与社会进步的方向与脉搏，他们与时俱进，面向自己服务的群体，因地制宜，有的放矢，在"互联网＋"的时代，以手机网络服务为自己的当事人提供线上法律支持。

2018 年 3 月，我国工信部发布调查数据，中国移动电话用户数达 14.4 亿人。另据某互联网公司 2017 年调查大数据显示，目前中国有 7 亿多网民是使用手机上网，结合农村地区，电脑家庭比例较低，手机覆盖率高达到 90% 的现状，考虑到基层体力劳动者手机上网应用更广，且手机人人皆有，手机网络使用率高的特点，许多基层法律服务工作者为基层民众提供量身定做、无违和感的手机网络法律服务。手机网络法律服务使民众，特别是广大农村居民、外来、外出务工者跨地域地享受到便宜便利的法律服务。许多基层法律服务工作者利用微信视频、微信语音通话为外出打工者提供线上远程面对面的法律帮助，还有一些基层法律服务工作者通过手机 APP 应用，为当事人提供在线 24 小时法律服务互动服务，有的基层法律服务所开通了微信公众号、借助新兴自媒体搭建法律服务"微平台"，加强微博、微信与门户网站信息共享，建立与网友的互动沟通机制，也有基层法律服务工作者利用各种新开发的互联网移动终端线上服务技术，为本地民众提供色彩缤纷的法律服务，还有一些基层法律服务工作者指点、协助、代理当事人使用手机网络进入"掌上法院"，或者登录法院的"在线矛盾纠纷多元化解平台"（简称 ODR 平台）完成诉讼业务。

值得注意的是，上述这些基层法律服务工作者，扬长避短，发扬自己亲民、便捷、勤奋、掌握移动终端新技术之长，避开自己法律专业水平、诉讼技巧不如大牌律师之短，在服务对象的选取上，绕开了律师服务的高收入群体，心甘情愿地扎根于普通劳动者之中，他们在手机上网、手机应用 APP 的使用上，胜过了许多专业律师。打下了自己的业务天地，开拓出自己的生存空间。

（二）性质与作用

根据 1992 年国务院发布的《中共中央、国务院关于加快发展第三产业的决定》，法律服务机构属于社会中介机构，不占国家编制，属于第三产业。既然法律服务机构属于第三产业，那就应该与律师事务所一样，是面向社会、为民众提供法律服务的有偿服务的中介组织，但由于我国各地经济发展水平不同，区域性的文化背景不一，法律服务所改制成为第三产业的步伐难以一步到位，各地的法律服务机构实际改制情况也有快有慢，比如有些地方仍然是法律服务机构和乡镇人民政府管理司法行政的机构——司法所合署办公，两块牌子一套人马，既有行政机关的属性，又有第三产业有偿经营服务机构的功能，而有的地方已经经过改制，脱离了行政机关的支持扶助，成为独立的、自收自支的服务机构。

法律服务所的作用具体表现为：

1. 法律服务所是同司法助理员或司法办公室合署的司法所或基层法律服务所，在进行法律服务的同时履行司法行政职责，准确地说是在履行政府职能的同时承担着向社会公众提供法律服务职责的组织，它同公安派出所、人民法庭一样仍属政法部门的基层组织，担负着普法、依法治理、人民调解、安置帮教、社区矫正、法律服务等司法行政工作的职责，在推行民主法治、帮助弱势群体、维护公平正义、化解矛盾纠纷、实现社会和谐的过程中，具有不可替代的地位和作用，是构建社会主义和谐社会，全面建设小康社会的一支重要基础力量。这种性质的基层法律服务所不属于社会法律咨询服务机构，乡镇（街道）法律服务所是为适应基层经济建设和民主法制建设需要而建立的基层法律服务机构，它不是营业性的法律咨询服务机构，而是属于政法部门的基层组织。法律服务所的主任由司法助理员兼任，主任之外的其他工作人员可以不占国家行政编制（公务员编制），可以是政府批准的全额拨款的事业编制，或经费差额管理的事业编制，也有部分人员不依赖政府拨款，自收自支，减轻了国家负担。

2. 基层法律服务所的任务明确规定：为社会基层组织提供有偿的法律服务，服务所主任仍由司法助理员兼任，副主任由专职乡镇法律服务工作者担任。但在内部管理分工上，社会法律服务与行政性质的司法助理员的工作明确分开，当然，此举属于过渡性质。

根据《基层法律服务所管理办法》的规定，自 2018 年 2 月 1 日起，基层法律服务所的人员、财务、职能应当与司法所分离。

3. 基层法律服务所完全脱离财政拨款，减轻了国家、社会负担，面向社会，给民众提供有偿服务，自收自支，自我发展。

非官方性质的民间基层法律服务是官办、半官办性质的基层法律服务所改制发展的目标。所有的非民间性质的法律服务所，包括事业体制的基层法律服务所，今后都将改制成为民间性质的中介机构。

目前，基层法律服务所的体制形式有两种：事业体制、合伙体制。

基层法律服务工作者经过近三十年的发展，对社会进行法律服务的质量显著提高，业务素质在实践中得到了发展，满足了中国基层社会和低收入群体的大部分法律服务需求，为基层和农村稳定、和谐、发展做出了积极贡献。

基层法律服务制度与律师，公证制度等共同构成了我国司法行政工作的重要组成部分。基层法律服务工作者是在我国律师法律资源严重不足的情况下产生的，在我国社会主义法治化建设中发挥了重要作用。

（三）工作目标与原则

1. 工作目标。法律服务所协助基层司法所、公安派出所、人民法庭打造平安社会，担负起下列工作职责：普法宣传；协助政府依法治理、安置帮教；社区矫正；参与人民调解；通过案件分流，合理分配司法资源，缓解人民法院的诉讼负荷，降低纠纷的解决成本；提供法律服务；等等。并且有力地推进民主法治建设，帮助弱势群体，维护公平正义，化解矛盾纠纷，努力促成小到邻里互助、友善相处，大到安定团结、和谐社会的建成。

2. 工作原则。法律服务所立足于服务社会，解决纠纷，维护社会秩序的稳定，知法、守法、普法，遵守乡规民约，打造和谐社会。基层法律服务不能唯利是图，不能只重视经济效益而不重视社会利益。基层法律服务工作者应该是一个调解纠纷的司法助理员，为老百姓化解纠纷，通过普法说理、说服劝解，化干戈为玉帛，淡化矛盾，力争用非诉讼的手段解决纠纷，使基层尽可能地减少动荡因素，促成和谐社会的建成。

二、基层法律服务机构的管理制度

（一）司法行政机关对基层法律服务所的管理制度

司法行政机关对基层法律服务所行使管理权。

1. 名称管理。基层法律服务所应当有规范的名称。

基层法律服务所只能使用一个名称。名称应当由以下三部分内容依次排列组成：县级行政区划名称，乡镇、街道行政区划名称或者字号，法律服务所。

2. 章程管理。基层法律服务所应当有规范的章程，基层法律服务所章程应当载明下列事项：

（1）名称、住所。

（2）本所法定代表人或者负责人的职责。

（3）执业工作制度。

（4）基层法律服务工作者及辅助工作人员的聘用、管理办法。

（5）财务管理制度、分配制度。

（6）其他内部管理制度。

（7）停办、解散及清算办法。

（8）章程修改的程序。

（9）其他需要载明的事项。

3. 考核、变更、终止、解散的管理。设区的市级或者直辖市的区（县）司法行政机关应当每年对基层法律服务所进行年度考核。基层法律服务所的年度考核材料，经所在地县级司法行政机关审查后报送设区的市级司法行政机关审核，或者由直辖市的区（县）司法行政机关审核。

基层法律服务所变更名称、法定代表人或者负责人、合伙人、住所和修改章程的，应当由所在地县级司法行政机关审查同意后报设区的市级司法行政机关批准，或者由直辖市的区（县）司法行政机关批准。

基层法律服务所发生变更、终止、解散的事由后，必须经所在地县级司法行政机关审查后报设区的市级司法行政机关办理相关手续，或者由直辖市的区（县）司法行政机关办理相关手续。

4. 《基层法律服务所执业证》的管理。《基层法律服务所执业证》分正本和副本。正本应当悬挂于执业场所，副本用于接受查验。正本和副本具有同等的法律效力。执业证不得伪造、涂改、抵押、出租、出借。

5. 县级司法行政机关和乡镇、街道可以对基层法律服务所定期或不定期检查。司法行政机关定期对基层法律服务所进行考核，并通过考核来确定基层法律服务所能否注册。对于工作成绩显著、队伍建设好、管理制度完善的基层法律服务所予以表彰奖励或记功嘉奖。对违反管理规定的基层法律服务所，由县级或地级司法行政机关予以处罚。

（二）基层法律服务所的内部管理

基层法律服务所必须按照《基层法律服务所管理办法》的规定，进行内部管理。主要内容包括：

1. 统一收案制度。基层法律服务所必须以服务所的名义对外收案，所有案件统一到服务所办理收案手续，由所里指派基层法律服务工作者承办，不允许工作人员私自接案，这有利于保护当事人的合法权益，维护基层法律服务所的纪律，使基层法律服务工作者的个人工作处在基层法律服务所的整体服务之中。

2. 重大案件和疑难事务集体讨论及报告制度。

（1）所谓重大案件，是指可能影响到当地的安定团结，在当地具有较大影响的治安类、行政类、群体上访类案件，或是有一定规模的群体性纠纷案件，另外，争议数额较大的民事类、经济类案件也属于重大案件。

（2）所谓疑难事务，是指当事人要求基层法律服务所办理的事务在政策上暂不明确的，在法理分析上有重大歧义的，在适用法律条款上有多种可能性的，或在证据材料方面的调查取证上有困难阻力的，或因事件发生的时间久远导致事实难以查清的，等等。

（3）所谓集体讨论制度，是指在处理此类案件时，承办人提出初步意见之后，由服务所主任召集全所法律工作者集体讨论，通过讨论决定处理方式，或继续办理，或请示上级主管机关，或请求有关部门协助解决。

（4）所谓报告制度，是指遇有重大疑难事务，尤其是遇有上级主管机关指定的需要重点关注的案件，基层法律服务所必须及时向司法行政机关报告的制度。特别是遇到群体性纠纷的案件，基层法律服务所要争取司法行政机关和乡镇人民政府、街道办事处的支持，通过其他部门的配合，使案件得到合法、合理的处理，保证当地社会的安定团结。

3. 财务管理制度。基层法律服务所原则上实行自收自支、独立核算、专款专用。业务收费的项目、标准、手续由各地司法厅（局）拟定，报当地物价、财政部门审批，收费必须使用财政部门统一印制的收费专用票据，基层法律服务工作者不得私自收费。必须建立健全基层法律服务所的财务管理制度，地方司法行政主管部门可以从基层法律服务所业务收费中适当提取不超过全年收入10%的管理费。

4. 业务档案管理制度。基层法律服务所的业务档案是指在办理各项法律事务中形成的具有考察利用价值的文字、图表、音像等不同形式或载体的材料，是基层法律服务工作过程的真实有形记录。

基层法律服务所必须建立档案管理制度并安排档案管理人员。案卷由具体承办人收集整理并立卷归档。档案的移交、保管及利用须按相关规定制度化。

三、基层法律服务机构设置

（一）设置基层法律服务所的条件

1. 地理位置条件。法律服务所一般建立在乡镇或街道一级的基层地区，这是因为这些地区的中高级法律服务人才相对缺乏，律师事务所覆盖不到，而低收入群体、一般民众、中小乡镇企事业单位又对法律服务的需求比较迫切。基层法律服务机构的设置是我国一定历史时期、一定历史条件下的产物。由于我国律师制度恢复时间不长，律师数量有限，律师事务所一般地处人口众多、经济繁荣的大中型城市，许多基层地区没有律师事务所，缺乏律师服务，一般的低收入群体、普通的平民百姓经济能力有限，请不起或请不到业务水平较高但收费也相对较高的律师，所以具有中国特色的、亲民的、乡土的、收费低廉的基层法律服务工作者也就应运而生，并且占据了一定比例的市场份额。

2. 工作人员条件。20 世纪 80 年代，司法部规定法律服务所由政治、业务素质较好的司法助理员带领 2 名高中以上文化程度、能够从事法律服务的专职人员组成。基层法律服务所由 3 人以上组成，设主任 1 人，可以由司法助理员兼任，必要时可设副主任 1 人。组成人员可以聘用，并须经乡镇人民政府、街道办事处和县（市、区）司法局考核。

近年来，随着高等教育的渐次普及，大学毕业生深入基层，下乡就业，担任村干部，法律服务人才大量增加，许多地方已经分所办公（司法所与法律服务所分所办公），司法助理员也不再兼任基层法律服务所的主任。根据《基层法律服务所管理办法》的规定，自 2018 年 2 月 1 日起，基层法律服务所的人员、财务、职能应当与司法所分离。另外，20 世纪 80 年代规定的高中毕业即可从事基层法律服务所工作，只是当时的一个最低要求，如今各地已根据当地的实际情况，调高了准入门槛。

3. 法律服务所办公条件。因地制宜，有合适的办公场所和必要的办公条件。

4. 名称和章程。基层法律服务所必须依法取名、制定章程并向司法行政机关报批。

（二）基层法律服务所的设立申请

设立基层法律服务所，可以由住所地的县级司法行政机关组建，也可以在县级司法行政机关的指导下，由本辖区的乡镇人民政府或者街道办事处组建。设立城市街道法律服务所，由街道办事处在市、区司法行政机关指导下组建。

设立基层法律服务所只能由乡镇人民政府或街道办事处，或县级司法行政机关组建，不能由基层法律服务工作人员自己提出申请。不允许行业主管部门、社团组织、企业事业单位发起组建基层法律服务所，更不允许个人以自愿组合的方式发起组建基层法律服务所。

（三）基层法律服务所设立的批准

设立基层法律服务所，由住所地的县级司法行政机关组建，或在住所地的县级司法行政机关指导下，由住所地乡镇人民政府或者街道办事处组建，并由县级司法行政机关出具审核意见，且由地级司法行政机关核准登记并报省、自治区、直辖市司法行政机关备案。

基层法律服务所经核准后设立，领取《执业证书》，刻制公章，开立银行账户，申请收费许可证。

基层法律服务所停办解散，应经批准后注销登记，收缴《执业证书》、印章、票据和有关文件。自收自支的基层法律服务所，应进行清算。

（四）基层法律服务所内部机构的设置

基层法律服务所的一般结构为：主任1人，副主任1~2人，主任由其所在的基层法律服务所民主推荐，或由乡镇人民政府、街道办事处提名并经县级司法行政机关批准委任或聘任。

基层法律服务所应有专职或兼职人员从事行政工作，管理档案、内务、财会等事务。

基层法律服务所应设立所务会议，由全所的基层法律服务者参与组成，其职责主要为：制订本所发展规划和年度工作计划，制定本所规章制度，审议本所年度工作总结，审议本所年度财务报告、分配方案和重大财务支出项目，审议本所法律工作者的聘用、辞退、奖惩等事项。

四、基层法律服务执业人员

基层法律服务执业人员的定义：基层法律服务执业人员即基层法律服务工作者，是指符合《基层法律服务工作者管理办法》规定的执业条件，经核准执业登记，领取《法律服务工作者执业证》，在基层法律服务所中执业，为社会提供法律服务的人员。

基层法律服务工作者的职责：是依据司法部规定的业务范围和执业要求，开展法律服务，维护当事人的合法权益，维护法律的正确实施，促进社会稳定、经济发展和法制建设。

（一）基层法律服务工作者的资格条件

从事基层法律服务工作，应当具备基层法律服务工作者执业资格。

通过司法考试，具备律师资格、公证员资格或者企业法律顾问资格的人员，也可以申请从事基层法律服务工作。

符合下列条件的人员，可以经过由司法行政主管部门组织的考试或考核，获取执业许可证，取得基层法律服务工作者执业资格：①拥护《中华人民共和国宪法》；②高等学校法律专业本科毕业，参加省、自治区、直辖市司法行政机关组织的考试合格；③品行良好；④身体健康；⑤在基层法律服务所实习满1年，但具有2年以上其他法律职业经历的除外。各省、自治区、直辖市的自治县（旗），国务院审批确定的国家扶贫开发工作重点县，西部地区省、自治区、直辖市所辖县，可以将前文规定的学历专业条件放宽为高等学校法律专业专科毕业，或者非法律专业本科毕业并具有法律专业知识。

具有法律职业资格或者曾经取得基层法律服务工作者执业资格的人员，也可以申请基层法律服务工作者执业核准。

有下列情形之一的人员，不得参加相关考试或者申请执业核准：①因故意犯罪受到刑事处罚的；②被开除公职的；③无民事行为能力或者限制民事行为能力的。

（二）资格的取得

1. 通过考试取得。考试由省、自治区、直辖市司法行政机关组织。

2. 通过考核取得。除通过考试取得执业资格之外，具有高等院校法学本科以上学历的，或者具有大专以上学历并且从事审判、检察业务、司法行政业务工作，或者在人民代表大会、政府部门从事法制工作已满5年的，可以申请按考核程序取得资格。对申请考核取得基层法律服务工作者执业资格的，由地级司法行政机关考核提出意见，报省级司法行政机关审批。

具有法律职业资格或者曾经取得基层法律服务工作者执业资格的人员，也可以申请基层法律服务工作者执业核准。

经考试或者考核合格的人员，由省级司法行政机关报请司法部颁发《基层法律服务工作者执业资格证书》。

（三）执业登记

1. 条件：取得基层法律服务工作者执业资格，符合下列条件的，可以申请基层法律服务工作者执业登记，领取《法律服务工作者执业证》：

（1）具有《基层法律服务工作者执业资格证书》，在基层法律服务所实习满6个月，被该所鉴定合格；基层法律服务所决定聘用。

（2）申请执业登记前从事过律师、公证和企业法律顾问工作或审判、检察业务工作或司法行政业务工作或其他法律业务工作2年以上的，可以不经实习，直接申请执业登记。

2. 发证：省级司法行政机关或者经其授权的下一级司法行政机关，负责基层法律服务工作者执业登记，颁发《法律服务工作者执业证》。

3. 领证：申请基层法律服务工作者执业登记，应当填写《基层法律服务工作者申请执业登记表》，并提交下列材料：申请人的《基层法律服务工作者执业资格证书》，或者律师、公证员、企业法律顾问资格证书；基层法律服务所对申请人实习表现的鉴定意见；基层法律服务所出具的同意聘用申请人的证明；健康状况证明；登记机关要求提交的其他材料。申请执业登记材料，由拟聘用申请人的基层法律服务所提交住所地的县级司法行政机关审查，由其出具审查意见后逐级上报执业登记机关。县级、地级司法行政机关审查的时间均不得超过 15 日。执业登记机关应当自收到申请材料之日起 30 日内完成审核，以书面形式作出准予执业登记或者不准予执业登记的决定。对准予执业登记的申请人，由执业登记机关颁发《法律服务工作者执业证》。不准予执业登记的，应当说明理由。申请人对不准予执业登记决定如有异议，可以按照《行政复议法》和司法部有关规定申请行政复议。

（四）年度注册登记

基层法律服务所工作者取得执业资格后，每年都要进行注册才能执业。经注册机关审核，对符合继续执业条件者予以年度注册。对不符合条件者，暂缓注册或不予以注册。

（五）基层法律服务工作者的聘用制度

基层法律服务所对基层法律服务工作者应当实行聘用制。基层法律服务所应当与被聘用的基层法律服务工作者订立聘用合同。聘用合同应当载明下列事项：聘方名称和应聘方姓名；聘用双方的权利、义务；聘用期限以及届满续聘的办法；聘用期间解除双方聘用关系的条件和办法；违约责任；聘用争议的解决办法。

（六）执业权利、义务

1. 权利。基层法律服务工作者依法执业受法律保护，任何组织和个人不得非法干预。基层法律服务工作者持基层法律服务所出具的介绍信、当事人的委托书和《法律服务工作者执业证》，经有关单位或者个人同意，可以向他们调查、收集与所承办的法律事务有关的证据材料；可以向人民法院申请查阅有关的案卷或者庭审材料。

基层法律服务工作者对坚持非法要求、故意隐瞒重大事实、提供虚假证据或者严重违反委托合同约定义务的当事人，可以拒绝为其代理或者解除委托关系。

基层法律服务工作者在执业过程中发现本地区政府机关、村民（居民）自治组织、企事业单位、社会团体在执行法律、法规和规章方面存在问题的，可以向其提出法律建议。

基层法律服务所应当为基层法律服务工作者执业提供必要的工作条件，维护其在执业活动和所务管理工作中应享有的合法权利，保障其在应聘期间应享有的劳动报酬、保险和福利待遇。

基层法律服务工作者对侵犯其执业权利的行为，可以请求司法行政机关、有关司法机关或者基层法律服务行业协会组织依法予以保障。

2. 义务。基层法律服务工作者执业，应当遵守法律、行政法规和规章，以事实为根据，以法律为准绳，严格依法办事，自觉维护法律尊严与社会正义。基层法律服务工作者应当尽职尽责，努力维护当事人的合法权益，接受当事人和社会的监督。基层法律服务工作者应当遵守由基层法律服务所统一收案、统一委派、统一收费的规定。

基层法律服务工作者应当依照有关规定履行法律援助义务。

基层法律服务工作者应当遵守司法、仲裁和行政执法活动的有关制度，尊重司法、仲裁和行政执法机关及其工作人员依法行使职权。基层法律服务工作者应当尊重同行和其他法律服务工作人员，同业互助，公平竞争，共同提高执业水平。

基层法律服务工作者应当保守在执业活动中知悉的国家秘密、当事人的商业秘密和个人隐私。

（七）考核、奖惩

1. 考核。基层法律服务所应当建立对基层法律服务工作者执业实绩、遵守职业道德和执业纪律情况的年度考核制度。

年度考核结果分为优秀、称职、基本称职、不称职四个等次。年度考核结果应当作为对基层法律服务工作者奖励、处分、辞退以及办理执业证年度注册的依据。年度考核结果，应当报住所地的县级司法行政机关备案。

2. 奖惩。

（1）奖励。基层法律服务所对年度考核被评为优秀或者在平时执业中有突出事迹或者显著贡献的基层法律服务工作者，应当给予奖励。对事迹特别突出的，可以同时报请司法行政机关给予表彰或者记功嘉奖。

（2）惩处。基层法律服务所对基层法律服务工作者违反职业道德和执业纪律，违反司法行政机关管理规定和本所章程、制度的行为或者其他违法行为，应当根据其情节轻重，按照责罚相当的原则，给予处分。处分分为：警告、记过、撤职、留所察看、开除。给予开除处分的，应当按规定程序办理执业注销。对基层法律服务所主任给予撤职处分的，由县级司法行政机关决定。

五、基层法律服务业务范围

基层法律服务所主要开展以下业务：担任本辖区内乡镇人民政府及其各行政

管理部门、村（居）民委员会、企事业单位、农村承包经营户、个体工商户、个人合伙组织以及公民的法律顾问；代理参加民事、经济、行政诉讼活动；代理非诉讼法律事务；主持调解纠纷解答法律咨询；代写法律文书；开展法制宣传教育和其他有关法律事务。

（一）接受公民、法人和其他组织的聘请，担任法律顾问

基层法律服务工作者受基层法律服务所的指派，可以接受聘请，担任本辖区内乡镇人民政府、街道办事处及其各行政管理部门、村委会、居委会、乡镇企事业单位、农民承包经营户、个体工商户、合伙企业以及公民的法律顾问。基层法律服务所接受聘请方的聘请，应当指派1~2名基层法律服务工作者担任法律顾问。法律顾问的工作重点是协助聘请方依法管理、依法经营、依法办事（相关具体工作内容此处从略，详见本教材学习单元八"企业法律事务处理实务"）。

（二）接受民事、经济、行政案件当事人的委托，担任代理人，参加诉讼

基层法律服务工作者受基层法律服务所的指派，可以接受民事、经济、行政诉讼一方当事人的委托，担任代理人参与诉讼活动，支持委托人的合理要求，维护委托人的合法权益，促使案件得到依法公正解决。

1. 条件。基层法律服务工作者接受委托的民事、经济、行政案件，应当具备以下条件：委托人必须是与本案有利害关系的公民、法人，或者其他组织；有明确的对方当事人、具体的诉讼请求和事实依据；属于人民法院的管辖范围；当事人一方位于本辖区范围。

2. 手续。基层法律服务工作者接受委托后，代表基层法律服务所与委托人签订《委托代理合同》，并由委托人在《授权委托书》上签名盖章，注明委托事项、代理权限和范围。委托人授权分为一般代理和特别代理。特别代理由委托人作特别授权，包括接受部分或者全部诉讼请求，变更或者放弃诉讼请求，进行和解、反诉、上诉或者申请撤回上诉。

3. 工作流程。

（1）阅卷。代理人凭委托书和《法律服务工作者执业证》，经人民法院同意，可以查阅与本案有关的材料。

（2）调查取证。代理人凭基层法律服务所介绍信和《法律服务工作者执业证》可以向有关单位和个人进行调查取证。

（3）代理出庭。基层法律服务工作者作为代理人在开庭审理前应拟定代理方案，并与委托人协商交换意见，除特殊情况，应与被代理人共同出庭。代理离婚案件，必须与委托人共同出庭。庭审中，代理人必须遵守法庭规则，尊重审判人员，说理透彻有据，请求合理合法。在法庭调查阶段，经法庭允许，代理人可

以就本案的疑点和关键事实，向证人、鉴定人和勘验人发问，核查案情和证据；必要时可向法庭申请新的证人到庭，申请重新鉴定、勘验和提交新的证据。在法庭辩论阶段，代理人应当根据事实和证据，提出正确适用法律、维护委托人合法权益的意见，反驳对方的错误主张。

（4）审后服务。对一审法院的裁决，如合法合理的，应说服委托人自觉执行，认为法院在认定事实、适用法律方面有不当之处的，或者有违反审判程序之处的，应当向委托人详细说明。对二审法院的裁决，如合理合法的，应当说服委托人自觉执行；认为裁决不当的，应当告知并协助委托人按照审判监督程序提起申诉。

（5）注意事项。基层法律服务工作者与委托人签订《委托代理合同》后，须按规定收费，开具统一发票；在服务所的代理登记册上登记、编写案号；向有管辖权的人民法院起诉或在规定时间内递交答辩状；查阅卷宗、收集有关的证据材料；准备代理词，重大疑难案件的代理词必须经基层法律服务所集体讨论；结案后，由承办人写出结案报告，经基层法律服务所主任审批后归档。

（三）代理非诉讼法律事务

基层法律服务工作者受基层法律服务所指派，可以接受当事人非诉讼法律事务的委托，为当事人提供法律帮助，协助当事人办理有关法律事务。

1. 具体范围。

（1）无争议的民事、经济和行政法律事务。

（2）有争议的，但依法可以经非诉讼程序解决的法律事务。

（3）不服行政裁决，要求申请行政复议的法律事务。

基层法律服务工作者在代理非诉讼法律事务时，对法律、法规有明确规定须经诉讼程序解决的或须经其他法律程序办理的法律事务，不得接受委托以非诉讼方式办理。

2. 基层法律服务工作者代理非诉讼法律事务的服务方式。解答法律咨询，代写法律文书，出具法律意见书，协助审查订立合同、协议、章程，代理参与协商和谈判，代理参与调解、仲裁活动，代理行政复议等各类法律事务。

3. 代理非诉讼法律事务的程序。基层法律服务工作者接受委托后，代表基层法律服务所与委托人签订《委托代理合同》，并由委托人在《授权委托书》上签名盖章，注明委托事项、代理权限和范围；按规定收费，开具统一发票；在服务所的代理登记册上登记、编案号；调查收集有关证据材料；办理代理事项（发函、与对方当事人洽谈、参加非诉讼调解等）；代理结束后，由承办人写出办案报告，经基层法律服务所主任审批后归档。

（四）主持调解纠纷

1. 概念。主持调解纠纷是指基层法律服务工作者受基层法律服务所的指派，接受纠纷当事人的申请，依照一定的标准，居于纠纷的双方当事人之间，用说服疏导的方式，劝导他们自愿达成和解。基层法律服务工作者主持对纠纷进行非诉讼调解，目的是促使双方自愿协商，达成协议，解决纠纷，维护双方当事人的合法权益，维护基层正常的生产、生活和社会秩序。

根据 1990 年 4 月 19 日司法部发布的《民间纠纷处理办法》第 15 条的规定，处理民间纠纷，应当先行调解。调解时，要查明事实，分清是非，促使当事人互谅互让，在双方当事人自愿的基础上，达成协议。

2. 范围。基层法律服务所可以受理调解的纠纷主要有婚姻家庭纠纷、经济纠纷、劳动争议纠纷、生产经营性纠纷、侵权性纠纷以及具有财产权益性的民事纠纷等。

就调解纠纷的工作体系、形态而言，我国目前的调解工作已经形成了一个多层次、多渠道的调解纠纷体系，依照层级递进为：民间调解、行政调解、法院调解。基层法律服务所参与的调解，属于民间调解的一部分。对于法律法规和规章中规定的必须由专门机关管辖处理的纠纷或者人民法院、公安机关以及其他部门已经受理或解决的纠纷，基层法律服务所不得受理调解。

3. 流程、内容。主持调解纠纷的流程与内容可以分为如下三步：

（1）前期审查。审查当事人是否明确，包括当事人的姓名、性别、住址、职业等，如果是法人或其他社会组织，则应当说明其单位地址，法定代表人姓名等基本情况；审查是否有具体的调解要求，把握当事人的预期目标；审查是否有提出调解申请的事实依据，即纠纷的事实，包括纠纷发生的事实情况及相应的证据；审查是否有权进行调解。

（2）制作文书。由双方当事人分别填写调解申请书，内容包括自然人的姓名、性别、民族、身份证号码、住址、职业、联系方式等，如果是法人或其他社会组织，则应当填写其单位的名称、地址，法定代表人的姓名、职务等基本情况，纠纷事实及申请事项。并由申请人签名盖章，签署登记日期。

按规定标准收费，开具统一发票。在法律服务所的非诉讼调解登记册上登记编号。填写相关文书，文书应主要包括的内容有：当事人的基本情况（自然人的姓名、性别、民族、身份证号码、住址、职业、联系方法，法人或其他社会组织，则填写其单位的名称、地址，法定代表人的姓名、职务等）；纠纷事实及调解理由；法律服务所领导的核准签字；日期。

（3）进入调解。认真听取双方当事人的陈述，做好谈话笔录；进行说服教育、劝导工作。引导当事人进一步讲清事实真相，并在当事人的叙述中进一步理清关系，分清各自责任。调解者要有充分的耐心，积极地倾听，给予当事人以充分的时间诉说，并要求另一方当事人不要打断对方的发言，调解者要取得当事人的信任，并使当事人对调解的正当性和结果树立起信心。在当事人陈述完毕之后，调解者应根据当事人的陈述总结要点，尤其是双方声明的要点，重新说明和厘清问题，分清问题的轻重缓急，分清双方的责任，确认争议的问题症结所在。

劝导当事人转变思想，互相谅解，引导当事人从一个适当可行的议题进行谈判，让当事人表露己方的立场与感受，说出自己的期望值，彼此交换看法。调解者从法律、伦理、利害关系的角度予以分析，展开耐心细致的说服教育和疏导工作，晓之以理，动之以情，帮助双方消除分歧，统一认识，达成一致。

调解达成协议后，需制作调解笔录，调解笔录须经基层法律服务所主任审批，调解协议笔录由双方当事人及承办人签名，并加盖基层法律服务所公章。调解笔录包括首部、正文、尾部三部分。首部包括当事人、调解时间、地点、事由、其他参加人等内容；正文主要记载调解的过程，当事人的观点、态度，达成一致的条款等；尾部包括达成调解协议的时间、地点以及当事人、调解人、记录人的签名盖章。

如果调解不成，由承办人写出办结报告，说明调解不成的原因，经基层法律服务所主任审批后归档。

4. 调解的功能。功能有三：①解决纠纷，调解与诉讼一样，可以解决纠纷，而且调解可以不受法定程序的严格限制，具有灵活简便的特点；②实现案件分流，减轻法院工作压力，合理分配司法资源；③降低解决纠纷的时间、经济成本。

（五）解答法律咨询

1. 基层法律服务工作者对当事人提出的有关法律事务方面的咨询应当作出解释和回答，并提出解决问题的具体途径、方法和依据，为当事人提供法律咨询服务，并借此机会进行普法宣传教育。

2. 基层法律服务工作者解答法律咨询的范围，主要是有关民事、经济、行政实体法和程序法方面的问题，以及办理各种具体法律事务的方法和途径。对有关政策问题的咨询，可依据了解的相关政策规定进行解答。

3. 解答法律咨询的程序。包括：填写咨询登记表；认真听取咨询人的陈述，了解咨询的目的和具体要求；根据咨询要求予以解答，解答内容必须正确、合法；接待者应将咨询情况做好记录；按规定标准收费，开具统一发票。

（六）代写法律文书

1. 基层法律服务工作者可以接受公民和法人的委托，代表委托人的合法意志，以委托人的名义，根据事实和法律，代写各种法律事务文书，为委托人办理各项法律事务提供帮助。基层法律服务工作者可以代写民事、经济、行政、刑事方面的诉讼或非诉讼法律事务文书。

2. 代写法律文书的程序：听取当事人的陈述，了解当事人要求代书的具体内容，认真做好记录，查看当事人提供的证据材料，了解相关情况；草拟法律文书，由当事人核对无误之后，注明"代书内容无差错"；按规定标准收费，开具统一发票；代书的法律文书，应由当事人、代书人签名，经服务所主任审核，加盖服务所公章之后，交与当事人；立卷归档。

除了以上 6 项服务业务之外，基层法律服务所还可以从事协助办理公证、有限制地开展见证工作等业务活动。

1. 接受案件当事人的委托，取得协议约定及授权委托书所确定的权利义务。

2. 通过实际办案过程中的某一环节，体会基层法律服务人员如何实现自己的权利，切实履行相应义务。

【范例 1】

〖案情简介〗

居民张某的父亲（80 岁）因病去世，留有市区商品房 2 套，据其父生前反复自叙，有存款 20 多万元，现已找到的存单有 10 万元，但不知密码，另外的 10 余万元存单不知存放何处，一时无处查询。

为继承遗产，张某到基层法律服务所来寻求帮助。在张某的咨询获得负责接待的法律服务工作者小李的解答之后，张某委托基层法律服务所代理与其继承有关的事宜。

问题：

1. 张某咨询的事项，法律服务工作人员小李应如何解答？

2. 基层法律服务所能否接受李某的委托，代理李某继承遗产案件？

3. 如果可以代理，有哪些事项可以操作？

〖操作指引〗

1. 针对张某的咨询，小李解答的要点：

（1）小李应先将我国《继承法》的相关规定告知张某，并询问张某家中有继承权的亲属情况，如张某的母亲（即被继承人的配偶）是否健在，张某的祖父母（即被继承人的父母）是否健在，张某的兄弟姐妹（即被继承人的子女）共有几人，被继承人有无法律意义上的、有继承权的养父母、养子女关系。

（2）告知并协助张某查找可能存在的但一时找不到存单或银行卡的银行存款的方法，例如，可以持被继承人的死亡证明、户籍证明、身份证等，去被继承人生前可能存款的各家银行查询，请求银行工作人员给予帮助。现在各大银行联网，在用户提供身份证号码、提供合法手续（如遗产继承公证书等），寻求合法帮助的情况下，在银行系统的任何一个计算机终端系统上，查询被继承人在银行的存储信息，都不难办到。

告知并协助张某继承不知道密码的银行存款的办法：继承人凭继承银行存款的公证书和本人身份证到银行办理继承手续，继承存款。

（3）在掌握了继承人的全部信息之后，就每个继承人的继承份额比例作出解答。例如，如果被继承人的配偶健在，则银行存款、房产等由被继承人的配偶先继承其中的1/2，如果其他的继承人还有3位，则4位继承人（包括被继承人的配偶）再将另外1/2分为4份加以继承，各得其中的1/4。换言之，被继承人的配偶得到的继承总份额为5/8，另3位继承人各为1/8。

2.基层法律服务所的法律工作者可以就张某申请委托的部分事项接受委托（如证前服务、证中帮助、证后服务等），为张某继承遗产提供服务，有些不属于基层法律服务所能够代理的工作（如公证、办理房产证等），需当事人亲自到公证处、房管局、地税局、国土局等部门办理。

双方就服务与收费事项达成一致后，基层法律服务所可与张某签订委托代理合同，请张某签署授权委托书。

附：

非诉讼事务委托代理协议

甲方：张某
民族：汉
性别：男
身份证号码：×××××××××××××××××××
住址：××××××××××××××××
电话：×××××××××××××

乙方：××基层法律服务所
住所地：×××××××××××××
电话：××××—×××××××
法定代表人：刘某某

甲方因遗产继承事由，委托××基层法律服务所的法律服务工作者刘某某、唐某某进行代理，现经双方友好协商，达成一致，特订立协议如下，以资共同遵守。

第一条　乙方接受甲方的委托，指派法律服务工作者刘某某、唐某某作为甲方的代理人。

第二条　根据双方的约定，乙方的代理权限为一般代理。

第三条　甲方必须及时、真实、详尽地向乙方提供与委托事项有关的全部文件和背景材料，并根据实际需要为乙方提供办公条件和其他便利条件。

第四条　乙方必须认真、负责地为甲方提供代理权限内的法律服务，并为甲方保守秘密。

第五条　根据有关规定，双方约定，甲方向乙方支付代理费×××元，支付方式为协议签订时即付。

第六条　乙方从事与甲方委托代理的事务有关的活动而产生的鉴定、翻译、资料、差旅等费用，由甲方支付。

第七条　本协议自双方签字、盖章之日起生效。

第八条　本协议一式两份，甲乙双方各持一份，具有同等法律效力。

第九条　本协议未尽事宜，双方另签协议。

委托人：张某

受托人：××基层法律服务所

×××× 年 ××月 ××日

3. 操作流程。法律服务工作者可以代理的事务主要有：

（1）证前服务。介绍公证制度的作用，介绍当事人办理公证，解答相关法律知识。

指点或协助张某取得全部有继承权的继承人对被继承遗产分配达成一致的意见，由全体继承人各自或一起准备办理与继承相关的必备材料。①办理亲属关系证明。如果继承人与被继承人的户籍在同一派出所，可到该公安派出所凭被继承人的死亡证明注销被继承人的户籍，开出与变更过的户籍簿原件一致的户籍证明，即由户籍所在地的公安派出所在变更过的户籍簿的复印件上注明"此复印件与原件一致"字样，并加盖派出所公章；如果继承人的户籍与被继承人的户籍不在同一派出所，就必须找到由同一户籍迁出的原始记录，开出证明。②到被继承人父母户籍所在地的派出所或街道办事处，开出被继承人的父母是否健在的证明。③到被继承人的档案保管单位根据被继承人生前自己书写的履历表，开具加盖公章的亲属关系证明（以上三种证明必须相互印证）。

如果继承人无法就继承份额达成一致，可召集继承人做调解工作。存款、证券较易按数额比例分配，但汽车、房屋类不宜分割的标的物的继承，比较容易产生纠纷。以房屋继承为例，要么继承人达成一致，大家严格按照份额继承，比如每套房屋由 5 人继承，则每套房屋便需作出 5 本房产证，注明共有份额比例，但在实际使用中，如果 5 位继承人及 5 位继承人的家属都住进该套房屋，势必产生种种纠纷；要么说服某些继承人，放弃某套房屋的继承份额，获得其他补偿。如果不能达成一致，要么走司法途径，通过诉讼解决，要么维持现状，暂不继承。

（2）证中服务。协助办理公证申请，协助当事人办理公证过程中的有关事项。

（3）证后工作。协助张某到房管局、地税局、国土局办理房产证、土地使用权证的变更手续，其中房产证的变更必须由继承人及其配偶携带结婚证（单身继承人必须出具单身证明）及身份证亲自到场才能办理。

〖**注意事项**〗

1. 说服继承人根据法律规定分割遗产，结合习俗化解纠纷，求大同存小异，尽可能通过非诉讼的方式解决问题。

2. 公证前的准备工作需要仔细周到，尽可能避免遗漏。

【范例 2】

〖**案情简介**〗

据 2010 年 2 月 4 日浙江杭州《今日早报》报道：

1988 年 3 月，21 岁的杭州女性冯×在被单位外派出差的路上，遭遇不幸，被人贩子暴力胁持，强行拐卖到了山东郓城县潘渡镇曾屯村邢庄——一个只有 30 户人家的交通极为不便的偏僻小村庄。从这个小村庄到可以投寄信件的小集镇需步行 30 公里。任何外地女性独自一人在外行走都会被本地男子抓住询问：谁家的婆娘逃跑了？20 多年来，冯×数次逃跑，但每次都被抓了回去，遭受毒打。

当年，已工作了 4 年的冯×被单位派往郑州和洛阳送文件。在郑州火车站，冯×碰到了一位大妈。大妈脚边放着十几包行李，说自己没办法一个人带这么多行李上火车，希望冯×能够帮帮忙。结果好心帮忙的冯×被一群男人暴力胁持上了一辆面包车，被暴打一顿，拉到菏泽，运往山东郓城的李集乡，然后被人贩子以 2400 元的价格卖给郓城县潘渡镇曾屯村的一个男人。在那个只有 30 户人家的小村子里，冯×是第 4 个被拐卖到那里的妇女，在她之后，陆续还有村民在李集乡的地下市场买到了老婆。冯×哀求过买他的男人，也寻求过他人的帮助，但终究无果。冯×逃过好几次，可那里的村民一旦发现她逃跑，便全村出动，封锁道路，检查每一辆车子。在一次逃跑中，冯×看到一个在田里干活的男子，把一个逃出来的温州女孩挟在肋下，挨家挨户问，谁家要老婆。"吓得我不敢跑也不敢回去，躲在棉花地里整整一夜。可结果，全村人出动一起搜棉花地，我最后还是被抓住了。"后来，冯×怀孕，先后生下了两个儿子。20 多年来，她努力干活挣钱，就是想让两个孩子上学，有朝一日能帮她回到杭州。2009 年，大儿子考上了大学，然后，他来杭州寻亲。

2010 年 1 月 20 日下午，冯×的弟媳一个人在家，突然接到了警方一个电话，"说有个 20 岁的男孩在找家人，自称是冯×的儿子。警方把男孩的电话号码给了我，让我决定要不要跟他联系"。于是，冯×的弟媳打电话给那个男孩，男孩告诉她，他妈妈当初被卖到了山东，现在在天津被爸爸胁迫管制着打工。

得知消息，全家人商量如何营救冯×。家人联系了北京的一个亲戚，找了几个身强力壮的男子做帮手，赶到天津接冯×和她的小儿子。冯×在北京住了一晚，第二天回到杭州。

回到家后的冯×面临着很多难题。1988 年冯×失踪后，在家人、单位遍寻不到她下落的情况下，1992 年，冯×当时所在单位对冯×作出了自动离职的处理决定，并将文件发给冯×家人。现在，这名失踪了 20 多年的职工突然出现，单位表示冯×已经离职，跟单位没有关系，且单位早已改制。

此外，冯×的身份也变得极为尴尬。冯×的身份证是 2007 年在山东郓城县办理的，住址是山东郓城县潘渡镇曾屯行政村曾屯村 194 号。这是买她的男人在当地"合法"代她办理的。结婚证也是在冯×没有亲自到场的情况下，由买她的男人在当地的婚姻登记处"合法"办理出来的。

问题：

如果冯×及其家人到你所在的司法所或基层法律服务所寻求帮助，请求帮助解决身份问题、婚姻问题以及原单位补偿问题，你将如何予以帮助？

〖操作指引〗

1. 建议并陪同冯×及其家人到案发地河南、山东报警，请警方出具相关证明，表明她当初是被拐卖的（现实中是冯×在家人、媒体记者的陪同下，赴山东菏泽报警，但被山东警方拒绝，无奈，冯×在杭州报警，杭州警方受理案件后，移交河南、山东警方，但山东警方仍置之不理，冯×在媒体记者陪同下到山东处理，经记者联系杭州警方到山东出面协调，山东警方才受理立案，该过程被记者秘密拍摄，如若涉讼，可作为冯×被拐卖的立案证据）。

2. 建议并陪同冯×家人到事发地山东郓城县潘渡镇曾屯村找当地人调查取证（现实中是记者在冯×儿子的带领下采访并拍摄了冯×儿子的爷爷、奶奶无意间提供的言词：当年是花了近 3000 元买了冯×当儿媳，当地男子买卖媳妇是一个普遍而又无奈之举，冯×男人的弟弟年近五旬，仍是光棍一条，因为家里没钱买第二个媳妇）。

3. 根据以上证据材料及证明，要求杭州警方按程序给冯×发放新的真实的身份证。

4. 根据以上证据材料及证明，到山东当地民政婚姻登记部门，要求撤销这一因受胁迫而形成的可撤销的婚姻；或诉至山东当地法院，要求撤销这一因受胁迫而形成的可撤销的婚姻；如因除斥期间的原因而无法诉请撤销该婚姻，则只能诉讼请求离婚。

5. 请警方出具相关证明，表明她当初是被拐卖的，与冯×原单位协商解决，协商不通，可申请劳动仲裁或诉讼解决（实际情况是，在媒体和法律工作者的帮助下，在杭州劳动争议仲裁委员会的主持下，冯×与原单位达成了劳动仲裁协议，由原单位替冯×缴纳自1988年冯×被绑架拐卖起至2017年冯×满50岁到退休年龄时止的社会保险金，包括养老保险与医疗保险。考虑到冯×的实际经济现状，冯×原单位还将本应由冯×个人缴纳的社会保险金6万余元一并缴纳）。

〖注意事项〗

1. 帮助冯×报警时与山东警方的协调，需向政府、媒体、杭州警方求助。

2. 解决冯×的婚姻问题时需注意取证手段的合法性，注意要求撤销这一因受胁迫而形成的可撤销的婚姻时的除斥期间的问题。

【范例3】

〖案情简介〗

据浙江《杭州日报》报道：

2010年3月18日上午7点10分，西溪路一处驾校培训场地里，一辆教练车突然从场地冲出来，冲倒了西溪路人行道旁的围墙，压住了路过的六年级男孩徐某，经医院抢救无效，徐某死亡。当时教练车上有两名女学员，教练不在车上。教练来某因涉嫌过失致人死亡被刑事拘留，学员张某被取保候审。

交通管理部门发言人表示，在"3·18"事件中，教练员来某违反教学规定，未随车指导，致使学员张某在发生突发紧急情况时因操作失误，未能采取有效应对措施，最终造成事故。来某未随车指导是造成事故的主要原因；张某在训练过程中操作不当，错将油门当刹车，是导致事故发生的直接原因。本次事故中，教练员负全责，驾校负连带责任。

根据《道路交通安全法实施条例》第20条第2款的规定，"在道路上学习机动车驾驶技能应当使用教练车，在教练员随车指导下进行，与教学无关的人员不得乘坐教练车。学员在学习驾驶中有道路交通安全违法行为或者造成交通事故的，由教练员承担责任"。

在这起事故中，张某是学员，未取得驾驶资格。此外，根据《机动车交通事故责任强制保险条例》第22条的规定，驾驶人未取得驾驶资格或者醉酒的，发生道路交通事故的，造成受害人的财产损失，保险公司不承担赔偿责任。

公安交警对"3·18"事件作出的《交通事故认定书》中认定：教练来某负全责，驾校负连带责任，学员张某无责。

"3·18"事件由杭州西湖区司法所（当时司法所与基层法律服务所合署办公，两块牌子，一套人马）主持调解。调解时徐某家属要求参照杭州文二西路胡某飙车撞死谭某案向驾校索赔120万元，另向学员张某索赔若干万元。并称如果驾校不满足其索赔数额，将从家乡招来上千人到驾校静坐示威。驾校方面则表示愿意高于法定赔偿标准，给予对方55万元，即多给对方赔付11万元。最后双方达成的赔偿数额为71万元。但徐某家属表示仍要通过法律途径向学员张某另行索赔。

问题：

如果你在西湖区司法所（即西湖区基层法律服务所）工作，此事由你主持调解，你将如何劝说双方各退一步，达成一致？

〖操作指引〗

1. 计算出法定赔偿标准。根据最高人民法院2004年5月1日开始实施的《最高人民法院关于审理人身损害赔偿案件适用法律若干问题的解释》第29条的规定，死亡赔偿金按照受诉法院所在地上一年度城镇居民人均可支配收入或者农村居民人均纯收入标准（浙江省的标准约为2万多元），按20年计算。因此徐某家属可获赔约44万元。以此为基础，劝说双方各退一步，以求达成一致。

2. 可从以下几个方面说服徐某家属适当退让：

（1）从犯罪主观方面分析，持有驾照的胡某交通肇事与教练来某、学员张某的过失致人死亡的性质不同。

（2）从刑罚的角度分析，胡某有可能被判死刑，所以胡家愿意出钱取得谭家的谅解以换取量刑的从轻（当然，也不排除胡家出于善意的考虑，愿意赔出高于法定赔偿的额度），而"3·18"事件中的事故责任人被判死刑的可能性不大。

（3）从赔偿金额分析，事故的责任主体与赔偿额无关，2个责任主体与3个责任主体赔偿数额是一样的，驾校有赔偿能力，再向学员张某提出赔偿要求并不能增加赔偿总额，更何况学员张某并无法律上的赔偿责任。

3. 告知徐某家属，如果对交警《交通事故认定书》有异议，救济途径有二：

（1）根据《人民警察法》和《道路交通法》中关于公安交通管理部门执法监督的规定，向上级公安机关交通管理部门、公安督察部门和行政监察机关提起申诉，由这些机关按规定处理。

（2）直接提起民事诉讼时，要求人民法院进行审查，人民法院可以直接变更。

4. 劝说驾校方面，鉴于实际情况，为避免更大的经济损失和不良的社会效应，尽最大可能作出退让。

〖**注意事项**〗

作为此案的调解者，主要的任务是劝说徐某家属适当让步，不要做出过激举动，不要扩大事态，除了法律层面的分析，还要结合劝说徐某家属要有宽恕、忍让之心，因为学员张某的心理压力、负罪感也非常沉重，张某也将与徐某的家属一样，终生生活在这一意外事故的心理阴影之中。

【范例4】

〖**案情简介**〗

据浙江杭州《都市快报》报道：

2012年8月27日，浙江杭州的买房人孙女士付全款198万元现金，给即将结婚的女儿从房主的委托人手中买下杭州滨江锦绣江南的一套二手房作婚房。办理房产证后，孙女士崩溃了，房子里竟然还有个租客刘先生，而且他跟原来的房东签了20年租期的合同。

原来原房东把房子抵押给了委托人，贷款192万元，但同时又把房子租给刘先生，租金一年2万元，租期20年，据租客说，20年租金40万元租金已全额付清，并说原房东还欠他50万元，自己也是受害人。

委托人则自称当时不知道房子已被原房东出租20年。

无奈之下，孙女士以房东的身份，通知供电局给房子断电，这引起了租客刘先生及其父亲的不满。

孙女士已去房管局投诉中介。因为中介提前把房款打给了原房东的委托人，导致现在孙女士如此被动。合同上写明是拿到房产证、房屋交付后2个工作日打款，但中介却在孙女士房产证还没拿到的时候，就把孙女士放在中介那里的房款给对方打过去了。中介肯定有责任！中介主动找到孙女士，让孙女士起诉原房东，也提供了一些相应的单据。

孙女士说："买房真的是太复杂的一件事，当初我们想得太简单，以为托付给中介就没事了，没想到还是这样。今天我没和租客刘先生联系，房子应该还停着电。我不是针对他，真的不是针对他，而是我实在没有办法了。你叫我怎么办？我只能通过这种方式保护我自己。等事情解决了，我马上供电。现在，我们真是过一天像一年。原房东太可恶了，他不光坑了我们，还坑了租客……"

孙女士拿着材料去派出所报案。民警告诉她，这属于民事纠纷，应当去法院，刑事上立不了案（此前，她多次向公安机关报案，都没有被受理）。

为了断电的事情，租客刘先生昨天又奔波了一上午，但供电局说，没有房产证不能给房子恢复通电。

刘先生在电话里大声对我（记者）说："没电不要紧，无所谓！点个蜡烛过七夕也比较浪漫……（稍稍平静下来）不瞒你说，我有个律师团，4 个律师，我不是不讲理的人。在法治社会，其实只要孙女士主张权利，问题肯定是能解决的，无非是时间长短而已。不错，她是受害人，但不能因为受了伤害就采用极端的方式去伤害别人，这样结果只会是越来越糟。开始，我是心平气和跟她沟通的，也愿意把房子让给他们孩子做婚房，可是她的态度……我爸爸 70 多岁了，昨天还跑去你们报社，希望恢复通电，但是到现在为止，她还是无动于衷。现在，她不来找我，我也不会主动去联系她了。"

记者拨通原房东的电话，告诉他孙女士可能要起诉他。轻笑一声："让她去告好了！这不关你们的事情！"说完，电话挂断。

昨天，有位检察官给记者打来电话，他说："你们这两天的报道实在太给力了，二手房买卖，水真的很深很深，很有必要给购房者做个提醒。"

检察官说他也办过这么一起关于二手房的案子。

几年前，王先生看中一套二手房，售价 202 万元。他很快和房东何某签订了房屋转让合同，双方约定王先生付首付，房东交房，年底前办理过户手续。当年王先生拿到了钥匙，装修入住。之后，他联系房东，要求付余款，房东却百般推托，拒绝收钱。由于款项未清，过户手续无法办理。

事情一拖就是两年。后来，一个姓郑的男子找到王先生，说房子是他的。

郑姓男子拿出法院的判决书给王先生看。他说，比王先生签订买房合同早 2 个月，房东就把房子卖给了他，但之后违约不办理过户手续。他就把房东告上法庭，要求其过户。法院判决郑姓男子胜诉，房东凭着判决书，从中介公司拿回了房产三证，随后过户到郑姓男子名下。

王先生找到房东，房东说，法院就是这么判的，他也没办法，不过他可以返还王先生的首付款。但时过两年，这套房子已经涨了 100 多万元。王先生不肯搬。他去西湖检察院申请抗诉。检察官发现其中确有蹊跷。警方立案侦查。原来，这是一起虚假诉讼。房东和王先生签完合同后半年，房子就涨了 80 万。房东多次打电话给中介，说房子不卖了，要求拿回放在中介处的房产三证，被拒绝。他不甘心，一方面拖着王先生，不收余款不办过户，一方面到处找人想办法。最后，他找到一家律所，律师出主意，让他打一场虚假官司。房东找来自己的亲戚，签了假的买卖合同，再在律师的指点下，让亲戚将自己告上法庭。

真相大白。

法院裁定，撤销之前的民事判决书，房子最终属于王先生。房东因犯妨害作证罪，判刑 1 年 6 个月。亲戚郑某以及律师，犯帮助毁灭、伪造证据罪，均被判刑。

此外，特别要注意的一点是，这两年来，房价不再像以前那样只涨不跌易于脱手，要当心一些投资客玩"空手套白狼""一女二嫁"等套现把戏，这不是普通本分人家能应付得过来的。

问题：

1. 基层法律服务工作者能否介入？

2. 如何介入？

3. 如果三方中的某一方或某两方委托法律服务工作者为自己服务，是否可以代理？如何代理？

〖**操作指引**〗

1. 此案属于民事纠纷，基层法律服务工作者可以介入。

2. 如果接受孙女士委托，基层法律服务工作者可以通过以下方式介入：

（1）事前介入。如果能够在孙女士购房之前介入，帮助孙女士在签订合同时把关，监督中介严格按照流程操作，防范在前，可能就不会有后来的风险出现。

孙女士购房遇到的事情，具有一定的偶然性。孙女士现在这么被动，最主要的原因是付款方式及合同约定有问题。

买卖二手房，购房者的义务只有一项：付钱。而房东的义务却有很多：交付房屋、迁出户口、办理产权证……这些都是很重要的节点，只要有一个环节发生问题，对于购房者来说，都是相当大的麻烦。

所以在购买二手房时，最好根据交易关键节点分期付款。而不要像孙女士他们，几天时间就把全部房款付清了，将购房者的义务全部履行了，而房东的义务一个都没履行，连房产证都是付清房款几天后孙女士才拿到手。

分期付款时，约定付款的时间和房东履行义务的每一个重大节点最好都对应。比如，约定交房时付房款的25%，办理三证时再付25%，隔段时间再付尾款。如果孙女士采用这种方法，也不会像现在这么被动了。

另外，购房者在签房屋转让合同时，违约金不妨设得高一些。二手房买卖的情况非常复杂，购房者比房东承担着更高的风险，因为两者对房屋状况掌握的信息是不对称的。在这种情况下，购房者如果在签合同时，对相关条款设置更高的违约金，房东的压力就更大了，会促使其更积极迅速地履行义务。比如设立条款：房屋交付时必须无租赁关系，如有租赁关系，房东需双倍返还房款。孙女士在签合同时，如果想到了要这样做，房东肯定很有压力，后来的事情可能也就不会发生。

特别要提醒购房者的是，买二手房时，最好签补充协议，对各种可能发生的情况、各种风险都要有防范：房子交付时是不是还有户口没迁出，是不是已经被抵押过，是不是已经被查封，是不是存在租赁关系……

目前，杭州统一使用的房屋转让合同文本，仍然是在沿用多年前房管局制订的合同文本。但时代已经改变，房屋转让情形越来越复杂。从这个角度看，这个合同文本的内容已经过于简单，它对于交易中很多可能发生的情况都没有约定。普通的购房者，绝大多数都不是法律专家或者精通房产交易的人士，对可能存在的种种风险根本预计不到，拿着合同文本就签，压根不会想着要去签补充协议。而中介机构，如果不专业，或者不敬业，也不会主动提醒买卖双方签补充协议。这样的话，就算以后出了问题，买房者到法院起诉，也没有处理依据。比如有的买房者买了学区房，可是原房东的户口没有迁出，在签合同时也没有约定将原房东的户口签出该学区房。这样一旦合同成立并履行，房屋过户之后，新购房者如果想把自己的户口迁入该学区房时才会发现，因为有原房东的户口存在，新的户口无法迁入。诉至法院，法院无法以违约之诉来立案审理，到公安机关寻求行政救济途径，公安机关也没有法律依据将原房东的户口强制迁出。

另外，从房管局的角度来说，如果把合同示范文本再进行修改，使范本的内容更全面一些，这样买卖双方也不用挖空心思去签补充协议，比如首先严格设定风险合同。

以下是某律师拟定的一份房屋转让合同的部分补充条款，供参考：

一、关于房屋交付使用

双方同意，卖方于_____年_____月_____日前（或买方支付首付款并办理完毕银行按揭贷款手续后_____日内）腾空该房屋并通知买方进行验收交接。买方应在收到通知之日起_____日内进行查验。查验内容包括：房屋腾空情况，房屋及装饰、设备情况，户口迁出情况，已发生的水、电、煤气、物业管理、租金等各项费用的付讫凭证，房屋钥匙等。查验后双方签订房屋交接书，卖方将房屋交付给买方。

二、关于房屋附属设施的保护

自本合同签订之日起至该房屋验收交接期间，凡各项房屋装饰（具体包括_____）及附属设施被损坏或被拆除的，买方除可以减少支付相应价值的房价款外，还可要求卖方支付违约金_____。

三、关于房屋交付质量

1. 卖方应保证交付的房屋符合国家强制性标准，保证房屋的一般居住使用功能，买卖双方对房屋质量有特殊约定的，从其约定。

2. 房屋外观质量以双方交接验收为准，房屋在国家规定保修期内出现内在结构和质量问题的，卖方应积极协助买方向开发商等责任第三方主张权利。

四、关于户口迁出的约定

卖方应当在该房屋所有权转移之日起＿＿＿＿＿日内，向房屋所在地的户籍管理机关办理原有户口迁出手续。如因卖方自身原因未如期将与本房屋相关的户口迁出的，每逾期一日，卖方应当向买方支付全部已付房款万分之＿＿＿＿＿的违约金。

五、关于房屋重要信息的披露及责任

1. 该房屋的抵押情况为：＿＿＿＿＿。

（1）该房屋未设定抵押；

（2）该房屋已经设定抵押，抵押权人为：＿＿＿＿＿，抵押期限为：＿＿＿＿＿年＿＿＿＿＿月＿＿＿＿＿日至＿＿＿＿＿年＿＿＿＿＿月＿＿＿＿＿日，他项权利证证号为：＿＿＿＿＿＿＿＿。

该房屋已经设定抵押的，卖方应于＿＿＿＿＿年＿＿＿＿＿月＿＿＿＿＿日前办理抵押注销手续。

2. 该房屋的租赁情况为：＿＿＿＿＿。

（1）卖方未将该房屋出租。

（2）卖方已将该房屋出租，买方为该房屋承租人（或承租人已放弃优先购买权）。

3. 关于转让房屋其他所有权被限制（包括司法查封）的情况＿＿＿＿＿。

4. 转让房屋的相关情况（包括抵押、租赁和其他所有权被限制的情况）＿＿＿＿＿。

若卖方未能如实披露上述信息或违反本条上述处理约定，导致合同无法继续履行的，买方有权解除合同，并要求卖方支付违约金＿＿＿＿＿元。

（2）事后介入。孙女士可以诉至法院。

思路一：保房子。实际购房者是孙女士，她可以向法院提起诉讼，起诉原房东。为什么告的是原房东而不是原房东的委托人？因为虽然这个委托人说房子是房东欠了他的钱，抵押给他的，但是他们并没有办理抵押手续，只是进行了委托公证，抵押的说法也只是口头讲讲而已。从法律关系上讲，委托人仅仅是房东进行房屋买卖的一个代理人，发生法律关系的人还是原房东，整件事情和委托人无关。

怎么告？告法有两种。

一种告法是要求原房东变更合同价款。有租约的房子当然可以买卖，这在居民住房买卖中虽然比较少见，但在商铺买卖中是很平常的一件事。本来值200万元的商铺，我租给别人了，租期多少年，我卖给你100万元，你愿不愿意？当然有人愿买。但是在买卖时，房东必须向购房者交待清楚，房子已经出租的情况。

孙女士一家购房时，原房东并没有告诉他们房子已经出租。当时的交易价格也是在房东隐瞒了这一情况的基础上达成的。而现在，房子存有交易和履行的瑕疵，并且直接导致购房人孙女士不能顺利入住。所以，孙女士完全有理由要求原房东变更房屋买卖的价格，比如说，变更为150万元。

待原房东返还给他们这部分的差价后，孙女士可以再跟租客协商。比如，给租客适当补偿以解除租赁合同，让租客另选别处租房（租赁合同虽然是租客和原房东签订的，但自房屋过户之日起，租赁关系就自动适用到新的房东身上，也就是说，过户后，租客要解除租赁合同，也是和孙女士解除）。但如果租客不同意解除租赁合同，非要住在这套房里，孙女士一家就没办法了。因为法律规定"买卖不破租赁"，即使房屋租赁期间，房屋的所有权发生变动，租赁合同也依然有效。

另一种告法是要求原房东返还租金。房屋已过户到孙女士名下，租赁关系也转移到孙女士身上，既然孙女士把房子使用权提供给了租客，租金自然也该归孙女士。待原房东返还租金后，孙女士可以再跟租客刘先生商量。

用这种保房的思路解决问题，其中最大的难题是租客，租客的态度很重要。

思路二：保钱，不要房子。这种思路也是起诉原房东，要求解除或者撤销房屋买卖合同，返还房款，赔偿损失。因为在购房时，原房东隐瞒了房子存在租赁关系的重要情况。

在提起这种诉讼时，最好首先向法院申请诉讼保全。如果原房东名下有其他财产，要求查封其他财产。没有其他财产，只有这套房的话，也要在适当的时候申请查封这套房的产权。这样一来，一旦法院作出判决，房屋买卖合同解除或者撤销，而原房东又拒不返还房款时，孙女士可以凭借判决书，要求法院强制执行。在原房东财产已经查封的情况下，法院拍卖房屋或者其他财产就更便利，执行起来更加有力。

当然，如果真需要拍卖房屋，租赁合同也是有效的。法院做租客的工作，给予其适当补偿，解除合同再进行拍卖。或者拍卖前告知房屋竞拍者房屋已被租赁的事实，再组织拍卖。

此外，孙女士也可以起诉中介机构，因为他们在提供服务中存在过错，应当承担相应责任。即使中介机构推卸责任认为自己没错，这种解释从法律上讲也是不能成立的。

为什么购房者要找中介机构？就是因为他们在房屋交易方面更专业。专业的机构，法律上要求其尽到的注意义务就更高，承担的责任也更大。他们必须通过反复查询、走访，用各种手段排除房屋买卖过程中存在的各种重大交易隐患。

3. 同一基层法律服务所的法律服务工作者，不能为同一案件中的对立的当事人提供代理服务，一般一个当事人由两名法律服务工作者为其提供代理服务。所以一名法律服务工作者也不能同时为两名或两名以上的当事人提供代理服务。

代理方法：签署《委托代理协议》《授权委托书》，若能调解解决则最好不过，若调解不成，可通过司法途径解决，诉至法院。

附：假设此案的一方孙女士委托基层法律服务所代理此案进行诉讼，需填写的基本手续材料主要有：

民事案件委托代理协议

委托人（下称甲方）：孙某
民族：汉
性别：女
住址：×××××××××
身份证号码：××××××××××××××××
电话：×××××××××

受委托人（下称乙方）：××基层法律服务所
住所地：×××××××××
电话：×××××××××
法定代表人：胡××

甲方（原告）因与刘某的房屋租赁买卖纠纷一案，委托乙方法律服务工作者代理诉讼，经双方协议，特订立以下条款，以资共同遵守。

一、乙方接受甲方的委托，指派法律服务工作者胡××、李××为甲方的诉讼代理人。

二、甲方委托乙方代理权限。

1. 甲方委托乙方为第一审的诉讼代理人。

乙方代理权限：代为调查、取证、答辩、出庭应诉、庭外和解，代为提出、变更、放弃、承认诉讼请求和调解、和解，提出反诉。

2. 甲方委托乙方为第二审的诉讼代理人。

乙方代理权限：代为提起上诉、调查取证、答辩、出庭应诉、庭外和解，代为提出、变更、放弃、承认诉讼请求和调解、和解。

3. 甲方委托乙方为申请执行程序的代理人。

三、经协商达成一致关于代理费的数额及交纳办法为：甲方应在本协议签署之日内，向乙方支付全额代理费 3000 元人民币。

四、乙方指派的法律服务工作者受甲方委托到甲方所在地和乙方所在地以外的地方工作时，除非另有特别约定，办案者的交通、食宿等差旅费由甲方依据票据实报实销。

五、乙方须认真负责保护甲方合法权益，按时出庭，并严格遵守职业道德，为甲方的文件资料、商业秘密以及个人隐私保守秘密。如因违反保密义务而给甲方造成损失的，乙方将承担相应赔偿责任。

六、如乙方不按规定程序认真负责地从事代理事务，与对方当事人或其代理人恶意串通，损害甲方权益的，甲方有权单方解除委托代理协议，要求乙方如数退还或拒付代理费，并可依法要求乙方承担相应的法律责任。

七、甲方须真实地向乙方叙述案情，提供有关案件的证据及乙方要求的其他材料。乙方接受委托后，如发现甲方弄虚作假，隐瞒事实，有权中止代理，依约所收费用不予退还，由此产生的后果由甲方承担。

八、如乙方无故终止履行合同，代理费全部退还甲方；如甲方无故终止，代理费不予退回。

九、本合同有效期限应自签订之日起至本案办理终结（判决、调解、案外和解及撤销诉讼）止。

十、甲方未如约缴纳代理费的，乙方有权单方面终止其代理工作和本代理协议，已收费用不再退还。如乙方在甲方未缴纳全部代理费的情况下已经履行了全部工作，则乙方除有权要求甲方如数缴清代理费外，还可要求甲方支付未缴清款每日百分之一的违约金。

十一、本协议如需补充、变更或提前终止，双方应协商一致后决定。

十二、因委托代理或相关事宜产生纠纷时，双方应尽量协商解决，协商不成时，任何一方均有权向人民法院起诉。

十三、本协议一式两份，甲乙双方各执一份，双方签字（盖章）后生效。

甲方：孙某

地址：×××××××××××××

联系电话：×××××××××

乙方：××基层法律服务所

受托人（法律服务工作者）：胡××、李××

地址：×××××××××

联系电话：××××　×××××××××

签订时间××××年××月××日

民事诉讼代理授权委托书

委托人：孙某

性别：女

民族：汉

住址：×××××××××××××××

身份证号码：××××××××××××××××××

电话：×××××××××××

受委托人：胡××

职务：法律服务工作者

电话：×××××××××××

受委托人：李某某

职务：法律服务工作者

电话：××××　×××××××××

现委托上列受委托人在我与刘某因房屋租赁买卖纠纷一案中，作为我的第一审诉讼代理人。

代理人胡××的代理权限为：一般代理。

代理人李××的代理权限为：一般代理。

委托人：孙某（签名）

××××年××月××日

【范例5】

〖案情简介〗

据杭州媒体报道：

2018年3月19日凌晨6点，有人报警，称在杭州黄龙体育中心附近的SOS酒吧门前，有人打架斗殴。

110出警，将打架者带回派出所。

　　经警方讯问做调查笔录后得知，事件的经过是：三名做美容行业的年轻姑娘与一名当晚在酒吧结识的小伙子一起喝酒，酒后又一起吃了火锅，凌晨6点左右分手，小伙子独自离去，三名姑娘在路边打车，其中一姑娘看到边上有一对青年情侣也在打车，情侣中的男子喝多了，蹲在路边呕吐。来了一辆出租车，三名姑娘要做好事，强行礼让那一对素不相识的情侣先上车。情侣女表示：有车来接他们，他们不打车。但三位姑娘执意一定要他们先上出租车，说了没几句，姑娘动手将情侣男一人塞进出租车，并叫出租车开车。出租车司机搞不清楚状况，不肯开车，情侣女被吓蒙了，站在车下被姑娘挡住，上不了出租车，情急中情侣女找来酒吧服务员帮助，阻止三位姑娘的热情过头的荒唐举动。在酒吧服务员劝阻推拉之下，情侣男下车，蹲到一边继续干呕。谁想三名姑娘转移方向，冲着酒吧服务员发火，斥责服务员，我们做好事，你捣什么乱？服务员辩解，那一对男女是我们的顾客，你们的好意他们谢绝了，他们不打车。争执中姑娘们动手开打，酒吧服务员不敢还手，抱头趴在柜台上，不料混乱中又杀出来一个小伙子，就是那个昨夜和三位姑娘临时结识的喝了几杯酒，吃了一顿火锅的小伙子。这名小伙子本已步行离开，却不知怎地又转回原处，见有热闹可凑，便挤进人堆，陡然发现竟是刚才告辞过的三位姑娘与他人打架，于是吼叫着："小姐姐，我来帮你们！"一头扎进三位姑娘的缝隙中，对准服务员横踢侧踹，把服务员撂翻在地。

　　混乱中那一对情侣乘车离去，小伙子见有人报警，也跑得飞快，不见踪影。

　　受伤的酒吧服务员被120送往医院。助拳打人的小伙子40分钟后被警察在火车东站抓获。他几天前就已买好返回甘肃老家的火车票，不料被警察抓进了看守所，继续滞留在杭州了。

　　问题：

　　如果经鉴定，酒吧服务员被打成轻伤。那么受害方酒吧服务员来到基层法律服务所，寻求帮助的话，或者加害方外地小伙子、三位姑娘也同时来到基层法律服务所，寻求帮助的话，请问：

　　1. 基层法律服务所能否同时接受双方的委托，为加害方、受害方同时提供刑事诉讼的法律帮助？

　　2. 如果不可以，为什么？

　　3. 如果仅接受受害方的委托，代理刑事诉讼中的民事诉讼索赔部分，是否可以？怎样帮助？

〖操作指引〗

　　1. 如果受害方酒吧服务员希望委托基层法律服务所帮助其追究加害方的法律责任，则基层法律服务所不能接受委托，因为致人轻伤属于触犯刑法，属于国家公诉案件，任何公民个人都不能代替检察官行使国家公诉权，所以基层法律服务工作者当然不能代理。

如果加害方小伙子、三位姑娘请求基层法律服务工作者为其辩护，基层法律服务工作者也不能接受委托，因为相关的法律法规规定，基层法律服务工作者不能以职业身份代理刑事案件的辩护工作。

2. 但是基层法律服务所可以为委托方（仅限于双方中的某一方，不能同时为双方都提供法律服务）提供法律咨询，指点其维护自己权益的方法，可以走访目击证人、收集证据，请求公安机关依法办事，要求追究对方的法律责任，或者维护自己的正当法律权利。

基层法律服务所也可以联合当地司法所、村委会、派出所调解纠纷，解决此事，要求加害方给受害方赔礼道歉并给予受害方经济赔偿，争取获得受害方的谅解。

如果法院开庭审理此案，基层法律服务工作者可以就刑事案件审理时的附带民事诉讼的赔偿部分进行代理。

3. 如果加害方到基层法律服务所寻求帮助，除了调解之外，可以指点加害方到律师事务所请律师为其辩护。

【范例6】
〖案情简介〗
高空抛物案例1——找到高空抛物之抛物人

2018年3月9日下午，广东东莞一小区发生高空抛物事件，仅3个月大的女婴凡凡，由姥姥带着在一小区单元门口散步时，被高楼抛下的一颗苹果砸碎了右侧头骨，陷入昏迷，女婴右脑的功能可能会丧失。事发后，东莞公安塘厦分局组成专案组，对事发单位的所有住户提取DNA，并将苹果碎片收集好进行检验，从中提取DNA比对，找出了家住二十几楼的肇事者，警方找嫌疑者住户谈话，该住户说是11岁的侄女不小心丢下去的。据肇事者的叔叔表示：9号下午，11岁的侄女放学回家后，独自一人在家，在与家里的狗狗互动的过程中，苹果不小心滚落。

高空抛物案例2——找不到高空抛物之抛物人

2016年10月4日上午，受害人卜××驾驶电动自行车行驶至芜湖市镜湖区绿地伊顿公馆28幢1单元某私房菜馆门口人行道，被高空坠落的红砖砸中头部，当场死亡。

高空抛物案例3——虽然找到了高空抛物之抛物人，但抛物人溜之乎也

2018年春节前夕，杭州某回迁房小区一保洁员被一袋高空抛下的粪便砸中脑袋。物业调取监控，查出高空抛物来自6楼一户出租房。保安上去敲门，屋内

的住户拒不开门。

物业打房东电话，房东提供了租房者的电话，房客称自己在外面上班，家中有老太太带着小孩，家里有厕所，老人孩子怎么可能往窗外抛洒粪便？物业要求该租客到物业办公室来看监控录像。该租客看了录像之后，哑口无言，表示愿意适当赔偿。

当夜，租客一家扔下一堆不值钱的家当，从该小区逃离消失。答应的赔偿，没有兑现。

问题1：在高空抛物案例1中，警方已经锁定高空抛物嫌疑人，如果受害人家人是你的微信好友，他在微信上向你咨询有关赔偿的法律问题，你予以解答之后，受害人家属觉得你业务水平使其满意，打算委托你就民事赔偿部分出庭代理诉讼，你是否能够代理？

〖操作指引〗

如果你是东莞当地基层法律服务所的基层法律服务工作者，可以代理。如果跨省市区域的则不能代理。依据《基层法律服务所管理办法》第36条的规定，基层法律服务所不能超越业务范围和诉讼代理执业区域。

问题2：案例2中无法确定高空抛物者，如果受害人的家属到你所在的基层法律服务所向你咨询，如何维权索赔，你如何解答？

〖操作指引〗

《侵权责任法》第87条中明确规定："从建筑物抛掷物品或坠落的物品造成他人损伤的，难以确定具体侵权人的，除可证明自己不是侵权人的，由可能加害的建筑使用人给予补偿。"此外，共同侵权情况下，即加害人为二人或二人以上的情况，加害人除应承担一般高空抛（坠）物致人损害的侵权责任外，还应承担共同侵权所负的连带责任。

具体解释：

1. 谁来担责？①侵权行为发生时建筑物的实际使用人，包括建筑物所有人、承租人、借用人、其他使用建筑物的人；②高空抛物行为的实施人；③无法举证排除自己是侵权人的建筑物使用人。

2. 如何计算赔偿？高空抛物致人损害的赔偿金一般不包括精神损害赔偿，适用补偿原则，实际发生多少损失，则获得多少赔偿。受害人不能因损失而得到额外收益。

3. 高楼抛掷致人损害责任的免责事由：①能够证明自己不是加害人的免责；②能够确定具体侵权人的，其他人免责。

4. 如何证明自己不是加害人？①发生损害时，自己并不在建筑物中；②证明自己根本没有占有造成损害发生之物；③证明自己所处的位置客观上不具有造成抛掷物致人损害的可能性。

5. 法律如何规定高空抛物的责任归属？对于高空抛物，首先，如果能够找到具体是哪一户业主实施的抛物行为，家属可以直接起诉该位业主及物业，要求其承担赔偿损失。实际情况是，由于各方面的原因，例如高空抛物的行为较隐蔽、难于发现，行为持续时间短等，即使有监控摄像头，也难于发现实施抛物行为的具体业主信息，但是死者死亡的事实是存在的。故为了维护死者的合法权益，只有要求物业承担大部分责任，然后由不能排除责任的各位业主共同承担部分责任。所以本案中，受害者可以把全楼的住户除去一层业主全部起诉到法院，要求共同承担给其造成的损失。但是如果有部分业主可以证明当时家里没人，可以排除其抛物造成受害者死亡的法律后果，故不需要承担赔偿责任。由于物业的管理不到位，由于某位业主的高空抛物行为，导致无辜的路过的人死亡，物业应当对事故承担大部分责任。

实际结果：2017年12月29日，"安徽省芜湖市高空坠落致人死亡案"最终宣判结果：法院判决81户共133名被告，在10日内按户各付给原告补偿款4000多元、福田物业付给原告补偿款152 000元，共计508 671元。排除15户不承担责任。

问题3：案例3中，被高空抛物砸中的保洁员如果来法律服务所求助，你将如何指点帮助她？

〖操作指引〗

1. 如果受到的伤害构成轻伤，报警处理。

2. 如果不构成轻伤，警方又不肯立案受理，只能走民事诉讼法律途径的话，可以收集并固定证据，代理诉讼。

3. 非诉讼解决途径：与物业谈判，指出物业的工作瑕疵。强调物业在主持公道要求租客赔偿时，应该要求租客当场支付赔偿款。并且租客一家连夜搬迁，保安应该阻止。

非诉讼解决途径：与房东谈判，要求房东承担一定的赔偿责任，房东有房租的收益，当然就应该承担相应的风险责任。

拓展训练

一、思考习作

1. 据《青年时报》载，2012年5月5日，一条来自国外的微博求助信息引起了记者的注意。发微博者"小愚妈"说，自己被困在越南，滞留在越南岘港，没有住的地方，没有钱，也没有回去的方法。另有13名同行者都为浙江人，都

被困了，向国内求救。中午，网友"文不扬"再次发帖求助：救救我们14人，被抛弃在越南，4位老人1名孕妇已近极限。

在与"小愚妈"的QQ聊天中，记者得知，"小愚妈"姓夏，是位母亲。他们14人来自同一个旅行团，参加的是越南4晚6日游，原定5月4日凌晨回国，但最后一刻，旅行团的领队丢下他们14人，带着其他游客回到了杭州。"我们14人被滞留在酒店大堂，一夜没睡，没吃，没人理，已经超过12小时了，14人中有老人有孩子，还有一个孕妇！"

"小愚妈"说，因为在旅行过程中，旅行社存在擅改行程、强制增加购物点的问题，引发自己和其他游客的不满。"做任何事都没有沟通，领队还在景点把2名游客丢了，最后她们自己搭车回来的，她们现在就在我们14人中。因为这些事，我们要求对方给一个答复，但领队则表示没什么好谈的，态度恶劣。"

"郭妈滞留越南"质问旅行社："作为一家专业的出境游旅行社，你们是否有义务对团员的安全负责？在航班取消、行程变化过程中，是否应该主动沟通？团员有异议，是否应以积极态度解决？"

让14名游客没有想到的是，旅行社的领队最后自己上了飞机回国了。"这次的导游是我看到过最牛的，直接把我们扔越南，自己飞走了……"

因为已退房，14名游客一直滞留在越南岘港皇冠假日酒店大厅。他们困了，就或坐或蜷缩在沙发上小睡一会儿，有的干脆坐在地上睡。早饭和中饭只能将就着吃点随身带的零食、榨菜、熟鸡蛋等。

旅行社的说法是为了保障大多数游客的权益，领队必须随团离境。

"小愚妈"等人所参加的旅行社，是浙江新世界国际旅游有限公司（以下简称"新世界国旅"）。核实情况后，记者迅速将14名游客的求助信息反馈给"新世界国旅"，并微博私信"新世界国旅"总经理许×（一直没有回音），同时向相关部门求助。后"新世界国旅"承认，确实有14名游客滞留越南，但表示已经安排工作人员与滞留越南游客协商，并开始办理回国手续。同时，"新世界国旅"通过其官方微博发布了一份《关于4月29日出发上海岘港旅游产品游客的相关说明》。"新世界国旅"办公室主任、质检部负责人于××在接受采访时表示，引发游客不满的主要起因是天气原因造成的航班延误。

据于××说，包括滞留在越南的14人一共64名游客，参加此次越南游。按照合同的约定，4月29日晚从上海浦东机场飞往越南，但因为承运的东方航空突然宣布因天气原因导致航班晚点10个多小时。"虽然后来航空公司也给予游客最高400元最低200元的补偿，但还是让游客觉得不舒服。可这种情况，我们也没办法，毕竟属于人力不可抗的意外因素。"

原定4月30日早上就到越南的飞机，直到当地时间下午才到，等于一天的行程安排就此耽误，而这直接影响了接下来的几天行程。"新世界国旅"也给予了一定补偿。"我们对每位游客给予了 200 元的经济补偿，同时增加了一个自助餐和延长退房时间，大部分游客还是接受的，但没想到最后上飞机前，14 位游客要讨说法不上机。"

于×× 说，由于旅行团还有其他游客要回国，所以两名领队最后选择先送其他游客回国，同时将 14 名游客滞留的情况报告给了国内。"我是 5 月 4 日凌晨才知道此事的，马上就向相关部门进行了报告。"经过协商，旅行社垫钱，14 位游客 5 月 7 日回杭。

"小愚妈"通过 QQ 给记者发来了一张手写的协议，说是旅行社的工作人员要求他们在上面签字才同意帮助他们回国。协议的大致内容是旅行社同意协助客人购票并安排入住酒店，但费用全部由客人自理。"小愚妈"表示无法接受。"如果旅行社刚开始好好跟我们解释清楚，也不至于把我们丢在酒店。我觉得不管怎样，都要先把我们安排好。到目前旅行社还在推卸责任，让我们自负责任，完全不关心我们的现状。现在损失还要我们承受，我们无法理解。"

对此，于×× 不认同。他认为，不管旅行社之前有多少错误，但最终造成 14 人滞留越南的，是游客自身的原因。这些损失理应由乘客自己承担。

"小愚妈"后来签的是另外一份打印的《关于岘港滞留旅游者房费及机票垫付款的情况说明》，由新一拨旅行团的领队带来。上面明确写着："14 名旅游者没有按照行程返回出发地，应旅游者要求，现由浙江新世界国际旅游有限公司垫付，待旅游者返回出发地后将上述团款返还……""小愚妈"坚称自己是被迫签的。"因为原来的酒店要赶我们走了，领队和旅行社的不作为让大家感到寒心……"更令人担忧的是，现在越南公安已介入，中国游客有可能被越南公安拘禁。

最终，14 位游客于 2012 年 5 月 7 日回杭。

问题：

（1）如果游客到法律服务所寻求帮助，法律服务工作者能否提供帮助？如何帮助？

（2）写出调解游客与旅行社之间矛盾的调解方案，或写出向有关部门投诉旅行社的信函。

2. 2010 年 4 月 17 日，《国务院关于坚决遏制部分城市房价过快上涨的通知》发布后，有不少买房人（主要指已预付了定金并签订了第二套房子的购买协议意向书的人）欲解除合同，理由是国务院的房产新政导致银行贷款门槛提高，首付付不起，想拿回定金，但卖方不同意，表示或者履行合同，或者在没收定金的前提下解除合同。

问题：如果上述情况的买房人来法律服务所寻求帮助，欲解除合同又不愿意被没收定金，法律服务工作者将如何予以帮助？

3.《最高人民法院关于适用〈中华人民共和国婚姻法〉若干问题的解释（三）》（2011 年 7 月 4 日由最高人民法院审判委员会第 1525 次会议通过，2011 年 8 月 13 日起施行）自发布以来，许多准备婚前购买房产的准夫妻们开始就房产证的署名问题算计利害关系。

2012 年杭州某貌丑、离异、有钱的中老年男子向貌美、个高但贫穷的未婚女青年求婚，女青年开出条件，要想结婚，中老年男子必须将自己名下 10 套房产中的 2 套（每套价值 500 万元以上）转到女子名下——即将该房产赠与女子。中老年男子要求先结婚，再赠与，年轻女子要求先赠与，再结婚。经过反复谈判，双方达成一致，订立合同，先结婚，婚后 1 年之内，男子将约定的两套房产过户到女子名下。但结婚 1 年以后，男子拖延不办，女子向法律服务所求助。

问题：

（1）上述合同是否有效？

（2）该赠与能否撤销？撤销的条件是什么？

（3）附有结婚条件的赠与合同，能否获得法律的支持？

4. 2012 年，杭州某小区业主刘某的私家车库门前的左侧通道上经常被另一业主蔡某的车辆占道停放，造成刘某车辆进出极为不便，甚至有时被堵住车库大门，导致刘某的车辆无法通行。虽经刘某多次贴条劝诫以及物管公司多次进行劝诫，蔡某依旧我行我素，照停不误，于是刘某 16 岁的儿子愤而划车，蔡某报警，警察找到刘某儿子并对其警告、教育，并责令刘某赔款。蔡某则继续违章占道停车，并在刘某车库对面的墙上装了监控探头。

对于刘某投诉蔡某违章停车的事宜，交警表示，他们的执法权限仅在道路交通，小区内的道路不属他们管辖，如果蔡某的车辆涉嫌非法改装，他们可以管理；派出所的警察表示，他们只管治安，不管停车；城管表示，他们只管人行道上的违停，小区内部的道路，他们不管；物业表示，他们已经管了，劝诫多次，但蔡某不听，他们也没有强制措施可以采用，物业没有执法权，只能劝诫而已。

终于矛盾再次升级。2012 年 3 月 13 日，刘某早上开车出门去机场搭乘飞机，发现车库又被堵住，通过物业找蔡某，蔡某磨磨蹭蹭，拖延半小时以上不移车，刘某大怒，驾车（黑色宝马 X5）用反复前进、倒退的方法直接撞开堵门的蔡某汽车（白色宝马 525），蔡某车辆损失 5 万元 ~6 万元。

蔡某报警，警方电话通知刘某，速来派出所说明情况，此事已被刑事立案，如果刘某不积极配合公安部门的调查，不能取得蔡某的和解、谅解，消除危害，将被追究刑事责任。

问题：

（1）针对蔡某的停车行为，你将给出怎样的解决方案？

（2）针对蔡某装监控探头的行为，你将给出怎样的解决方案？

（3）针对刘某的撞车行为，你将如何给予评价？

（4）针对刘某、蔡某由停车纠纷导致的刑事案件的调解，你能给出怎样的调解方案？

5. 关于定金、订金、押金引发的纠纷处理。

（1）2017年2月，杭州的黄女士2月6日去一家别克4S店买车，销售顾问向她推荐1.5T别克昂科威，她也认为还不错，当即用支付宝转账支付5000元。回家后经过考虑，黄女士想改买其他车型，4S店不同意，也不愿意退钱。黄女士认为，4S店有现车，退款不会对其造成额外损失，且销售顾问让她转账时也没有说明这笔钱不能退，购车合同上更没注明是"定金"还是"订金"。

问题：如果黄女士向你咨询，你能给出什么样的建议？

（2）杭州张先生因上牌指标（注：杭州小客车新车车牌需摇号或竞价获得）马上就要到期，去一家别克4S店买GL8，在4S店表示有现车的前提下，他付了5000元押金（他自己的说法），后来他又想换个颜色，但4S店说没有现车，且当天无法调货，于是张先生自己去上海的一家别克4S店买了车，回头来找4S店退押金，遭遇拒绝。

别克4S店回复：张先生付的5000元并非押金，而是定金，虽然没签订合同，但在转账的电子回单附言中，标注了是"定金"，既然是定金，就不能退还。

问题：如果张先生来你处咨询，你将如何解答？

6. 2018年3月，独自一人住在杭州流水东苑的90多岁的黄奶奶，见隔壁301室在装修，好奇地去看了看，当时正在301室的装修项目经理聂某某热情接待了汪奶奶，老人家跟他提到自己也有装修的想法。后来在这位科拓装饰公司的项目经理聂某某的多次动员下，老人交了16 300元装修款，不料房子装修了一半，聂经理拿着装修款不露面了。黄奶奶59岁的儿子找到了装饰公司，才知道黄奶奶交装修款时，没有签过协议，公司说这是项目经理个人所为，并没有把钱交到公司，所以他们不负责任。

黄奶奶的儿子又是报警又是打投诉电话又是去找装修公司。但问题一时半会儿解决不了。

问题：如果黄奶奶向你求助，你能给她以什么样的帮助？

7. 2018年2月，深圳市民王女士在携程预订了价值48 422元的突尼斯8日二人私人行。由于朋友突然生病，在下订单不到20分钟后，王女士就打电话给携程，希望取消这一订单。携程客服不同意，以机票已经出票为由，不予退款，如果要取消的话要收取 18 524 元的机票全损费。当晚 11 点，王女士通过航空公司官网并未查询到机票出票信息，于是直接给航空公司发出邮件想获取更多信息。她从土耳其航空公司回复的邮件得知，机票单价是 7890 港元，折合人民币是 6415 元，退票的话是不用收取税费的，但是携程却要收取 18 524 元，相当于每个人收 9262 元人民币。也就是说，携程只能退给王女士 29 898 元人民币。

问题：如果王女士向你咨询，你将如何指点她依法维权？

8. 假设买家小丽在网上购物——如京东、天猫、淘宝、苏宁易购、网易、亚马逊等第三方平台上购物，与卖家发生了纠纷（如商品质量、描述不符、卖家服务态度不好、食品变质、发霉、有异物、发货时间不对、快递运送过程中的耽搁、破损、缺损、少件或缺件、发错货、丢件等问题），现在买家小丽向你寻求维权帮助，你将如何进行指点？

二、阅读参考书目

1. 王珏主编：《基层司法行政工作规范化建设》，白山出版社 2008 年版。

2. 王珏、Liao Zhenyu："改革开放 30 年来的司法行政基层工作"，载《中国法律》2008 年第 5 期。

3. 梁刚："全面推进司法行政基层工作又好又快发展"，载《中国司法》2013 年第 2 期。

学习单元二 法律咨询与代书

学习目标

● 了解法律咨询和代书的概念、意义和方法，理解基层法律服务的业务范围在现实生活中的重要性。

● 熟练掌握法律咨询的基本操作规程，能够解答咨询、提供法律帮助、代写法律文书。

一、法律咨询的概念及意义

法律咨询，是指法律工作者就当事人提出的法律问题给予解答、作出说明、提出建议以及提供解决问题方案的一种业务活动。法律咨询是全国政法干警招录培养体制改革试点基层法律事务专业学生的一项重要技能，是从事基层司法行政工作人员应有的基本知识与应用技能，也是能胜任基层司法行政工作岗位的高素质的基层法律服务人才所应具备的基本素质。做好法律咨询工作可以锻炼从业人员的反应能力、口才等基本功，基层法律工作者应重视法律咨询工作。实践证明，随着社会主义市场经济体制和建设社会主义法治国家的配套制度不断完备，公民的法律意识正在逐步增强，法律越来越深入社会生活的各个层面，各种社会主体需要的法律咨询业务量会越来越大，法律咨询愈加成为乡镇、街道和社区法律工作者的一项经常性的工作。做好法律咨询工作具有十分重要的意义。

二、咨询接待的程序和要求

（一）接待前的工作安排

1. 根据当事人自身和案件的不同情况，选择合适的接待场所。对当事人的接待，可以选择多种不同的场所，最好是自己熟悉的场所，或办公所在地；谈话的场所要相对封闭，让当事人能够放松。接待咨询注意衣着外表严谨，给当事人留下庄重和值得信任的印象。事先告知收费标准，以免事后再谈收费可能引发诸多误解和矛盾。

2. 为了提高接待效率，告知当事人做好接待前的准备工作。接待当事人之前，在可能的情况下告知当事人事先应做好哪些准备工作，否则在接待时出现当事人根本就没有准备好相应的案件材料或者所委派的工作人员并不了解的情况，只凭言语而无其他证据加以佐证，或者只说些可能、大概的情况，这样就不得不进行再次接待。事先告知，对接待效率的提高是很重要的。

（二）设计接待模式

每个法律工作者都会有一套自己惯用的接待方式，但是，什么样的接待方式更能树立职业形象，更能显示业务能力，却不是每个法律职业人员都能注意到的问题。接待当事人，是一个极具艺术性的工作。实践中，我们总结出一种"先看后听再问"的接待模式。就是除了极其简单的法律问题面对面谈话后当时就提出解决方案外，提倡采取先进行简短的谈话让当事人把材料留下，经仔细阅读分析后，再约当事人详谈，听当事人陈述有关事实，并在当事人陈述中有针对性地问一些当事人认为并不重要但直接或间接影响案件处理结果的问题。这样做的好处在于：可以避开当事人的视线静静地阅读材料、查找资料和进行思考。当对案件思考成熟后面对当事人时，可以很从容地询问当事人，并对当事人的一些观点进行评判。实践中，有些法律工作者先听后问再看，结果因为对当事人提出的一些问题一时无法回答，使当事人对法律服务人员的能力产生怀疑，法律工作者也很尴尬。

（三）对当事人有效引导

作为基层法律服务人员，固然应当熟知法律，但要求将每一个法律条文都记住，也不现实。在实际生活中几乎所有的当事人在咨询谈话时都有一种期待，就是他的话音落地，不论他谈论的是什么问题、复杂与否，他都希望对方能马上给出答案，提出解决方案。所以，无论采取什么样的接待方式，都要给自己留下思考的空间或者时间。为了有充分的思考时间，就要在当事人陈述和自己思考之间设定一个时间差。如果只是听着当事人的叙述，就可能没有时间对整个案件的事实作出法律评判，也无法使自己的谈话条理清晰并保证正确。所以，除了"先看后听再问"模式可以避免这种情况发生外，还要注意引导当事人迅速、简洁地在最短的时间内把涉及法律关系的事实说出来。比如开始谈话时就询问当事人案件发生的时间、地点、何人、何事，希望解决什么问题。经过这样的引导，当事人可能就不会按照普通人从事情发生、发展到结果的思维顺序谈，而是一开始就会告知结果，这样就可以在最短的时间内接收有效信息。在实践中，法律工作者往往不注意上述问题，而是任由当事人讲很多与案件无关的、没有任何法律价值的事情，结果迟迟讲不到关键问题，浪费了时间和其他成本。

（四）会见当事人

会见是法律工作者在法律服务过程中与当事人、证人以及其他案件相关人之间的会晤和交谈。这是法律工作者进行法律服务最常见，也是最基本的工作，同时还是法律服务中进行法律咨询工作的基础和前提。法律会见的主要目的是通过这一方式，初步了解案情、识别信息、理解当事人的意图、搜索现有的证据资料、建立信任关系并最后确定合作模式，这样就为法律服务工作奠定了基础。

1. 会见的计划。了解当事人要求法律援助服务的目的和意图；在交谈中初步掌握与案件有关的证据；明确可以为当事人提供法律服务的项目和内容；与当事人讨论可以合作的模式和需要进一步取证的问题。

会见的计划是开放性的，应根据会见的具体情况进行调整，使之能达到会见的目的和要求。

2. 会见的步骤。第一阶段，即会见的开场白。双方可以介绍会见的目的、意义、要求。作为法律服务工作者要主动地询问当事人需要哪些法律帮助，并引导当事人确切地说明需要帮助的问题。第二阶段，即会见的基本阶段。主要包括了解情况、聆听诉说、询问详情、确认信息等内容。第三阶段，即会见的跟进阶段。法律服务工作者应当根据情况，与当事人协商是否需要跟进问题，如需为当事人进一步提供服务，应进一步做好必要的准备工作。

3. 会见的技巧。

（1）提问的技巧。最初阶段应广泛获取信息，使用开放式提问技巧。深入阶段应补充遗漏，澄清矛盾，可使用引导式提问技巧。后期阶段应确认事实，可使用封闭式提问技巧。

（2）倾听的技巧。倾听需要关注、投入和技巧。积极地倾听能变被动为主动，感染和鼓励陈述者，从而推进沟通进程。这不仅有利于建立良好关系，而且也是收集信息把握案情的基本手段。倾听是为了了解当事人要求帮助的目的，进而了解和掌握案情的相关信息，为提出解决方案打好基础。因此，倾听不仅要关注、专注，而且要明确目的，才能达到预期效果。影响倾听的表现主要有心不在焉、漫不经心、随便插嘴、打断当事人的陈述等，这些都会影响进一步沟通。

4. 记录的技巧。记录是会见的一项重要工作，有利于调动当事人的陈述情绪，有利于发现问题，做好补充信息、讨论案情、备案归档等各项工作。记录要做到准确、完整、清晰，确保其他人能够看清看懂。

5. 会见中的职业道德。遵守诚信义务，遵守保密义务，遵守同业竞争义务，恰当处理人际关系。

（五）对案情作出初步判断

初步了解案情后，尽量告知当事人解决问题的办法。

三、法律咨询的方式

法律咨询有当面解答、电话咨询、网络通信、书面解答等方式。其中，以当面解答为主，其他解答为辅，遇到疑难复杂问题需查阅资料时，可以以书面形式答复咨询人。

（一）当面解答

当面解答，是对于咨询者提出的问题，面对面地用口头方式予以回答。一般情况下，对于咨询者提出的问题，都是立即给予解答的，只有遇到情况复杂，需要查阅资料、集体讨论后才能解答的问题时，可以与咨询者另外约定时间再作解答。当面提供咨询意见，可概括为四部曲：弄清法律事实、确定法律关系、分析法律后果、告知维权方法。当面解答法律咨询的程序：

1. 充分了解事实真相，整理回答思路。这一阶段任务需通过详记、细听、察看、询问、分析等步骤来完成。

（1）详记情况。认真记录、填写解答法律咨询登记表。当面解答法律咨询，首先应做好登记工作，将咨询者的姓名、性别、年龄、民族、籍贯、文化程度、工作单位、职务、住址、解答时间等基本情况填写在《解答法律咨询登记表》中，然后进行询问。根据询问的情况，当即能够解答的，就立即解答，并将内容填到表内；如果不能立即解答的，应约定时间回答，或打电话回答。在记录时不要遗漏当事人谈话中的有用信息，对重要问题进行标记，可以帮助自己全面掌握法律事实，也会让当事人觉得受到重视。

（2）细听实情。认真听取咨询者的陈述。在咨询者叙述有关事实时，应当认真倾听，注意听全、听真、听准，并且听完。在听的过程中，可以适当加以引导，帮助咨询者说明问题，弄清问题的实质，要听清当事人的问题和意图，准确把握问题的基本情况。对待有乡音或者表达不清的当事人需要特别耐心，并记明所咨询的具体问题，然后开始听取咨询和解答问题。

（3）察看核实。在听取咨询者陈述的同时，一方面要注意仔细审阅咨询者提供的书面材料，对咨询者的陈述加以印证、核实，看咨询者的叙述有无根据；另一方面应注意观察咨询者的精神状态，注意其不同的情绪反应和感情变化，以弄清他的真正意图。

（4）提出问题。对咨询者叙述的情况进行有针对性的提问。提问的目的主要表现在两个方面：一是问明主要情节，使咨询者尽量删去重复叙述及不必要的过程。二是使咨询的问题更加清晰明确，并且分清事实的主次。通过提问，帮助尽快地把握住问题的中心环节，使解答更有针对性。提问时，应根据不同的对象、不同的问题，采取不同的方式。一般而言，咨询者顾虑重重，有理不敢直言时，可以采用谈心的方式；对一些重大而疑难的问题，或者在新形势下提出的新问题，可以采用探讨的方式；对于咨询者叙述不清，或者问题本身模糊不清难以叙述时，可以采用发问的方式进行。

（5）分析判断。在听懂、看清、问明之后，应对咨询者所提的问题作出分析判断。根据自己对事实的初步判断，从法律、政策的角度，找到问题的关键所在，判断问题的性质，确定正确的法律依据和处理办法，从而准确无误地给咨询者提供有效的帮助。综合分析是最重要的一个环节，应当特别重视，务必做好。

对于比较复杂的问题，首先要判断该事实是否属于法律问题，属于哪一类法律问题，然后根据有关法律的规定，理清法律关系，判断询问者的请求是否合法，如果合法，应当通过什么途径加以保护。

2. 准确、完整地解答咨询。针对咨询者提出的主要问题，在分析判断之后，作出有的放矢的回答。解答咨询问题总的要求是实事求是，符合法律、政策，提出的方案具体可行，讲出的道理通俗易懂。回答内容要让咨询者听懂、听清，既要道理清晰、重点明确，又要语言平实；既要防止答非所问，又要避免用抽象的道理、空洞地说教及教训的口吻回答咨询者提出的具体问题。

（二）书面解答

书面解答，是法律工作者根据法律，以书面形式解答咨询者提出的问题。在以书面形式解答法律咨询时，同样也要有针对性，要有的放矢，而不能答非所问。书面解答法律咨询的程序：

1. 认真阅读材料。要认真阅读咨询者的来信以及所提供的有关材料，分析咨询者叙述的事实是否真实可靠，提出的问题是否合理、合法，尽可能了解咨询者的真实意图，这样才能使作出的答复有重点、有条理、有针对性。同时，在回信时应注意根据咨询者的经历、文化水平等因素考虑措词，文字应清晰，语言应通俗易懂，答复和建议应明确具体、切实可行，并且必须有法律作为依据，即在准确理解法律、政策的基础上作出解答。

2. 提出法律意见或建议。就咨询者提出的有关专门性的重大法律事务的询问，可以通过提出法律意见或建议的方式给予解答，包括向咨询者提供法律依据、法律建议或者解决问题的方案。特别是在审查合同、协议、参与项目谈判或者参加制定经营计划的工作进程中，就发现的问题指明症结所在，给咨询者的最后决策提供参考。

3. 厘清法律事实。在解答法律咨询时，可能会遇到一些疑难问题，必须以实事求是的态度认真对待，虚心向同行和有关人员请教，不能不懂装懂，这样才能避免解答错误。

4. 防止矛盾激化。在解答法律咨询工作中，要从维护社会安定的大局出发。对于可诉可不诉的矛盾、纠纷，应尽量寻找和解存在的条件和可能性，说服咨询者与对方当事人互相谅解，通过调解的方法及早、妥善解决矛盾和纠纷，防止矛盾、纠纷激化和扩大，减少当事人的讼累。同时可以向咨询者宣传社会主义法治理念，提高公民遵纪守法的自觉性，从而维护社会稳定。

四、法律咨询需注意的几个问题

1. 注意全面掌握咨询者提供的事实及其提出的问题，力求掌握详实的材料，为作好解答创造条件。告知当事人提供材料不真实、作虚假陈述或当事人对法律的不熟悉而造成提供事实方面的错误会导致的后果。

2. 解答问题力求做到有的放矢、重点突出、观点明确、通俗易懂。不能答非所问，也不能似是而非，使对方听完后仍旧糊里糊涂。最重要的是要避免卖弄自己，不随意搬用专业性很强的法律术语，对非用不可的，也要向咨询人解释清楚，使其容易理解。

3. 解答问题一定要以法律、政策为依据。要让咨询者明白哪些是合法的，哪些是不合法的，不能一味附和对方的意见，甚至曲解法律。对明显不合法的要求，要耐心地做宣传工作，不能火上浇油。

4. 对于现行法律法规及政策没有明文规定或不能解决的问题，也应积极为咨询者出谋划策，共同商讨解决问题的合法合理的最佳方案与途径。

5. 在咨询中如果发现有异常情况和特殊问题，要及时与有关部门联系。例如，有的咨询者可能出于无奈想到要用非法的方式与手段来"保护"自己的权益，对于这种情况，应认真给其讲明利弊，必要时要积极与有关部门取得联系，防止恶性事件的发生。

6. 对于涉及正在处理过程中的具体纠纷、具体案件中应判刑期和应赔偿数额等问题的询问，一般不应作出具体回答。

五、咨询事项所涉纠纷及处理

作为法律工作者，接待咨询首先要理清案件涉及的法律关系，这是抓手。只有把案件的主体、内容、客体搞清楚了，才能将当事人的疑惑解答清楚，才能引导当事人通过法律途径解决问题，才能有效保护当事人的合法权益。所谓法律关系是指法律在调整人们行为的过程中形成的权利义务关系，是社会关系的一种特殊形态，它与一般社会关系相比有自身的特点。法律关系是以法律规范为前提，以法律上的权利义务为纽带，以国家强制力作为保障手段而形成的社会关系。在法律关系中，关于一个人可以做什么、不得做什么和必须做什么的规定，是国家意志的体现，它体现了国家对各种行为的态度，也体现着人们在建立诸如债权关系、物权关系、人身权关系、婚姻家庭关系中所达成的共识。

（一）合同纠纷

合同纠纷是指合同当事人因履行合同而发生的所有争议。合同纠纷可以从不同角度进行划分。

从合同的效力角度来对合同纠纷进行的划分：

1. 无效合同纠纷。无效合同纠纷是指因合同的无效而引起的合同当事人之间的争议。如合同无效后，合同当事人因返还各自因合同而取得的财产发生的纠纷，合同无效责任应由何方承担，承担多少的纠纷，等等。

2. 有效合同纠纷。有效合同纠纷是指在合同生效的前提下，合同当事人因履行合同而发生的争议。包括合同订立后合同当事人对合同内容的解释，合同的履行及违约责任，合同的变更、中止、转让、解除、终止等发生的一切争议。绝大多数合同纠纷为有效合同纠纷。

从合同的形式角度来对合同纠纷进行的划分：

1. 口头合同纠纷。口头合同纠纷是指合同当事人因履行口头合同而发生的所有争议。口头合同虽然简便易行，但因为没有书面的证据，所以，一旦发生纠纷是不易解决的。口头合同多是即时清结的合同，一般来说，发生纠纷的情况较少。

2. 书面合同纠纷。书面合同纠纷是指合同当事人因履行书面合同而发生的所有争议。现实生活中，绝大多数合同纠纷是书面合同纠纷。这与书面合同应用之广泛是分不开的，解决书面合同纠纷的依据是双方当事人签订的书面合同书或确认书，以及双方当事人协商一致的所有与合同有关的来往函件等。故要求合同当事人注意保存所有的与合同有关的书面证据，以便在发生纠纷时可以举证。此外，有时在一项合同履行过程中，既有因书面协议引起的纠纷，也有因口头协议引起的纠纷，口头协议除非有证据证明，否则法律是不承认其效力的。

（二）损害赔偿纠纷

损害赔偿是指致害人或加害人因侵权行为或债务不履行使受害人财产、人身遭受损害而产生的债权债务关系，由此而产生的纠纷称为损害赔偿纠纷。这里所说的损害赔偿包含两方面的内容：一是由于行为人的不法行为造成他人人身轻微伤害而引起的财产赔偿纠纷，如因轻微伤害而引起的医疗费用、营养补助、工资损失、误工收入等财产赔偿；二是由于行为人的不法侵害造成他人财产损失的赔偿纠纷，如损坏、侵占他人财产的赔偿等。财产损害赔偿是一种法律责任，并非一切损害财产的行为都要承担赔偿责任，构成损害赔偿必须具备下列条件：

1. 确有损害事实。这是构成财产损害赔偿的基本条件。如果仅有违法行为而没有造成损害结果，行为人就不承担赔偿责任。财产损害可分为直接损害和间接损害。直接损害是受害人现有财产的减少，如因伤害所支付的医疗费等；间接损害是受害人正常情况下应该得到而因受害未能获得的财产，如因住院治疗而减少的工资收入等。

2. 侵权行为具有违法性。这是承担财产损害赔偿责任的必要条件，行为人只有对违反国家法律的行为才承担赔偿责任。通常行为人侵害了他人合法权益，是违法的，但也有些致人损害的行为是合法的，如正当防卫和紧急避险，虽对他人财产造成损害，但都不负赔偿责任。

3. 违法行为与损害结果之间必须有直接因果关系。就是损害结果是由违法行为造成的，行为和结果之间有必然的因果联系，行为人才承担赔偿责任。如果两者之间没有必然联系，行为人就不承担损害赔偿责任。

4. 行为人有过错。这是构成损害赔偿的主观条件。过错就是行为人的故意和过失。行为人已预见自己行为的结果，仍然希望其发生或任其发生，是故意；行为人对行为的结果，应当预见而没有预见，或者虽然已经预见到却轻信这种结果不会发生，是过失。行为人既没有故意，也没有过失，而是意外事件，就不承担赔偿责任。

（三）物权纠纷

最高人民法院将物权纠纷专门列为二级案由，体现出物权保护的重要性。《物权法》第三章专门规定了物权的保护问题，足见立法者对物权保护的重视程度。从静态的财产关系来看，物权保护纠纷主要是侵害物权产生的纠纷，从性质上看包括物上请求权纠纷和债权请求权纠纷两类。物权确认纠纷是指就物权的成立、内容及物权的归属而产生的纠纷，包括所有权确认纠纷、用益物权确认纠纷和担保物权确认纠纷。所有权确认纠纷是指就所有权的成立、内容及归属所产生的民事纠纷；用益物权确认纠纷是指就用益物权的成立、内容及归属所产生的民事纠纷；担保物权确认纠纷是指就担保物权的成立、内容、归属及效力顺序等所产生的民事纠纷。按照我国现行法律的规定，对于土地的所有权归属问题有争议的，应当由行政机关确认，而不是通过诉讼解决。因此，物权确认纠纷主要是法律规定由行政机关确认之外的物权的确认纠纷，多数为用益物权和担保物权纠纷，也包括土地之外的动产所有权和建筑物所有权的确认纠纷，具体参照《物权法》第33～37条。

（四）解决纠纷的方式

1. 协商。当事人自行协商解决纠纷，是指纠纷的当事人，在自愿互谅的基础上，按照国家有关法律、政策和约定，通过摆事实、讲道理，以达成和解协议，自行解决纠纷的一种方式。双方当事人之间自行协商解决纠纷应当遵守以下原则：一是平等自愿原则，不允许任何一方以行政命令手段，强迫对方进行协商，更不能以断绝供应、终止协作等手段相威胁，迫使对方达成"只有对方尽义务，没有自己负责任"的"霸王协议"；二是合法原则，即双方达成的和解协议，其内容要符合法律和政策规定，不能损害国家利益、社会公共利益和他人的利益，否则当事人之间为解决纠纷达成的协议无效。发生纠纷的双方当事人在自行协商解决纠纷的过程中，应当注意以下问题：

（1）分清责任是非。协商解决纠纷的基础是分清责任是非。当事人双方不能一味地推卸责任，否则，不利于纠纷的解决。因为，如果双方都以为自己有理，责任在对方，则难以做到互相谅解和达成协议。

（2）态度端正，坚持原则。在协商过程中，双方当事人既应互相谅解、以诚相待、勇于承担各自的责任，但又不能一味地迁就对方，进行无原则的和解。尤其是对在纠纷中发现的恶意串通、行贿受贿，以及其他损害国家利益和社会公共利益的违法行为，要进行揭发。对于违约责任的处理，只要合同中约定的违约责任条款是合法的，就应当追究违约责任，过错方应主动承担违约责任，受害方也应当积极向过错方追究违约责任，决不能以协作为名假公济私，慷国家之慨而中饱私囊。

（3）及时解决。如果当事人双方在协商过程中出现僵局，争议迟迟得不到解决时，就不应该继续坚持协商解决的办法，否则会使合同纠纷进一步扩大。特别是一方当事人有故意的不法侵害行为时，更应当及时采取其他方法解决。

2. 调解。调解是指双方当事人自愿在第三方（即调解的人）的主持下，在查明事实、分清是非的基础上，由第三方对纠纷双方当事人进行说服劝导，促使他们互谅互让，达成和解协议，从而解决纠纷的活动。调解有以下三个特征：①调解是在第三方的主持下进行的，这与双方自行和解有着明显的不同；②主持调解的第三方在调解中只是说服劝导双方当事人互相谅解，达成调解协议，而不是作出裁决，这表明调解和仲裁不同；③调解是依据事实和法律、政策，进行合法调解，而不是不分是非，不顾法律与政策在"和稀泥"。

3. 仲裁。仲裁是指由第三者依据双方当事人订立的仲裁条款或自愿达成的仲裁协议，按照法律规定对合同争议事项进行居中裁断，以解决纠纷的一种方式。根据《仲裁法》的规定，通过仲裁解决的争议事项，一般仅限于在经济、贸易、海事、运输和劳动中产生的纠纷；如果是因人身关系和与人身关系相联系的财产关系而产生的纠纷，则不能通过仲裁解决。

4. 诉讼。合同在履行过程中发生纠纷后，如果当事人一方不愿协商、调解、仲裁，则只能采用诉讼的方式来解决双方当事人之间的争议。所以诉讼是解决合同纠纷的最终形式。所谓合同纠纷诉讼是指人民法院根据合同当事人的请求，在所有诉讼参与人的参加下，审理和解决合同争议的活动，以及由此而产生的一系列法律关系的总和。

（五）农村常见纠纷的解决对策

1. 对婚姻纠纷，采用"冷却待机调解法"，即先冷却处置，待双方消气趋于理智后，再选择时机调解。婚姻纠纷对当事人来说，是人生中的一件重大事情，关系到将来的生活质量，甚至会造成当事人人生轨迹发生重大转折。对于婚姻纠纷的当事人来说，今天同意离婚，明天又不同意离婚是再平常不过的事情了。有的案件当事人情绪波动大，甚至于多次去法院立案、撤诉。因此，当事人发生矛盾的时候，不要轻言离婚，而应互让互谅，化解矛盾于家庭内部。

如果实在没有办法一起生活时，则要委托专业人员帮助处理婚姻纠纷，避免夫妻双方互相造成更多伤害。婚姻纠纷的焦点问题既有财产分割问题，又涉及子女抚养权和探望权问题，而其他民事案件一般仅涉及一个法律关系。婚姻案件的财产分割又包括现金存款的分割、房产的分割、投资的分割、公司股权或者经营收益的分割等，离婚中的房产又包括完全产权房、经济适用房、公房、公房租赁权、按揭房等多种形式，所以对法律工作者而言，处理婚姻案件的挑战性是很高的。

2. 对人身伤害赔偿纠纷，采用"求同存异调解法"。此类纠纷的核心问题在于赔偿，调解时着眼于化解主要矛盾，不纠缠细枝末节，在不违反法律禁止性规定和当事人自愿原则的前提下积极调解，促使双方互谅互让，达成和解协议。

3. 对赡养、抚养等家庭纠纷，采用"亲情感化调解法"。针对家庭成员间的纠纷，调解时侧重于传统美德教育，使当事人重新认识到亲情价值和树立尊老爱幼的观念，以便真正解决问题。

4. 对各类经济纠纷，采用"判例参照调解法"。在经济纠纷调解之前，可将类似的调解或判决案例提供给当事人，供其参考，使当事人了解该类案件的处理原则及最终处理结果。

5. 对界址、引水、通行等相邻关系纠纷，采用"现场听证调解法"。这类纠纷当事人往往各执一词，情况千差万别，调解时应到现场勘察了解，邀请有关专业人员和村干部、邻居和亲朋好友参加，由当事人陈述理由，出示证据，大家共同评判是非，作出合理结论，最后再说服有过错的一方，促成纠纷的解决。

6. 对重大复杂矛盾纠纷，采用"相关部门联动调解法"。该类纠纷涉及面广、情况复杂，单凭调解委员会或某一部门处理往往难以奏效，可协调所涉及的有关部门，互相配合，分工协作，共同解决问题。

六、代书

（一）代书的概念及意义

代书是法律工作者根据委托人提供的事实和证据，以委托人的名义，依据法律代替委托人书写诉讼文书和其他法律事务文书的一项业务活动。代书能够为当事人提供法律帮助，保障其更好地行使诉讼权利，维护其合法权益；代书可以宣传社会主义法制，提高公民的法律意识，教育公民遵纪守法；代书可以为人民法院立案和审判工作奠定良好的基础，促进诉讼的顺利进行；代书能够严格依据法律的规定进行，对于防止纠纷或者正确处理纠纷有着重要的意义，有利于维护当事人的合法权益，促进社会的稳定。

（二）代书的种类

1. 起诉状、答辩状、上诉状、申诉状、执行申请书等民商事、刑事、行政诉讼法律事务文书。

2. 合同、协议、章程、遗嘱、赠与书、声明书等民商事、行政非诉讼法律事务文书。

3. 其他具有法律意义的文书。

（三）代书要求

代写法律事务文书，应做到目的观点明确，如实反映客户提供的客观事实和证据材料，准确引用法律条文，语言规范精炼，逻辑严谨，通俗易懂；有法定标准格式的应按规定书写；对请求合法、正当的，应予以支持，对请求非法、不当的，应劝说客户放弃请求，或拒绝予以代书；对不涉及法律事务的代书请求，不予受理。

（四）代书步骤

1. 接受来访人的代书委托，问清并登记客户的基本情况和代书项目。

2. 听取客户对代书内容和有关事实的陈述，查看客户提供的有关证据和材料，进行必要的提问，然后对有关事实、证据进行分析判断，酝酿代书方案。

3. 代书请求合法、正当，事实清楚和证据齐全的，根据代书的繁简程度，可以当场代书，也可以在双方约定的期限内完成代书。

4. 代书完成后，征求客户的意见进行修改、定稿，正式打印或誊写。

5. 代写的法律事务文书，应根据需要复制若干份，由客户签字盖章，并加盖法律服务所代书专用章和代书承办人印章。法律服务所留存一份，其余交给客户。

6. 代写法律事务文书完结后，应按照规定项目填写代书业务登记表。

 学习情境

1. 咨询接待、询问沟通。

2. 代写法律文书。

【范例1】

〖案情简介〗

2015年1月，北京王先生与某房产公司签订了商品房认购合同，双方约定：以开盘价每平方米4.5万元的价格将位于上海市浦东新区团结小区的1-3-201的一套100平方米的房子出售给王先生，并约定8月份签订正式的买卖合同。当日张先生就支付给开发商购房定金人民币100万元。2015年8月10日当王先生按照约定与开发商签订正式合同时，得知开发商已经将该房屋以每平方米3.8万元的价格卖给了刘女士，刘女士已办理了按揭手续，房产证在银行抵押。这让王先生很愤怒，认为开发商的违约行为严重侵害了自己的权益，但又不知如何来维

护自己的权益，于是找到社区法律服务所，进行咨询。

〖操作指引〗

1. 接待王先生的相关法律问题咨询。

（1）首先了解王先生与房产公司是什么时候建立的法律关系。重点询问王先生在与房产公司建立买卖关系的证据，如有无书面凭证，定金条款是如何规定的。王先生是想通过何种方式解决问题，希望得到什么结果。

（2）在全面了解当事人的情况后，作出初步判断：双方当事人是否建立了买卖合同关系，如果王先生坚持要回房子，怎么办？若王先生打算不想再和这家不讲信用的公司继续打交道，就想要回双倍定金，如何帮助王先生解决。

2. 解答王先生的疑问。

（1）告知王先生，商品房认购合同是有法律效力的，合同双方当事人均负有履行合同的义务。开发商负有将认购人所认购的房子保留、不对其他人出售的义务，除非双方经协商无法就正式房子买卖合同的签订达成协议。

（2）由于王先生已经向房产公司支付了定金，根据定金规则，收取定金的一方违约，应双倍返还。根据《担保法》第91条的规定，定金的数额超过主合同标的额20%的，超过部分不适用罚则。

（3）告知王先生只能选择定金条款，按照房子总价450万元，定金最高只能90万元，即房产公司先退还张先生100万元本金，再赔偿90万元，因为根据物权法规定，刘女士已经办理了过户手续，团结小区1－3－201的房屋产权已经转移到刘女士名下。当然张先生也可通过协商的方式与开发商重新签订买卖合同，就团结小区的其他房屋另行交易。

【范例2】

〖案情简介〗

陈某2016年大学毕业。2015年12月他参加了学校举办的招聘会，并与创科公司签订了毕业生就业协议。2016年7月31日，创科公司因陈某患有"白癜风"而通知其"不予录用"。陈某家业贫寒，靠父母资助和助学贷款才完成学业，这次因为公司毁约，不仅使其丧失了工作机会，并且致使他错过了选择就业的最佳时机。2017年4月，陈某多次与创科公司协商未果，于是找到法律援助站寻求法律帮助，并就有关问题进行咨询，请法律援助站的法律服务人员帮助他出主意想办法。

〖操作指引〗

1. 接待陈某的相关法律问题咨询。

（1）陈某与创科公司之间是否建立了劳动合同关系？创科公司拒绝录用陈某的行为违反了什么法，侵犯了他的何种权利，通过何种方式解决问题可以最大化地保护陈翔的合法权益?

（2）陈某要求创科公司录用他的愿望能否实现，如果实现不了，因公司侵犯了他的就业权，在要求公司承担相应违约赔偿责任的同时，能否主张赔偿精神损失?

2. 解答陈某的咨询。平等就业权是劳动权在人格权中的具体表现。宪法规定公民享有劳动权，这是一项宪法权利。这项权利反映在人格权上，就表现为平等就业权。《就业促进法》规定这项权利，其性质是人格权。侵害平等就业权，就是侵害人格权，就构成侵权行为，在承担侵权责任的同时，用人单位还应赔偿陈某精神抚慰金。

【范例3】
〖案情简介〗

2016年4月21日下午，新洲市初中生郑某某放学后与同学一起到停业多时的"野生动物园"玩耍。刘某爬墙进入园内，发现有头一怪物在睡觉，用弹弓和树枝挑逗躺在湖边的怪物，惊醒后的"怪物"突然扑上来，咬住他的脚，造成腿部大面积损伤，左腿截肢。后被证明该"怪物"是动物园里原来留下的圈养野猪，郑某某父母坚持要讨个说法，现就有关问题进行咨询。

〖操作指引〗

1. 接待郑某某父母的相关法律问题咨询。

（1）了解事故发生的时间、地点、经过，了解郑某某父母的主要权利要求，理清谁是肇事者，即野生动物园的管理者或者所有权人是谁，应当由谁来承担责任，为什么由其承担责任，以及现行法律是如何规定的。

（2）受害者家属可以得到哪些赔偿?作为监护人有无责任，是否也应该承担责任?为什么?

2. 就本案纠纷解答当事人的相关疑惑。

3. 解答咨询。

（1）动物园管理人张某某和所有人凤九旅游度假有限公司应承担赔偿责任，应当赔偿补偿金。

（2）动物园虽然早已停业并设有警示牌，但动物园外层防护墙墙体坍塌，且内墙低矮，外人很容易进入，因此动物园的管理人和所有人对事故发生存在疏忽大意、看管不力的过错，应负主要责任。

（3）郑某某父母对孩子监管不力，应承担一定责任。孩子造成终身残疾给原告夫妇造成巨大精神伤害，被告应赔偿一定数额精神损害抚慰金。

这个案件有以下几点值得注意的问题:

1. 在违反安全保障义务的侵权行为中，有种类型就是对未成年人未尽安全保障义务。在一个对儿童具有诱惑力的经营活动或者社会活动中，经营者或者组织者必须对防范儿童受到损害尽到高度注意义务，起码要做到以下三点中的一点：一是消除这个危险；二是使儿童与该危险隔离；三是采取其他措施使危险不能发生。否则如果造成儿童损害，危险活动的经营者或者组织者就必须承担侵权责任。在本案中，饲养野猪显然是具有高度危险的活动，且对儿童具有特别诱惑力，而经营者围在动物周围的防护墙坍塌，造成儿童很容易爬进来。因此，可以判断经营者没有尽到高度注意义务，确定其承担侵权责任是公平的。

2. 在本案中，还有一个细节值得注意，就是如何对待未成年受害人案件中监护人的过失问题。在未成年人受到损害的案件中，未成年受害人更应当予以保护，应当得到比成年受害人更多的赔偿。但这类案件在司法实践中，并不会增加对未成年受害人的赔偿，而是认定未成年受害人的监护人具有监护过失，按照过失相抵规则而减轻加害人的赔偿责任。

3. 在本案中，应当适用《最高人民法院关于审理人身损害赔偿案件适用法律若干问题的解释》第2条规定，加害人一方具有故意或者重大过失，受害人一方只有一般过失的，不减轻加害人的责任。适用这一条款的规定，由于未成年受害人的监护人的过失是一般过失，因而不减轻加害人一方的责任，就能够使未成年受害人的权利得到更好地保护。

4. 《侵权责任法》中专门规定了"饲养动物损害责任"一章，分别规定了饲养的动物致害责任、饲养烈性犬致人损害责任、动物园的动物致人损害责任以及第三人过错致使动物造成损害的责任。本案属于类似于烈性犬之类的动物致人损害，适用无过失责任原则确定责任。据此，野猪饲养者也应当承担侵权责任。

【范例4】
〖案情简介〗
2013年11月27日，信阳某银行委托信阳银行信用卡代理服务有限公司到江某家所在地——沈北新区蒲河镇发送紧急通知即催账单。账单内容是："江某：您所持有的银行信用卡，截至2013年10月透支欠款已经超过3个月，且数额较大，经多次提醒、催收，您均以各种理由进行推脱，仍未还款，依据我国《刑法》第196条之规定，您的行为已涉嫌信用卡诈骗。如您在2013年11月28日之前仍不能一次性还清全部欠款，我单位将把对您的立案材料移交至信阳市公安局经济犯罪侦查部门立案处理，依法追究刑事责任。"江某否认其在该银行办理过信用卡，但催账单在江某的家人、朋友及周围群众中引起不良影响。江某经过查询个人信用报告，发现信用卡透支的另有江某其人，此江某并非彼江某。江某非常生气，并到法律服务所进行咨询，你如何帮助江某解决问题。

〖操作指引〗

1. 接待江某相关法律问题咨询。

（1）首先要了解当事人与银行之间的储蓄关系。重点问清楚双方有没有办理过信用卡，什么时候办理的；办理信用卡后的消费支付情况怎么样；有无透支的情况，双方的储蓄关系现在出现了什么问题或纠纷等。

（2）在详细了解双方的关系后，判断银行是否存在过错。若是银行有过错，告知当事人银行的行为构成侵权，指导当事人可以通过协商、调解或诉讼解决问题。

2. 告知江某银行在催收账款过程中，未尽到足够的注意义务，依据真伪未辨的欠款信息，到江某家庭住所地发送以透支涉嫌诈骗追究刑事责任为内容的催收通知，在一定范围导致江某的社会评价降低，存在主观过错，银行的行为构成侵害江某的名誉权。

银行怎能如此不负责任，给一个与此毫无关联的江某发出欠款通知，并且有涉嫌信用卡诈骗的内容，还要把立案材料移交公安机关侦查处理，这样的催账单，涉及当事人的信用、名誉以及人格尊严，一旦不慎，极易造成当事人名誉权的损害。

根据民法的规则，银行负有善良管理人的注意义务，应当以谨慎人的标准要求自己，不能如此不负责任。违反注意义务就有过失，银行对于自己过失造成的后果，应承担侵权责任。

在本案中，银行对自己的客户负有注意义务，对他人也负有注意义务，在未经核实的情况下，就对没有信用卡透支的此江某，认定为彼江某，对其发出错误的催账单，造成了损害后果。有过失，有损害，银行当然就有侵权责任。

3. 如果当事人想通过诉讼解决问题，法律工作者可以帮助起草民事起诉状。

〖范例5〗
〖案情简介〗

蔡某与樊甲于2012年8月经人介绍相识，2013年2月14日在竹山县登记结婚。婚后于2014年7月2日生一女樊乙。

蔡某与樊甲结婚初期感情尚可，但结婚两年后，因三观不合及生活琐事等原因，双方经常吵架，蔡某还多次遭到樊甲打骂。2016年3月2日蔡某不得已带着女儿搬回娘家居住至今，在分居期间樊甲从未主动看望、和解，也没有给过任何生活费用，双方感情没有任何改善，蔡某准备起诉离婚。

根据上述案情材料，拟写一份民事起诉状。

〖操作指引〗

1. 根据案情，确定相应当事人范围。

2. 审核需要当事人提供收集的证据材料。

3. 撰写起诉状。

附：民事起诉状

民事起诉状

原告：蔡某，女，1985 年 4 月 9 日出生，汉族，宁夏盐池人，个体，现住宁夏银川市西夏区北河小区，联系电话：×××。

被告：樊甲，男，1983 年 9 月 7 日出生，汉族，湖北省十堰市×××人，现住宁夏银川市西夏区北西小区，联系电话：×××。

诉讼请求：

一、判令原告与被告离婚；

二、判令女儿归被告抚养，由原告支付相应的抚养费；

三、判令被告协助原告每年六次不定时地探望女儿或带女儿外出游玩；

四、本案诉讼费用由被告承担。

事实与理由：

蔡某与樊甲于 2012 年 8 月经人介绍相识，2013 年 2 月 14 日在竹山县登记结婚。婚后于 2014 年 7 月 2 日生一女樊乙。

原告与被告结婚初期感情尚可，但结婚两年后，因三观不合及生活琐事等原因，双方经常吵架，原告还多次遭到被告打骂。为此，原告与被告从 2016 年 3 月 2 日起一直分居到现在，双方感情仍没有任何改善。在此期间，双方多次协议离婚未果。

以上事实足以说明原告与被告之间的感情确已破裂，夫妻关系名存实亡，维持这样的夫妻关系，双方都痛苦。为早日解除双方之间的痛苦，根据《中华人民共和国婚姻法》和《中华人民共和国民事诉讼》的相关规定，特诉请人民法院支持原告的前述请求。

　　　此致

×××县人民法院

起诉人：

××××年××月××日

附：1. 本诉状副本 1 份；

　　2. 证据清单 1 份。

拓展训练

一、思考习作

1. 2016 年 1 月 10 日，自然人甲为创业需要，与自然人乙订立借款合同，约定甲向乙借款 100 万元，借款期限 1 年，借款当日交付。2016 年 1 月 12 日，双方就甲自有的 M 商品房又订立了一份商品房买卖合同，其中约定：如甲按期偿还对乙的 100 万元借款，则本合同不履行；如甲到期未能偿还对乙的借款，则该借款变成购房款，甲应向乙转移该房屋所有权；合同订立后，该房屋仍由甲占有使用。

2016 年 1 月 15 日，甲用该笔借款设立了 S 个人独资企业。为扩大经营规模，S 企业向丙借款 200 万元，借款期限 1 年，丁为此提供保证担保，未约定保证方式；戊以一辆高级轿车为质押并交付，但后经戊要求，丙让戊取回使用，戊又私自将该车以市价卖给不知情的己，并办理了过户登记。

2016 年 2 月 10 日，甲因资金需求，瞒着乙将 M 房屋出卖给了庚，并告知庚其已与乙订立房屋买卖合同一事。2016 年 3 月 10 日，庚支付了全部房款并办理完变更登记，但因庚自 3 月 12 日出国访学，为期 4 个月，双方约定庚回国后交付房屋。

2016 年 3 月 15 日，甲未经庚同意将 M 房屋出租给知悉其卖房给庚一事的辛，租期 2 个月，月租金 5000 元。2016 年 5 月 16 日，甲从辛处收回房屋的当日，因雷电引发火灾，房屋严重毁损。根据甲卖房前与某保险公司订立的保险合同（甲为被保险人），某保险公司应支付房屋火灾保险金 5 万元。2016 年 7 月 13 日，庚回国，甲将房屋交付给了庚。

2017 年 1 月 16 日，甲未能按期偿还对乙的 100 万元借款，S 企业也未能按期偿还对丙的 200 万元借款，现乙和丙均向甲催要。

问题：

（1）就甲对乙的 100 万元借款，如乙未起诉甲履行借款合同，而是起诉甲履行买卖合同，应如何处理？请给出理由。

（2）就 S 企业对丙的 200 万元借款，甲、丁、戊各应承担何种责任？为什么？

（3）甲、庚的房屋买卖合同是否有效？庚是否已取得房屋所有权？为什么？

（4）谁有权收取 M 房屋 2 个月的租金？为什么？

（5）谁应承担 M 房屋火灾损失？为什么？

（6）谁有权享有 M 房屋火灾损失的保险金请求权？为什么？

2. 刘某与张某系邻居，因刘某时常聚集三朋四友在家打麻将，有时通宵达且，喧闹声严重影响了张某家的正常休息。张某多次到刘某家说明自己身体不好，神经衰弱，而且孩子要学习，希望刘某尽量不要晚上打麻将扰民。2015 年某晚刘某正在家玩麻将，张某上去敲门表示不满，刘某认为在朋友面前丢了面子，遂出言不逊，辱骂张某神经病。张某怒斥刘某不务正业，像个赌徒。双方发生激烈争吵，引来邻里十余人，纷纷劝说双方忍让。刘某恼羞成怒，上前拉住张某的衣服说："我是赌徒，你就是妓女。"张某羞愤不已，转身欲走，但被刘某拉住。挣扎之间，张某的上衣被撕破，上身裸露。张某遭此羞辱之后，神经受到严重刺激，神经衰弱加重，不能正常生活、工作，所在外企将其辞退。治病休养、生活无来源，使张某身心财产俱受伤损。现在张某的女儿找到你，作为一名法律职业者，根据我国现行法律的规定，你将通过何种途径、选择何种方式提供帮助？你认为哪种方式处理此事会使社会和法律效果更好，更具优越性，同时能更好地维护她们的合法权益？

3. 自然人甲与乙订立借款合同，其中约定甲将自己的一辆汽车作为担保物让与乙。借款合同订立后，甲向乙交付了汽车并办理了车辆的登记过户手续。乙向甲提供了约定的 50 万元借款。

一个月后，乙与丙公司签订买卖合同，将该汽车卖给对前述事实不知情的丙公司并实际交付给了丙公司，但未办理登记过户手续，丙公司仅支付了一半购车款。某天，丙公司将该汽车停放在停车场时，该车被丁盗走。丁很快就将汽车出租给不知该车来历的自然人戊，戊在使用过程中因汽车故障送到己公司修理。己公司以戊上次来修另一辆汽车时未付修理费为由扣留该汽车。汽车扣留期间，己公司的修理人员庚偷开上路，违章驾驶撞伤行人辛，辛为此花去医药费 2000 元。现丙公司不能清偿到期债务，法院已受理其破产申请。

问题：

（1）甲与乙关于将汽车让与给债权人乙作为债务履行担保的约定效力如何？为什么？乙对汽车享有什么权利？

（2）甲主张乙将汽车出卖给丙公司的合同无效，该主张是否成立？为什么？

（3）丙公司请求乙将汽车登记在自己名下是否具有法律依据？为什么？

（4）丁与戊的租赁合同是否有效？为什么？丁获得的租金属于什么性质？

（5）己公司是否有权扣留汽车并享有留置权？为什么？

（6）如不考虑交强险责任，辛的 2000 元损失有权向谁请求损害赔偿？为什么？

（7）丙公司与乙之间的财产诉讼管辖应如何确定？法院受理丙公司破产申请后，乙能否就其债权对丙公司另行起诉并按照民事诉讼程序申请执行？

4. 蔡先生，1949 年出生，祖籍福建省石狮市人，早年去菲律宾谋生，系旅菲爱国华侨。改革开放后，曾多次来闽投资，未取得好的效益。2012 年蔡先生与其子想在厦门市开发实业，为建立投资立足之地，打算先在厦门市购置商业用房一处，根据蔡先生的表弟——中国银行厦门支行退休职工张先生的建议，为省时便捷，蔡先生决定委托张先生并以张先生的名义进行商业用房购买事项，并于2013 年 4 月在厦门市区购得商业用房 223 平方米。后张先生在蔡先生创办的公司中任职，因与他人矛盾，张先生自行离职，并擅自带走公司的印章、账本等，与公司发生矛盾。张先生占有蔡先生购置的房产扣留不还，引起表兄弟反目，被诉至法院。一审法院认为该房以张先生名义购置，各项手续齐全，证据确凿，应予采纳；而蔡先生提供证据均系旁证材料，属于间接证据，缺乏证明力，无法否定被告人提供的直接证据，为此不予采信。据此，驳回原告诉讼请求。原告不服，上诉至厦门市中级人民法院，上诉法院经审理，作出了驳回上诉、维持原判的终审判决。对于一、二审判决，蔡先生仍然不服，而且十分不理解，极为伤心，于2017 年 4 月，经人介绍向你咨询，请你指出蔡先生败诉的原因并提出解决途径。

5. 甲欲出卖自家的房屋，但其房屋现已出租给张某，租赁期还剩余 1 年。甲将此事告知张某，张某明确表示，以目前的房价自己无力购买。甲的同事乙听说后，提出购买。甲表示愿意但需再考虑细节。乙担心甲将房屋卖与他人，提出草签书面合同，保证甲将房屋卖与自己，甲同意。甲、乙一起到房屋登记机关验证房屋确实登记在甲的名下，且所有权人一栏中只有甲的名字，双方草签了房屋预购合同。后双方签订正式房屋买卖合同约定：乙在合同签订后的 5 日内将购房款的 2/3 通过银行转账给甲，但甲须提供保证人和他人房屋作为担保；双方还应就房屋买卖合同到登记机关办理预告登记。

甲找到丙作为保证人，并用丁的房屋抵押。丁与乙签订了抵押合同并办理了抵押登记，但并没有约定担保范围。甲乙双方办理了房屋买卖合同预告登记，但甲忘记告诉乙房屋出租的情况。

此外，甲的房屋实际上为夫妻共同财产，甲自信妻子李某不会反对其将旧房出卖换大房，事先未将出卖房屋的事情告诉李某。李某知道后表示不同意。但甲还是瞒着李某与乙办理了房屋所有权转移登记。

2 年后，甲与李某离婚，李某认为当年甲擅自处分夫妻共有房屋造成了自己的损失，要求赔偿。甲抗辩说，赔偿请求权已过诉讼时效。

问题：

（1）在本案中，如甲不履行房屋预购合同，乙能否请求法院强制其履行？为什么？

（2）甲未告知乙有租赁的事实，应对乙承担什么责任？

（3）如甲不按合同交付房屋并转移房屋所有权，预告登记将对乙产生何种保护效果?

（4）如甲在预告登记后又与第三人签订房屋买卖合同，该合同是否有效?为什么?

（5）如甲不履行合同义务，在担保权的实现上乙可以行使什么样的权利?担保权实现后，甲、丙、丁的关系如何?

（6）甲擅自处分共有财产，其妻李某能否主张买卖合同无效?是否可以主张房屋过户登记为无效或者撤销登记?为什么?

（7）甲对其妻李某的请求所提出的时效抗辩是否成立?为什么?

6. 大学生李某要去 A 市某会计师事务所实习。此前，李某通过某租房网站租房，明确租房位置和有淋浴热水器两个条件。张某承租了王某一套二居室，租赁合同中有允许张某转租的条款。张某与李某联系，说明该房屋的位置及房屋里配有高端热水器。李某同意承租张某的房屋，并通过网上银行预付了租金。李某入住后发现，房屋的位置不错，卫生间也较大，但热水器老旧不堪，不能正常使用，屋内也没有空调。另外，李某了解到张某已拖欠王某 1 个月的租金，王某已表示，依租赁合同的约定要解除与张某的租赁合同。

李某要求张某修理热水器，修了几次都无法使用。再找张某，张某避而不见。李某只能用冷水洗澡并因此感冒，花了一笔医疗费。无奈之下，李某去 B 公司购买了全新电热水器，B 公司派其员工郝某去安装。在安装过程中，找不到登高用的梯子，李某将张某存放在储藏室的一只木箱搬进卫生间，供郝某安装时使用。安装后郝某因有急事未按要求试用便离开，走前向李某保证该热水器可以正常使用。李某仅将该木箱挪至墙边而未搬出卫生间。李某电话告知张某，热水器已买来装好，张某未置可否。另外，因暑热难当，李某经张某同意，买了一部空调安装在卧室。

当晚，同学黄某来 A 市探访李某。黄某去卫生间洗澡，按新装的热水器上的提示刚打开热水器，该热水器的接口处迸裂，热水喷溅不止，黄某受到惊吓，摔倒在地受伤，经鉴定为一级伤残。另外，木箱内装的贵重衣物，也被热水器喷出的水流浸泡毁损。

问题:

（1）由于张某拖欠租金，王某要解除与张某的租赁合同，李某想继续租用该房屋，可以采取什么措施以抗辩王某的合同解除权?

（2）李某的医疗费应当由谁承担?为什么?

（3）李某是否可以更换热水器? 李某更换热水器的费用应当由谁承担? 为什么?

（4）李某购买空调的费用应当由谁承担? 为什么?

（5）对于黄某的损失，李某、张某是否应当承担赔偿责任？为什么？

（6）对于黄某的损失，郝某、B 公司是否应当承担赔偿责任？为什么？

（7）对于张某木箱内衣物浸泡受损，李某、B 公司是否应当承担赔偿责任？为什么？

7. 根据下列案情材料拟写一份民事答辩状，案情如下：

2016 年 5 月 23 日，傅女士向杨先生租赁了位于上海市绿城小区内的一套房屋，约定租赁期限为 2 年，房租为每月 5600 元，租金每 3 个月以现金支付，约定"甲方（杨先生）同意乙方（傅女士）分割出租（转租）"。租赁合同生效后，傅女士将承租的住房进行装修改造，把客厅变成 3 间独立房，餐厅、主卧室、书房又被分别改成 6 间独立房，杨先生的"三室两厅"在傅女士的手中变成了 10 间房。装修完成后，傅女士要运进房间 10 张大床，被该小区的物业公司阻止，理由是傅女士的行为违反业主临时公约，将三室房间改装成 10 间房间，分别租给不同的人居住，造成互不相识的人共同居住，存在治安隐患。双方发生争执，甚至动用 110 警务来处理。傅女士认为物业公司妨害了其正当行使权利，诉请法院判决物业公司停止侵权，不得无理阻挠她及房客正常进入小区，并赔偿她的房屋租金 5600 元。假如你是物业公司的代理人，请拟一份答辩状。

二、阅读参考书目

1. 季立刚主编：《合同法教程新编》，上海教育出版社 2001 年版。

2. 彭万林主编：《民法学》，中国政法大学出版社 2007 年版。

3. 杨紫烜主编：《经济法学》，北京大学出版社 2007 年版。

4. 王泽鉴：《民法学说与判例研究》，中国政法大学出版社 2003 年版。

5. 孙宪忠：《中国物权法原理》，法律出版社 2004 年版。

6. 王利明：《民法总则》，中国人民大学出版社 2017 年版。

7. 李永军：《合同法》，中国人民大学出版社 2010 年版。

8. 徐孟洲：《经济法学原理与案例教程》，中国人民大学出版社 2016 年版。

9. 史际春主编：《经济法》，中国人民大学出版社 2015 年版。

学习单元三　婚姻家庭法律事务处理实务

学习目标

● 掌握婚姻家庭法律事务具体规定及处理要素。

● 能够独立运用婚姻家庭法的相关知识完成对结婚、离婚、继承及收养等的咨询，并能处理一般的婚姻、继承及收养纠纷案件的实务工作。

一、办理婚姻家庭非诉讼类法律事务

（一）独立运用婚姻法相关知识完成关于婚姻法律事务的咨询

1. 关于订婚或婚约财产纠纷。结婚前订婚并给付彩礼的习俗在我国许多地方都存在，对因婚约解除而引起的财物纠纷，现实生活中也时常发生。对于这种情况的处理，要告知前来咨询的人：①订婚不是婚姻成立的必要条件和手续。法律不提倡订婚，但也不禁止。②婚约没有法律效力，只有双方完全自愿才能实际履行。双方同意解除婚约的，可自行解除；一方要求解除的，只要向对方作出意思表示即可，无须征得对方的同意。③可以根据《最高人民法院关于适用〈中华人民共和国婚姻法〉若干问题的解释（二）》（以下简称《婚姻法解释（二）》）第 10 条的规定，起诉要求返还彩礼。

2. 关于同居关系纠纷。

（1）要告知咨询者，根据《最高人民法院关于适用〈中华人民共和国婚姻法〉若干问题的解释（一）》（以下简称《婚姻法解释（一）》）第 5 条的规定，对未办理结婚登记而以夫妻名义同居生活的情形，应分别处理：①1994 年 2 月 1 日《婚姻登记管理条例》（注：已失效）实施前的按事实婚姻处理，适用婚姻关系的有关规定；②1994 年 2 月 1 日后的按同居关系处理。

（2）要告知根据《婚姻法解释（二）》第 1 条的规定，男女双方在同居过程中发生纠纷可提起同居关系之诉，人民法院将区别对待：①当事人起诉请求解除同居关系的，不予受理。但该同居关系属于"有配偶者与他人同居"的，应当受理并依法予以解除。②无论何种同居关系，当事人因同居期间财产分割或者子女抚养纠纷起诉的，应当受理。

3. 关于无效婚姻纠纷。首先，要告知咨询者，我国婚姻法采用宣告无效制，根据当事人申请，由人民法院依诉讼程序确认后宣告婚姻无效。其次，要告知

《中华人民共和国婚姻法》（以下简称《婚姻法》）第 10 条规定的婚姻无效的 4 种情形。再次，要告知《婚姻法解释（一）》第 7 条规定的哪些人可以申请宣告婚姻无效。同时要帮其分析如果提起无效婚姻之诉，根据《婚姻法解释（一）》第 8、9、14 条及《婚姻法解释（二）》第 2～7 条的规定，分不同情况所作的不同处理。最后，要让咨询者清楚婚姻被宣告无效后，根据《婚姻法》第 12 条和《婚姻法解释（一）》第 15、16 条的规定所产生的法律后果。

4. 关于可撤销婚姻纠纷。如果咨询者就婚姻可否被撤销有疑问，要告知其《婚姻法》第 11、12 条以及《婚姻法解释（一）》第 10～15 条的规定，受胁迫而结婚是请求撤销婚姻的唯一情形，而且撤销权只能由受胁迫一方的婚姻关系当事人本人享有和行使。撤销权人应当依法向婚姻登记机关或者人民法院提出撤销其婚姻的请求，而且应当自结婚登记之日起 1 年内提出，被非法限制人身自由的当事人请求撤销婚姻的，应当自恢复人身自由之日起 1 年内提出，要告知该 1 年时间为除斥期间，不适用诉讼时效中止、中断或者延长的规定。同时要告知婚姻依法被撤销的，自始无效，其法律后果与婚姻依法被宣告无效相同。

5. 关于离婚纠纷。如果有人来咨询离婚的问题，以下相关内容要特别注意：

（1）当事人如果要离婚，告知其可以协议离婚，也可以诉讼离婚。如果选择协议离婚，要双方自愿，依行政程序或登记程序进行。如果双方不能协议离婚，一方可以到法院起诉要求离婚，但要特别注意告知，《婚姻法》第 34 条的规定，"女方在怀孕期间、分娩后 1 年内或中止妊娠后 6 个月内，男方不得提出离婚。女方提出离婚的，或人民法院认为确有必要受理男方离婚请求的，不在此限"。如果是再次起诉离婚的，根据《民事诉讼法》第 124 条的规定，第一次离婚诉讼的判决是不准离婚和调解和好的案件，案件没有新情况、新理由，原告在 6 个月内又起诉的，法院不予受理，被告不受此限。

（2）指导离婚当事人处理夫妻共同财产。首先，要告知当事人，《婚姻法》第 39 条等规定的离婚时夫妻共同财产处理的原则。其次，要帮助当事人依据《婚姻法》第 17、18、19 条等的规定厘清夫妻共同财产和夫妻一方财产的范围。告知夫妻共同财产是在婚姻关系存续期间夫妻任何一方所得的财产，但法律另有规定或夫妻另有约定除外。最后，还要特别注意《婚姻法解释（二）》第 14～18、20、21 条以及《最高人民法院关于适用〈中华人民共和国婚姻法〉若干问题的解释（三）》（以下简称《婚姻法解释（三）》）第 10 条等规定的夫妻共同财产的处理情况。

（3）指导解决离婚时的夫妻债务清偿问题。要根据《婚姻法》第 41 条的规定，帮助当事人分清债务的性质，正确认定并处理夫妻共同债务及夫妻个人债务。要特别注意《婚姻法解释（二）》第 23～26 条和《最高人民法院关于适用

〈中华人民共和国婚姻法〉若干问题的解释（二）的补充规定》及《最高人民法院关于审理涉及夫妻债务纠纷案件适用法律有关问题的解释》的规定：①债权人就一方婚前所负个人债务向债务人的配偶主张权利的，人民法院不予支持。但债权人能够证明所负债务用于婚后家庭共同生活的除外。②债权人就婚姻关系存续期间夫妻一方以个人名义所负债务主张权利的，应当按以下情况分别处理：其一，夫妻双方共同签字或者夫妻一方事后追认等共同意思表示所负的债务，应当认定为夫妻共同债务；其二，夫妻一方在婚姻关系存续期间以个人名义为家庭日常生活需要所负的债务，债权人以属于夫妻共同债务为由主张权利的，人民法院应予支持。但夫妻一方能够证明属于《婚姻法》第 19 条第 3 款规定情形的除外；其三，夫妻一方在婚姻关系存续期间以个人名义超出家庭日常生活需要所负的债务，债权人以属于夫妻共同债务为由主张权利的，人民法院不予支持，但债权人能够证明该债务用于夫妻共同生活、共同生产经营或者基于夫妻双方共同意思表示的除外；其四，夫妻一方与第三人串通，虚构债务，第三人主张权利的，人民法院不予支持；其五，夫妻一方在从事赌博、吸毒等违法犯罪活动中所负债务，第三人主张权利的，人民法院不予支持。③当事人的离婚协议或者人民法院的判决书、裁定书、调解书已经对夫妻财产分割问题作出处理的，债权人仍有权就夫妻共同债务向男女双方主张权利。一方就共同债务承担连带清偿责任后，基于离婚协议或者人民法院的法律文书向另一方追偿的，人民法院应当支持。④夫或妻一方死亡的，生存一方应当对婚姻关系存续期间的共同债务承担连带清偿责任。

（4）指导解决离婚时的经济补偿问题。《婚姻法》第 40 条是关于离婚时经济补偿的规定，体现了法律对于家务劳动价值的肯定。适用该规定时应注意以下几个问题：①离婚时的经济补偿制度仅适用于在婚姻关系存续期间采用分别财产制的当事人。②经济补偿是我国《婚姻法》中一项独立的制度，其性质既不同于离婚时共同财产的分割，也不同于离婚时的损害赔偿。③是否行使补偿请求权，由请求权人自行决定。④如果付出较多义务的一方请求补偿，另一方应当予以补偿。至于如何补偿的问题，应根据婚姻当事人结婚时间的长短、家务劳动的强度和持续时间、给对方提供帮助的多少等因素综合确定补偿数额、方式等。

（5）指导解决离婚时的经济帮助问题。《婚姻法》第 42 条规定："离婚时，如一方生活困难，另一方应从其住房等个人财产中给予适当帮助。具体办法由双方协议；协议不成时，由人民法院判决。"按照《婚姻法解释（一）》第 27 条的规定，"一方生活困难"是指依靠个人财产和离婚时分得的财产无法维持当地基本生活水平或离婚后没有住处的。帮助的形式可以是金钱、财物，也可以是房屋的居住权或者所有权。在执行帮助期间，受帮助一方另行结婚或另有经济收入足够维持生活时，帮助方即可终止给付。原经济帮助执行完毕后，一方又要求继续给予经济帮助的，人民法院不予支持。

（6）指导解决离婚时的损害赔偿问题。根据《婚姻法》第46条、《婚姻法解释（一）》第28～30条、《婚姻法解释（二）》第27条及《婚姻法解释（三）》第17条的规定，有下列情形之一，导致离婚的，无过错方有权请求损害赔偿：①重婚的；②有配偶者与他人同居的；③实施家庭暴力的；④虐待、遗弃家庭成员的。除此之外，还应注意：①损害赔偿请求权人为离婚诉讼中的无过错方，承担损害赔偿责任的主体为无过错方的配偶；②损害赔偿以判决准予离婚为前提，如判决不准离婚，对损害赔偿请求不予支持；③婚姻关系存续期间，当事人不起诉离婚而单独提起损害赔偿请求的，法院不予受理；④离婚诉讼的原告为无过错方，原告必须在离婚诉讼的同时提出损害赔偿请求；⑤离婚诉讼的被告为无过错方，被告不同意离婚也不提起损害赔偿请求的，可以在离婚后1年内单独提起损害赔偿之诉；⑥离婚诉讼的被告为无过错方，被告一审时未提出损害赔偿请求，二审期间提出的，法院应当进行调解；调解不成的，告知当事人在离婚后1年内另行起诉；⑦夫妻双方均有《婚姻法》第46条规定的过错情形，一方或者双方向对方提出离婚损害赔偿请求的，人民法院不予支持；⑧当事人在婚姻登记机关办理离婚登记手续后，可向法院提起损害赔偿之诉，法院应当受理，但当事人在协议离婚时已明确表示放弃该请求，或在办理离婚登记手续1年后提出的，不予支持；⑨"损害赔偿"包括物质损害赔偿和精神损害赔偿。

（7）指导解决离婚后的子女抚养问题。《婚姻法》第36条第1款规定："父母与子女间的关系，不因父母离婚而消除。离婚后，子女无论由父或母直接抚养，仍是父母双方的子女。"

关于离婚后子女的抚养归属问题。《婚姻法》第36条第3款规定："离婚后，哺乳期内的子女，以随哺乳的母亲抚养为原则。哺乳期后的子女，如双方因抚养问题发生争执不能达成协议时，由人民法院根据子女的权益和双方的具体情况判决。"根据这一规定，有利于子女身心健康、保障子女的合法权益是处理离婚后子女抚养归属的基本原则，在此原则指导下，结合父母双方的抚养条件和能力等具体情况，解决好子女的抚养问题。《最高人民法院关于人民法院审理离婚案件处理子女抚养问题的若干具体意见》（以下简称《意见》），对离婚后子女的抚养问题作出了具体规定。

关于离婚后子女抚养关系的变更问题。子女抚养关系确定后，如果父母的抚养条件发生了重大变化，或者子女要求改变抚养归属，比如：①与子女共同生活的一方因患严重疾病或因伤残无力继续抚养子女的；②与子女共同生活的一方不尽抚养义务或有虐待子女行为，或其与子女共同生活对子女身心健康确有不利影响的；③10周岁以上未成年子女愿随另一方生活，该方又有抚养能力的；④有其他正当理由需要变更的，可由双方协议变更抚养关系，协议不成时，人民法院可根据子女利益和双方的具体情况判决。

关于离婚后子女抚育费的负担问题。根据《婚姻法》第 37 条的规定，离婚后子女抚育费的负担问题包含以下几方面的内容：①父母双方离婚后仍有共同负担子女抚育费的义务。抚育费又称为抚养费，是生活费、教育费、医疗费等的总称。父母对未成年子女抚育费的负担是强制性的法定义务。②确定子女抚养费的数额，既要根据子女的实际需要，又要考虑父母的负担能力和当地的实际生活水平。给付抚育费可参照《意见》中比例性规定给付，有特殊情况的，可适当提高或降低比例。③子女抚养费的给付期限，自子女出生时起至子女能够独立生活时止。16 周岁以上不满 18 周岁，以其劳动收入为主要生活来源，并能维持当地一般生活水平的，父母可停止给付抚养费。对于"不能独立生活"的子女，父母仍应负担必要的抚养费。这里的"不能独立生活的子女"，根据《婚姻法解释（一）》第 20 条的规定，是指尚在校接受高中及其以下学历教育，或者丧失或未完全丧失劳动能力等非因主观原因而无法维持正常生活的成年子女。④子女抚养费应定期给付，有条件的可一次性给付。在农村地区，可按收益季度或年度给付。对一方无经济收入或者下落不明的，可用其财物折抵子女抚养费。离婚时，应将子女抚养费的数额、给付期限和办法，明确具体地载入离婚调解协议书或判决书中。⑤子女关于增加抚养费的合理请求，不受协议或判决原定数额的限制。《意见》中规定，子女要求增加抚养费有下列情形之一，父或母有给付能力的，应予支持，如原定抚育费不足以维持当地实际生活水平的；因子女患病、上学，实际需要已超过原定数额的；有其他正当理由应当增加的，如物价上涨、生活地域发生变化等。

关于离婚后父或母的探望权行使问题。《婚姻法》第 38 条是关于离婚后的父或母所享有的探望子女的权利的规定。要特别注意，人民法院作出的生效离婚判决中未涉及探望权，当事人就探望权问题单独提起诉讼的，人民法院应予受理。父母一方行使探望权妨碍到另一方及子女的生活、学习、工作时，另一方有权要求协商变更探望时间或方式，协商不成的可以向人民法院起诉予以变更。父或母探望子女，如果不利于子女身心健康的，未成年子女、直接抚养子女的父或母及其他对未成年子女负担抚养、教育义务的法定监护人，有权向人民法院提出中止探望权的请求。当事人在履行生效判决、裁定或者调解书的过程中，请求中止行使探望权的，人民法院在征询双方当事人意见后，认为需要中止行使探望权的，依法作出中止探望权的裁定。中止探望的情形消失后，人民法院应当根据当事人的申请通知其恢复探望权的行使。对拒不执行有关探望子女的判决和裁定的，由人民法院依法强制执行，即对拒不履行协助另一方行使探望权的有关个人和单位采取拘留、罚款等强制措施，但不能对子女的人身、探望行为进行强制执行。

（二）独立运用《继承法》相关知识完成关于遗产继承法律事务的咨询

1. 帮助确定继承人的范围。

（1）法定继承人范围的确定。我国继承法以婚姻关系、血缘关系和扶养关系为依据，将法定继承人的范围限定于近亲属，而不是所有的亲属。按照《继承法》第10、12条的规定，法定继承人包括：①第一顺序为配偶、子女（包括婚生子女、非婚生子女、养子女和有扶养关系的继子女）、父母（包括生父母、养父母和有扶养关系的继父母）。第二顺序为兄弟姐妹（包括同父母的兄弟姐妹、同父异母或者同母异父的兄弟姐妹、养兄弟姐妹、有扶养关系的继兄弟姐妹）、祖父母、外祖父母。继承开始后，由第一顺序继承人继承。没有第一顺序继承人的，由第二顺序继承人继承。②丧偶儿媳对公、婆，丧偶女婿对岳父、岳母尽了主要赡养义务的，作为第一顺序继承人。另外要特别注意《最高人民法院关于贯彻执行〈中华人民共和国继承法〉若干问题的意见》（以下简称《继承法意见》）第19、21~24、30条的规定。

（2）遗嘱继承人范围的确定。在我国，遗嘱继承人的范围与法定继承人范围一致。《继承法》第16条第2款规定："公民可以立遗嘱将个人财产指定由法定继承人的一人或者数人继承。"换言之，能够作为遗嘱继承人的，只能是被继承人的配偶、子女、父母、兄弟姐妹、祖父母、外祖父母、对公婆或岳父母尽了主要赡养义务的丧偶儿媳或丧偶女婿以及父母先于被继承人死亡的孙子女、外孙子女等。法定继承人范围以外的人不能成为遗嘱继承人，只能成为受遗赠人。

2. 帮助判断相关继承人是否享有继承权。

（1）看是否取得了继承权。法定继承人的继承权是基于法律直接规定而取得的，其依据是血缘关系（包括父母、子女、兄弟姐妹、祖孙）、婚姻关系（指配偶）和扶养关系（包括丧偶儿媳、丧偶女婿）。遗嘱继承人的继承权，其取得的条件有二：一是有法定继承权，二是有合法有效的遗嘱。

（2）看是否放弃了继承权。《继承法》第25条规定："继承开始后，继承人放弃继承的，应当在遗产处理前，作出放弃继承的表示。没有表示的，视为接受继承。受遗赠人应当在知道受遗赠后2个月内，作出接受或者放弃遗赠的表示。到期没有表示的，视为放弃受遗赠。"继承人放弃继承的意思表示，应当以明示的方式作出。放弃继承权的效力，追溯到继承开始的时间，即继承人不再继承被继承人的遗产，其"应继份额"依照有关规定处理。遗产分割后表示放弃的不再是继承权，而是财产所有权。只要放弃和接受行为符合法律规定，原则上不得撤回。《继承法意见》第50条规定："遗产处理前或在诉讼进行中，继承人对放弃继承翻悔的，由人民法院根据其提出的具体理由，决定是否承认。遗产处理

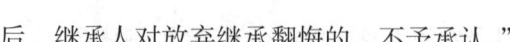

后，继承人对放弃继承翻悔的，不予承认。"

（3）看是否丧失（或被剥夺）了继承权。《继承法》第7条规定："继承人有下列行为之一的，丧失继承权：①故意杀害被继承人的；②为争夺遗产而杀害其他继承人的；③遗弃被继承人的，或者虐待被继承人情节严重的；④伪造、篡改或者销毁遗嘱，情节严重的。"

3. 帮助确认继承开始的时间。《继承法》第2条规定："继承从被继承人死亡时开始。"《继承法意见》第1条第1款进一步指出："继承从被继承人生理死亡或被宣告死亡时开始。"因而，在我国，继承开始的时间以被继承人死亡的时间为准，自然死亡和宣告死亡都能引起继承的发生。值得注意的是，《继承法意见》第2条规定："相互有继承关系的几个人在同一事件中死亡，如不能确定死亡先后时间的，推定没有继承人的人先死亡。死亡人各自都有继承人的，如几个死亡人辈份不同，推定长辈先死亡；几个死亡人辈份相同，推定同时死亡，彼此不发生继承，由他们各自的继承人分别继承。"

比如，A、B是夫妻，有一子C、一女D，C、E是夫妻，有一子F，E有哥哥G。某日，A、B、C、E、F一同出行旅游，不幸遇车祸全部罹难。本案中应首先推定F先死亡；其次A、B同时死亡；最后C、E同时死亡。

4. 帮助确认遗产的范围并指导对遗产进行处理。

（1）帮助确认遗产的范围。成为遗产的条件：一是被继承人的个人财产。《继承法》第26条规定"夫妻在婚姻关系存续期间所得的共同所有的财产，除有约定的以外，如果分割遗产，应当先将共同所有的财产的一半分出为配偶所有，其余的为被继承人的遗产。遗产在家庭共有财产之中的，遗产分割时，应当先分出他人的财产。"二是合法财产。三是被继承人死亡时的财产，这是遗产范围大小的时间限定点。《继承法》第3条规定："遗产是公民死亡时遗留的个人合法财产，包括：①公民的收入；②公民的房屋、储蓄和生活用品；③公民的林木、牲畜和家禽；④公民的文物、图书资料；⑤法律允许公民所有的生产资料；⑥公民的著作权、专利权中的财产权利；⑦公民的其他合法财产。"《继承法意见》第3条规定："公民可继承的其他合法财产包括有价证券和履行标的为财物的债权等。"另外，《继承法》第4条还规定："个人承包应得的个人收益，依照本法规定继承。个人承包，依照法律允许由继承人继续承包的，按照承包合同办理。"《继承法意见》第4条进一步规定："承包人死亡时尚未取得承包收益的，可把死者生前对承包所投入的资金和所付出的劳动及其增值和孳息，由发包单位或者接续承包合同的人合理折价、补偿，其价额作为遗产。"由此看来，我国《继承法》中的遗产仅指死者的财产和财产权利，而不包括债务。但继承人继承遗产时，应当清偿被继承人依法应当缴纳的税款和负担的债务。

（2）指导对遗产进行处理。

第一，要明白法定继承、遗嘱继承与遗赠、遗赠扶养协议的适用顺序。《继承法》第5条规定："继承开始后，按照法定继承办理；有遗嘱的，按照遗嘱继承或者遗赠办理；有遗赠扶养协议的，按照协议办理。"但该法第27条规定："有下列情形之一的，遗产中的有关部分按照法定继承办理：①遗嘱继承人放弃继承或者受遗赠人放弃受遗赠的；②遗嘱继承人丧失继承权的；③遗嘱继承人、受遗赠人先于遗嘱人死亡的；④遗嘱无效部分所涉及的遗产；⑤遗嘱未处分的遗产。"另外，《继承法意见》第62条规定："遗产已被分割而未清偿债务时，如有法定继承又有遗嘱继承和遗赠的，首先由法定继承人用其所得遗产清偿债务；不足清偿时，剩余的债务由遗嘱继承人和受遗赠人按比例用所得遗产偿还；如果只有遗嘱继承和遗赠的，由遗嘱继承人和受遗赠人按比例用所得遗产偿还。"由此我们知道，遗赠扶养协议优先于遗嘱继承、遗赠适用，遗嘱继承、遗赠优先于法定继承适用。

第二，要知道限定继承的原则。根据《继承法》第33条的规定，继承遗产应当先清偿被继承人依法应当缴纳的税款和债务。遗产的分配顺序是：税款→一般债务→继承；清偿遗产债务以实际遗产价值为限，超过遗产实际价值部分的债务不受法律保护，对超过部分的债务不负清偿责任，但继承人自愿偿还的，不受此限；继承人放弃继承的，不负清偿税款和债务的责任。要特别注意《继承法》第34条"执行遗赠不得妨碍清偿遗赠人依法应当缴纳的税款和债务"的规定以及《继承法意见》第61条"继承人中有缺乏劳动能力又没有生活来源的人，即使遗产不足清偿债务，也应为其保留适当遗产……"的规定。

第三，要弄懂法定继承遗产分配原则。我国《继承法》就法定继承方式中的遗产分配，以"一般应当均等"为基本原则，以特殊情况下的不均等为例外。《继承法》第13条规定："同一顺序继承人继承遗产的份额，一般应当均等。对生活有特殊困难的缺乏劳动能力的继承人，分配遗产时，应当予以照顾。对被继承人尽了主要扶养义务或者与被继承人共同生活的继承人，分配遗产时，可以多分。有扶养能力和有扶养条件的继承人，不尽扶养义务的，分配遗产时，应当不分或少分。继承人协商同意的，也可以不均等。"

第四，处理遗产时要注意胎儿应留份。《继承法》第28条规定："遗产分割时，应当保留胎儿的继承份额。胎儿出生时是死体的，保留的份额按照法定继承办理。"《继承法意见》第45条进一步规定："应当为胎儿保留的遗产份额没有保留的应从继承人所继承的遗产中扣回。为胎儿保留的遗产份额，如胎儿出生后死亡的，由其继承人继承；如胎儿出生时就是死体的，由被继承人的继承人继承。"

第五，要注意对无人继承又无人接受遗赠遗产的处理。《继承法》第32条规定："无人继承又无人受遗赠的遗产，归国家所有；死者生前是集体所有制组织成员的，归所在集体所有制组织所有。"由此可见，应区别死者生前的身份，决定遗产的归属。

第六，要注意《继承法》第14条的规定："对继承人以外的依靠被继承人扶养的缺乏劳动能力又没有生活来源的人，或者继承人以外的对被继承人扶养较多的人，可以分配给他们适当的遗产。"

5. 指导处理代位继承问题。代位继承是指法定继承中被继承人的子女先于被继承人死亡的情况下，由该先死子女的晚辈直系血亲代替其继承被继承人遗产的法律制度。先于被继承人死亡的子女是被代位人，其晚辈直系血亲是代位继承人。《继承法》第11条规定："被继承人的子女先于被继承人死亡的，由被继承人的子女的晚辈直系血亲代位继承。代位继承人一般只能继承他的父亲或者母亲有权继承的遗产份额。"由此可见，代位继承是由代位继承人一次性地间接继承被继承人的遗产，具有替补继承的性质。代位继承只适用于法定继承，不适用于遗嘱继承，遗嘱继承人先于被继承人死亡的，因遗嘱未生效，故未取得继承权，当然也不会发生代位继承。

要特别注意《继承法意见》第25～29条的规定：①被继承人的孙子女、外孙子女、曾孙子女、外曾孙子女都可以代位继承，代位继承人不受辈数的限制。②被继承人的养子女、已形成扶养关系的继子女的生子女可代位继承；被继承人亲生子女的养子女可代位继承；被继承人养子女的养子女可代位继承；与被继承人已形成扶养关系的继子女的养子女也可以代位继承。③代位继承人缺乏劳动能力又没有生活来源，或者对被继承人尽过主要赡养义务的，分配遗产时，可以多分。④继承人丧失继承权的，其晚辈直系血亲不得代位继承。如该代位继承人缺乏劳动能力又没有生活来源，或对被继承人尽赡养义务较多的，可适当分给遗产。⑤丧偶儿媳对公婆、丧偶女婿对岳父、岳母，无论其是否再婚，依《继承法》第12条规定作为第一顺序继承人时，不影响其子女代位继承。

6. 指导处理转继承问题。转继承是指继承人在继承开始后、遗产分割前死亡，其所应继承的遗产份额的权利转由他的合法继承人继承的法律制度。我国《继承法》对转继承没有明确规定，但《继承法意见》第52条指出："继承开始后，继承人没有表示放弃继承，并于遗产分割前死亡的，其继承遗产的权利转移给他的合法继承人"。由此可见，转继承是两个相连的直接继承，具有连续继承的性质，后一个继承是前一个继承的继续。被转继承人可以是一切合法继承人，诸如被继承人的法定继承人、遗嘱继承人、受遗赠人等，因为被转继承人在继承开始后已取得了现实的继承权，因而该继承权当然可以转由其合法继承人继承。

而一切有权分得被转继承人遗产的人，都可以作为转继承人。

7. 帮助判断遗嘱的效力。

（1）确定是什么形式的遗嘱。因为法定形式不同的遗嘱，生效的要求不太一样。遗嘱的形式包括：公证遗嘱、自书遗嘱、代书遗嘱、录音遗嘱和口头遗嘱五种。五种形式的遗嘱中公证遗嘱的效力最高，自书、代书、录音、口头遗嘱不得变更公证遗嘱。

（2）确定遗嘱是否存在无效的情况。根据《继承法》第22条及《继承法意见》第37、38条的规定，以下遗嘱无效：①无行为能力人或限制行为能力人所立的遗嘱；②受胁迫、欺骗所立的遗嘱；③伪造的遗嘱；④被篡改部分的遗嘱内容；⑤处分了属于国家、集体或他人所有财产的遗嘱部分；⑥遗嘱未保留缺乏劳动能力又没有生活来源的继承人的遗产份额的，对应当保留的遗产份额的处分无效。

（3）确定遗嘱有没有可撤销、变更的情况。遗嘱设立后的撤销、变更是遗嘱人随时都可行使的一项重要权利。一是明示的撤销或变更，是基于遗嘱人明确的意思表示而进行的。《继承法》第20条规定："遗嘱人可以撤销、变更自己所立的遗嘱。立有数份遗嘱，内容相抵触的，以最后的遗嘱为准。自书、代书、录音、口头遗嘱，不得撤销、变更公证遗嘱。"《继承法意见》第42条规定："遗嘱人以不同形式立有数份内容相抵触的遗嘱，其中有公证遗嘱的，以最后所立公证遗嘱为准；没有公证遗嘱的，以最后所立的遗嘱为准。"二是推定的（或默示的）撤销或变更，是基于遗嘱人的行为由法律所作出的推定。《继承法意见》第39条规定："遗嘱人生前的行为与遗嘱的意思表示相反，而使遗嘱处分的财产在继承开始前灭失，部分灭失或所有权转移、部分转移的，遗嘱视为被撤销或部分被撤销。"

（4）确定遗嘱是否附义务。根据《继承法》第21条及《继承法意见》第43条的规定，遗嘱继承附有义务的，继承人应当履行义务。没有正当理由不履行义务的，经有关单位或其他继承人请求，人民法院可以取消他接受附义务那部分遗产的权利，由提出请求的继承人负责按遗嘱人的意愿履行义务，接受遗产。但所附义务必须合法，否则所附义务无效。

8. 指导处理遗赠问题。遗赠是公民以遗嘱方式表示在其死后将其遗产的一部分或全部赠给国家、集体或者法定继承人以外的人的法律行为。遗赠是一种单方、无偿民事法律行为，在遗赠人死后生效，并要求受遗赠人未先于遗赠人死亡且有表示接受的明示行为。其中设立遗嘱的人称遗赠人，接受遗产的人称受遗赠人。《继承法》第16条第3款规定："公民可以立遗嘱将个人财产赠给国家、集体或者法定继承人以外的人。"第25条第2款规定："受遗赠人应当在知道受遗赠后 2 个月内，作出接受或者放弃受遗赠的表示。到期没有表示的，视为放弃受遗赠。"

9. 指导处理遗赠扶养协议问题。遗赠扶养协议是指遗赠人（又称被扶养人）与扶养人订立的关于遗赠和扶养关系的协议。根据这一协议，遗赠人将自己合法财产的一部分或全部于其死后转移给扶养人所有，而扶养人则承担对遗赠人生养死葬的义务。遗赠扶养协议是具有双方、双务、有偿、诺成性的民事法律行为，一方只能是自然人，另一方可以是法定继承人以外的自然人，也可以是集体所有制组织，当事人之间不能存在法定扶养权利义务关系。《继承法》第 31 条规定："公民可以与扶养人签订遗赠扶养协议。按照协议，扶养人承担该公民生养死葬的义务，享有受遗赠的权利。公民可以与集体所有制组织签订遗赠扶养协议。按照协议，集体所有制组织承担该公民生养死葬的义务，享有受遗赠的权利。"

（三）独立运用《收养法》相关知识完成关于子女收养法律事务的咨询

1. 要告知相关当事人，如果要办理收养登记，被收养人、送养人及收养人都要具备相应的法定条件，才能顺利办理。《收养法》第 4 条规定，下列不满 14 周岁的未成年人可以被收养：①丧失父母的孤儿；②查找不到生父母的弃婴和儿童；③生父母有特殊困难无力抚养的子女。《收养法》第 5 条规定，下列公民、组织可以作送养人：①孤儿的监护人；②社会福利机构；③有特殊困难无力抚养子女的生父母。要特别注意：生父母送养子女时，无论双方是否离婚，都须共同送养；除因生父母一方下落不明或查找不到时，才允许单方送养；生父母一方死亡的，生存方可单方送养。还需强调一点，这样的父母不能以送养后无子女为理由而违反计划生育规定再生育子女。还要注意，当存在下列情况时，公民或社会组织不得作为送养人：①未成年人的父母均不具备完全民事行为能力的，该未成年人的监护人不得将其送养，但父母对该未成年人有严重危害可能的除外。②监护人送养未成年孤儿的，须征得其他有抚养义务的人同意。有抚养义务的人不同意送养、监护人不愿意继续履行监护职责的，应当按照《民法总则》的规定变更监护人。此处所称的"有抚养义务的人"，就是指孤儿的有监护能力和抚养能力的祖父母、外祖父母、兄、姐。③在配偶一方死亡后，死亡方的父母要求优先行使抚养未成年孙子女或外孙子女权利的，生存方不能将该未成年人送养。《收养法》第 6 条规定，收养人应当同时具备下列条件：①必须年满 30 周岁；②无子女；③有抚养教育被收养人的能力；④未患有医学上认为不应当收养子女的疾病。还要特别注意：①有配偶者收养子女，须夫妻双方共同收养；②收养人只能收养 1 名子女。

2. 办理收养登记时，如果属于以下特殊情况，就要注意满足特殊要求：①《收养法》第 9 条规定，无配偶的男性收养女性的，收养人与被收养人的年龄应相差40周岁以上。②《收养法》第7条规定："收养三代以内同辈旁系血亲的子女，可以不受本法第4条第3项、第5条第3项、第9条和被收养人不满14周岁的限制。华侨收养三代以内同辈旁系血亲的子女，还可以不受收养人无子女的限制。"对于此条规定，应从以下方面去理解：首先，收养的对象，仅是指自己兄弟姐妹、堂或表兄弟姐妹的子女，被收养人可以是生父母有能力抚养的子女。其次，被收养人可以是成年人。再次，《收养法》第8条第2款规定："收养孤儿、残疾儿童或者社会福利机构抚养的查找不到生父母的弃婴和儿童，可以不受收养人无子女和收养1名的限制。"最后，《收养法》第14条规定："继父或者继母经继子女的生父母同意，可以收养继子女，并可以不受本法第4条第3项、第5条第3项、第6条和被收养人不满14周岁以及收养1名的限制。"

3. 要让当事人明白收养关系可以解除。

（1）要明白可以解除的情况。①收养人与送养人协议解除收养关系。《收养法》第26条第1款规定："收养人在被收养人成年以前，不得解除收养关系，但收养人、送养人双方协议解除的除外，养子女年满10周岁以上的，应当征得本人同意。"②收养人不履行收养义务，侵害被收养子女合法权益，送养人要求解除收养关系。《收养法》第26条第2款规定："收养人不履行抚养义务，有虐待、遗弃等侵害未成年养子女合法权益行为的，送养人有权要求解除养父母与养子女间的收养关系……"③养父母与成年养子女关系恶化，无法共同生活的，可以解除收养关系。《收养法》第27条规定："养父母与成年养子女关系恶化，无法共同生活的，可以协议解除收养关系。不能达成协议的，可以向人民法院起诉。"

（2）告知当事人，根据《收养法》的规定，解除收养关系可以通过行政程序和诉讼程序办理。通过行政程序或登记程序解除收养关系的，要求终止收养关系的当事人已自愿达成解除协议，并对财产和生活作出了协商一致的妥善处理。办理收养解除登记的机关是被收养人常住户口所在地的县级人民政府的民政部门。收养登记机关在收到解除收养关系申请书及有关材料后，应当自次日起30日内进行审查，对符合《收养法》规定，将予以登记，收回收养登记证，发给解除收养关系证明书。至此，收养关系即告终止。适用诉讼程序解除收养关系的情形有：当事人就收养关系的解除不能自愿达成协议的；虽然双方同意解除收养关系，但对财产或生活处理存有争议的。

（3）向当事人说明解除收养关系的法律后果。依据《收养法》第29、30条的规定，收养关系解除后会出现以下法律后果：①涉及身份关系的法律后果。养子女与养父母及其近亲属间的权利义务关系消除；未成年养子女与生父母及其近亲属间的权利义务关系自行恢复；成年养子女与生父母及其近亲属间的权利义务关系是否恢复，由他们协商确定。②涉及财产关系的法律后果。生父母或其他送养人要求解除收养关系的，养父母可以要求生父母或其他送养人适当补偿收养期间支出的生活费和教育费，但因养父母虐待、遗弃养子女而导致生父母或其他送养人要求解除收养关系的除外；收养关系解除后，经养父母抚养的成年养子女，对缺乏劳动能力又缺乏生活来源的养父母，应当给付生活费；因养子女成年后虐待、遗弃养父母导致收养关系解除的，养父母可以要求养子女补偿收养期间支出的生活费和教育费。

（四）指导当事人办理结婚登记

1. 接待当事人咨询。告知当事人如果男女双方要结婚，按照《婚姻法》的规定，必须同时具备两个要件：男女双方须有结婚的合意；男女双方须达到法定婚龄。《婚姻法》第6条规定，"结婚年龄，男不得早于22周岁，女不得早于20周岁。晚婚晚育应予鼓励。"另外，根据《婚姻法》第7条规定："有下列情形之一的，禁止结婚：①直系血亲和三代以内的旁系血亲；②患有医学上认为不应当结婚的疾病。"

2. 指导当事人完成结婚登记。

（1）要告知当事人，根据《婚姻法》第8条的规定，结婚登记是我国唯一有法律效力的结婚形式。在男女双方进行结婚登记领取结婚证后就确立合法夫妻关系，至于双方是否举行过婚礼、是否开始同居生活或者同居生活时间长短等，均不影响双方具有合法夫妻关系。

（2）告知当事人根据《婚姻登记条例》第2条规定："内地居民办理结婚登记的机关是县级人民政府民政部门或者乡（镇）人民政府……"而且，申请结婚登记要求男女双方必须共同亲自到一方户口所在地的婚姻登记机关，既不得单方申请，也不得委托他人代理。申请登记时，当事人双方还应当出具下列证件和证明：①本人的户口簿、身份证；②本人无配偶以及与对方当事人没有直系血亲和三代以内旁系血亲关系的签字声明。结婚登记机关对申请审查后，符合结婚条件的会当场予以登记，发给结婚证。如果发现当事人有《婚姻登记条例》第6条规定的下列情形之一的，婚姻登记机关将不予登记，并会向当事人说明理由：①未到法定结婚年龄的；②非双方自愿的；③一方或者双方已有配偶的；④属于直系血亲或者三代以内旁系血亲的；⑤患有医学上认为不应当结婚的疾病的。

如果当事人是复婚登记，适用结婚登记的一般程序。

（五）指导当事人办理离婚登记

1. 告知协议离婚的条件。如果当事人选择协议离婚，根据《婚姻法》第31条规定，必须同时具备：①双方必须具有完全的民事行为能力；②离婚确系双方自愿；③双方已就离婚后子女的抚养和财产问题达成协议，即有适当处理。假若不具备这些条件，则不能通过行政登记程序，而只能通过诉讼程序离婚。

2. 告知协议离婚的程序。协议离婚的登记机关与结婚登记机关相同。办理离婚登记要求男女双方必须共同到一方当事人常住户口所在地的婚姻登记机关，并应当出具下列证件和证明材料：本人的户口簿、身份证；本人的结婚证；当事人共同签署的载明双方自愿离婚意思表示及对子女抚养、财产、债务等事项协商一致的离婚协议书。对当事人确属自愿离婚，并已对子女抚养、财产、债务等问题达成一致处理意见的，登记机关将当场予以登记，发给离婚证。登记机关审查发现有下列情形之一的将不予受理：未达成离婚协议的；属于无民事行为能力人或者限制民事行为能力人的；其结婚登记不是在中国内地办理的。

3. 告知协议离婚后发生财产、子女纠纷的处理方法。离婚登记后，如果双方对财产、子女抚养发生纠纷，可以起诉请求法院给予重新处理。根据《婚姻法解释（二）》第 8、9 条的规定：①离婚协议中关于财产分割的条款或者当事人因离婚就财产分割达成的协议，对男女双方具有法律约束力。当事人因履行上述财产分割协议发生纠纷起诉的，人民法院应当受理。②男女双方协议离婚后 1 年内就财产分割问题反悔，请求变更或者撤销财产分割协议的，人民法院应当受理。人民法院审理后，未发现订立财产分割协议时存在欺诈、胁迫等情形的，应当依法驳回当事人的诉讼请求。

（六）指导当事人办理收养登记

根据《收养法》第 15 条的规定，收养登记是收养关系成立的必经程序，而收养协议与收养公证是当事人可以自愿选择的程序，是对收养登记的必要补充。

1. 告知当事人办理收养登记的法定机关是县级以上人民政府的民政部门。根据《中国公民收养子女登记办法》的规定，分别在以下收养登记机关办理收养登记：收养查找不到生父母的弃婴和儿童的，在弃婴和儿童发现地；收养社会福利机构抚养的孩子的，在社会福利机构所在地；收养生父母有特殊困难无力抚养的子女或者由监护人监护的孤儿的，在被收养人生父母或者监护人常住户口所在地（组织作监护人的，在该组织所在地）；收养三代以内同辈旁系血亲的子女，以及继父或继母收养继子女的，在被收养人生父或者生母常住户口所在地。

2. 告知当事人办理收养登记时，收养人应当向收养登记机关提交收养申请书，而且当事人必须亲自到场。①夫妻共同收养子女者，一方如果不能亲自到收养登记机关的，须出具其作出并经过公证的委托收养书。如果不能到场的一方是华侨，委托收养书还须经其居住国外交机关或者外交机关授权的机构认证和中华人民共和国驻该国使领馆认证。②送养人为公民的，须送养人亲自到收养登记机关办理收养登记；送养人为社会福利机构的，须由其负责人或委托代理人到收养登记机关办理收养登记。③被收养人是年满 10 周岁以上的未成年人的，亦须亲自到收养登记机关。收养登记机关对申请审查的期限不得超过 30 日，对收养查找不到生父母的弃婴和儿童的，收养登记机关必须在登记前公告查找其生父母，公告期为 60 日，公告期届满无人认领的，将视为查找不到父母的弃婴和儿童。公告的期间不计算在登记办理的期限内。经过审查，对符合《收养法》规定条件的，将办理收养登记，发给收养证，收养关系自登记之日起成立。收养关系成立后，需要为被收养人办理户口登记或迁移手续的，由收养人持收养登记证到户口登记机关按照国家有关规定办理。

3. 告知当事人收养协议是在收养人与被收养人自愿的基础上订立的，订立收养协议不是收养成立的必经程序，只有书面协议而未履行登记手续的收养行为不产生法律效力。

4. 告知当事人可以要求办理收养公证，只有在一方或双方要求之下，才必须办理收养公证手续，非经要求，公证程序不是收养成立的必经程序。值得注意的是，《司法部关于办理收养法实施前建立的事实收养关系公证的通知》（司发通〔1993〕125 号）规定："……对于收养法实施前已建立的事实收养关系，当事人可以申办事实收养公证。凡当事人能够证实双方确实共同生活多年，以父母子女相称，建立了事实上的父母子女关系，且被收养人与其生父母的权利义务关系确已消除的，可以为当事人办理收养公证。收养关系自当事人达成收养协议或因收养事实而共同生活时成立。办理事实收养公证由收养人住所地公证处受理。"

5. 向当事人说明完成收养登记后，即收养成立后的法律效力。根据《收养法》第 23 条第 1 款的规定，养子女与养父母及其近亲属间形成法律拟制的直系或旁系血亲关系。根据《收养法》第 23 条第 2 款的规定，养子女与生父母及其他近亲属间权利义务关系消除。《收养法》第 24 条规定："养子女可以随养父或者养母的姓，经当事人协商一致，也可以保留原姓。"

（七）协助当事人办理婚前财产公证、遗嘱公证、收养公证等（详见单元一）

二、办理婚姻家庭诉讼类法律事务

在婚姻家庭法律事务中涉及诉讼的案件，主要是前期双方就纠纷的解决协商不成或在基层司法所调解不成而起诉到法院的案件。由于前期的相关准备工作已经很充分，因此，起诉到法院以后的工作只需要按照相关的法律程序办理就可以了。

根据 2011 年 4 月 1 日生效的《最高人民法院关于印发修改后的〈民事案件案由规定〉的通知》（法〔2011〕42 号）（以下简称《案由》）的规定，婚姻家庭、继承纠纷分为：

1. 婚姻家庭纠纷，包括婚约财产纠纷；离婚纠纷；离婚后财产纠纷；离婚后损害赔偿纠纷；同居关系纠纷（同居关系析产纠纷和同居关系子女抚养纠纷）；婚姻无效纠纷；撤销婚姻纠纷；夫妻财产约定纠纷；抚养纠纷（抚养费纠纷、变更抚养关系纠纷）；扶养纠纷（扶养费纠纷、变更扶养关系纠纷）；监护权纠纷；探望权纠纷；赡养纠纷（赡养费纠纷、变更赡养关系纠纷）；收养关系纠纷（确认收养关系纠纷、解除收养关系纠纷）；分家析产纠纷。

2. 继承纠纷，包括法定继承纠纷（转继承纠纷、代位继承纠纷）；遗嘱继承纠纷；被继承人债务清偿纠纷；遗赠纠纷；遗赠扶养协议纠纷。

基层法律服务工作者在办理婚姻家庭诉讼类法律事务时，要注意做好以下主要工作：

1. 选择诉由。审查当事人的纠纷是否属于《案由》规定的纠纷，如果是，则判断具体是哪种纠纷，以帮助当事人准确选择诉由。

2. 收集证据。此工作在接待当事人咨询时，就应该要做好充分准备。对于各类案件，针对自己所要主张的事实收集相关的证据，对需要反驳的对方的主张收集反向证据或者作好抗辩证据的准备。常见的婚姻家庭案件应提供的主要证据如下：

（1）离婚案件。应提供：①婚姻关系证明；②离婚理由的事实证据；③子女情况的证明材料；④家庭财产清单及债权、债务的证明材料，如果财产已经转移，应提供转移处所有关证据；⑤双方经济收入的证明材料；⑥住房情况的证明材料；⑦一方以不能再生育为由要求抚育子女的，应提供医院的证明材料；⑧曾经过离婚诉讼的，应当提供原判决书、裁定书或调解书等法院文书。

（2）抚育案件。应提供：①户口簿或其他证明被告负有抚育义务的证明材料；②属离婚后的子女抚育纠纷，应提供离婚证据或人民法院判决书、调解书；③有关双方经济收入及抚育能力的证明材料等。

（3）扶养案件。应提供：①原、被告之间存在扶养关系的证明材料；②原告所在单位或居委会、村委会出具的有关经济状况及身体状况的证明材料；③有关被告经济收入和经济负担能力的证明材料等。

（4）赡养案件。应提供：①原、被告之间存在赡养关系的证据材料；②原告单位或居委会、村委会出具的有关经济状况及身体状况的证明材料；③有关被告经济收入和经济负担能力的证明材料；④要求解决住房的，应提供双方住房状况的证明材料；⑤要求变更赡养费的，应提供原承担赡养费数额的协议书、调解书、判决书或其他证明材料。

（5）收养案件。应提供：①原、被告之间存在收养关系的证明材料，公证收养应提供公证书，协议收养应提供协议书，事实收养应提供单位或居委会、村委会的证明材料；②养子女系未成年人的，应提供其出生证明或户口簿，以及送养人的姓名、住址；③在解除收养关系时要求补偿收养期间的生活费和教育费的，应提供所支出费用的证据；④养父母要求养子女赡养的，应提供双方经济状况的证明材料；⑤有共同财产的应提供共同财产的清单，共同财产为房屋的还应提供房屋产权证明，有债权、债务的，应提供债权、债务的证据材料；⑥居住公房的应提供租赁关系的证明材料等。

（6）解除同居关系案件。应提供：①双方同居关系的事实证据；②生有子女的应提供子女出生的证明材料；③财产清单（参照离婚财产清单填写）。

（7）非婚生子女、弃婴确认生父母案件。应提供：①医院出生证明，亲子鉴定报告；②单位、派出所、居委会、村委会出具的证明材料；③民政部门出具的领养证明等。

（8）监护权纠纷。应提供：①监护权的有关证明，法定监护关系须提供户口簿或单位、居委会、村委会的证明，指定监护须提供单位、居委会、村委会的书面或口头指定监护的证据；②被监护人身体、财产情况的证据材料；③被监护人系精神病人须提供医院诊断证明等。

3. 代理原告书写起诉书或代理被告书写答辩状。

4. 出席庭审。开庭前、庭审过程中及开庭后，只要有可能，都可以向法官、对方当事人表达调解、和解的意思。对于无法调解、和解的案件，根据具体情况，展开辩论，为当事人谋取最大合法权益。

5. 代领法律文书。代领法律文书并向当事人讲解法律文书的内容与后果，询问当事人对一审裁判是否需要上诉，提醒当事人注意上诉的期限。

6. 上诉。如果当事人决定上诉，帮助上诉人书写上诉状或帮助被上诉人书写答辩状。注意是否有新的证据可以提供。出席庭审并积极参与调解。

7. 申诉。通常情况下，婚姻家庭案件申诉的可能性较小，但仍不排除有申诉的可能性。比如，当事人就离婚案件中的财产分割问题申请再审的，如涉及的是判决中已分割的财产，并且符合《民事诉讼法》第200条规定的再审条件，人民法院就应当立案审理。所以，要依据《民事诉讼法》等相关法律的规定，帮助当事人判断可不可以申请再审。

8. 代理执行。

 学习情境

1. 离婚纠纷处理。

2. 收养纠纷处理。

3. 继承纠纷处理。

【范例1】

〖案情简介〗

2015 年 1 月，甲乙登记结婚。婚前甲花费 35 万元购置一套两室一厅房子，婚后甲乙对该房屋进行装修，花费 10 万元。2016 年，甲开办个人独资企业。2018 年 3 月，甲以自己的名义与丙签订 10 万元借款协议。乙婚后坚持写作获得稿酬 3 万元，且还有一部小说正准备出版。甲在经营企业的过程中与会计丁同居，乙知道后坚决要求离婚。

〖操作指引〗

1. 接待婚姻当事人关于离婚的相关法律问题咨询。

（1）要了解当事人的婚姻基本情况。重点问清楚双方什么时候结婚；婚前婚后的感情怎么样；夫妻共同财产和个人财产分别有哪些；有没有子女，如有子女多大了；现在的婚姻出现了什么问题或有什么矛盾；当事人自己打算怎么办，当事人的最终目的是什么等。

（2）在详细了解双方的婚姻状况后，判断甲乙是否符合离婚的条件。如当事人强烈要求离婚，就当事人离婚方式和途径的选择、共同财产的分割、子女的抚养、离婚时的损害赔偿等问题提出合法合理的建议。

2. 就本案纠纷解答当事人的相关疑惑。

（1）告知当事人本案属于应当准予离婚的情况。根据《婚姻法》第 32 条的规定，有配偶者与他人同居，人民法院调解无效的，应准予离婚。本案中，甲与丁同居，乙发现后坚决要求离婚，应当准予离婚。

（2）告知当事人如果要离婚，可以选择协议离婚，也可以选择起诉离婚。根据《婚姻法》第 31 条的规定，男女双方自愿离婚的，准予离婚。双方必须共同亲自到婚姻登记机关申请离婚。婚姻登记机关查明双方确实是自愿并对子女和财产问题已有适当处理时，发给离婚证。如果有一方不愿意离婚，另一方就只能到法院去起诉离婚。

（3）就本案涉及的夫妻共同财产分割问题，告知当事人可分别作如下处理：

第一，关于甲婚前购置的房屋，归甲所有，但是婚后双方对房屋进行了装修，增值部分中属于乙应得的份额由甲折价补偿给乙。

第二，关于以甲的名义开办的个人独资企业，依据《婚姻法解释（二）》第 18 条的规定，应当按照以下情形分别处理：①一方主张经营该企业的，对企业资产进行评估后，由取得企业一方给予另一方相应的补偿；②双方均主张经营该企业的，在双方竞价基础上，由取得企业的一方给予另一方相应的补偿；③双方均不愿意经营该企业的，按照《个人独资企业法》等有关规定办理。

第三，关于乙所得稿酬应作为夫妻共同财产分割，关于正准备出版的小说，在分割时可根据具体情况对甲予以适当的补偿。

（4）关于本案中甲借丙的10万元钱，告知当事人应当分别以下情况处理：①如果是为家庭日常生活需要所负的债务，属于夫妻共同债务。但夫妻一方能够证明属于《婚姻法》第19条第3款规定情形的除外；②如果是超出家庭日常生活需要所负的债务，则不属于夫妻共同债务，但债权人丙能够证明该债务用于甲乙夫妻共同生活、共同生产经营或者基于夫妻双方共同意思表示的除外；③如果是甲与第三人串通，虚构的债务，或者是甲在从事赌博、吸毒等违法犯罪活动中所负债务，第三人主张权利的，人民法院都将不予支持。同时要告知当事人清偿共同债务的顺序是：先用夫妻共同财产清偿，共同财产不够清偿时，以夫妻各自的个人财产清偿，如果还不够清偿，则可以夫妻协议清偿比例，承诺日后清偿，以保护债权人的利益。

3. 告知当事人如果要起诉离婚，必须做好相关证据的收集和保全工作。本案中要收集的主要证据有：①婚姻关系证明；②离婚理由的事实证据；③家庭财产清单及债权、债务的证明材料，如果财产已经转移，应提供转移处所有关证据；④双方经济收入的证明材料；⑤住房情况的证明材料；⑥一方与他人同居的证明材料等。

4. 帮助婚姻当事人起草离婚协议书或离婚起诉书。

附：离婚协议书和民事起诉状

离婚协议书

协议人：甲，男，×岁，×族，自由职业，住×市×区×路×号，身份证号码：……

协议人：乙，女，×岁，×族，作家，住×市×区×路×号，身份证号码：……

协议人双方于2015年1月经人介绍登记结婚，婚前双方了解不够，婚后感情一般，现夫妻感情确已完全破裂，双方经过充分考虑、协商，就自愿离婚、财产分割等事宜达成如下协议：

一、甲与乙双方自愿离婚。

二、双方共同财产已妥善分割处理（写明具体的分割处理情况）。

三、双方无共同债权，共同债务已清偿完毕。

四、双方未生育子女〔如果有未成年子女，则必须写明子女的抚养情况，如：儿子/女儿×由乙抚养，由甲每月给付抚养费800元，在每月10号前付清；直至18周岁止，18周岁之后的有关费用双方日后重新协商。甲可在×（时间）接儿子/女儿到其居住地，于×（时间）送回乙居住地；如临时探望，可提前×天与乙协商，达成一致后可按协商的办法进行探望〕。

本协议一式叁份，双方各执一份，婚姻登记机关存档一份，在双方签字并经婚姻登记机关办理相应手续后生效。

男方：×××　　　　　　　　女方：×××

×年×月×日　　　　　　　　×年×月×日

民事起诉状

原告：乙，女，×岁，×族，住×市×区×路×号，联系电话：……

被告：甲，男，×岁，×族，住×市×区×路×号，联系电话：……

诉讼请求（书写原告要求达到的目的，包括：请求判决离婚，子女的抚养权，抚养费的承担，对方抚养时探望权的请求，财产的分割，本人生活困难时请求对方给予经济帮助的方式或数额，对方有重婚、与他人同居的、实施家庭暴力或虐待、遗弃家庭成员时请求损害赔偿的数额等）如：

一、判决原告与被告离婚；

二、夫妻共同财产依法平均分割（或×判归原告所有）；

三、被告一次性支付损害赔偿金×元给原告；

四、婚生儿子/女儿由原告抚养，被告一次性支付抚养费×元给原告，或被告每月支付抚养费×元，至儿子/女儿年满18周岁止（如有未成年子女的）；

……

事实和理由：

（主要陈述结婚、子女出生的具体时间，夫妻感情确已破裂、并无和好可能的事实和依据，要从婚姻基础、婚后感情、离婚原因、夫妻关系的现状来说明夫妻感情破裂的事实及没有和好的可能。如果有法定离婚情形时，比如：重婚或与他人同居的；实施家庭暴力或虐待、遗弃家庭成员的；有赌博、吸毒等恶习屡教不改的；因感情不和分居满2年的等应特别指出。字数根据具体情况酌定，不宜过于繁琐。）如：甲乙双方于2015年1月经人介绍登记结婚，婚前双方了解不够，婚后感情一般，尤其是甲在经营企业的过程中与人同居，导致夫妻感情完全破裂，为此，根据《中华人民共和国婚姻法》和《中华人民共和国民事诉讼法》

的相关规定向贵院提起诉讼，请求依法判决。

　　　此致

×市×区人民法院

　　　　　　　　　　　　　　　　　　　具状人：乙（签名）

　　　　　　　　　　　　　　　　　　　×年×月×日

〖**注意事项**〗

　　办理离婚纠纷实务要特别注意：①区分夫妻共同财产和个人财产；②夫妻共同财产的分割；③未成年子女的抚养；④过错方的赔偿责任；⑤起诉离婚时证据的收集和保全等。

【**范例 2**】

〖**案情简介**〗

　　甲（女）和乙婚后生有一子。孩子出生后，甲辞职当全职妈妈。然而好景不长，甲发现丈夫有出轨行为。在双方家长的劝说下，乙多次承认错误，并书面保证以后不再犯错。一段时间后，甲再次发现乙与一徐姓女子有暧昧关系，甲要求乙改正错误，不再与徐某来往。乙不仅不承认错误，还夜不归宿，并要求离婚。考虑到孩子年幼，甲不忍心孩子失去父爱，不同意离婚。一段时间后，乙仍不回心转意，甲彻底死心，遂同意离婚，但双方在财产分割上存在重大分歧，乙打算到法院起诉。甲忧心忡忡地前来咨询如何处理离婚相关问题及房产分割问题。

　　第一套房是婚后全款购买，已取得房产证，登记在乙名下。乙认为购买此房时，乙父母出资 120 万元，甲父母出资 20 万元，现在房屋价值 280 万元，父母出资是夫妻共同债务，因此要求各自还清父母债务后再依法分割。甲认可父母出资，但不认为是共同债务，当时双方父母没有说借，也从没要求偿还，这些钱是对子女的赠与，因此该房属于夫妻共同财产。

　　第二套房是乙婚前贷款购买，目前该贷款已经还清，也登记在乙名下。乙认为这是自己婚前办理的购房和贷款手续，是自己的婚前财产，不同意分割。甲认为，该房虽然是乙婚前购买，可房产证是婚后办理，且婚后共同还款 80 余万元，对房屋保值增值具有重要意义，两人结婚 5 年以上，这房应该是夫妻共同财产，自己应该分一半。

　　第三套房是婚后甲父母付全款 105 万元，以甲的名义购买，该房一直也是甲父母居住使用，房产证登记在甲名下，目前价值 300 万元。甲认为该房是自己父母出资购买并长期居住，是父母赠给自己的，并不是夫妻共同财产。甲还出具其父母于购房当日所写的"赠与女儿甲个人"的声明。乙表示，该房是夫妻关系存续期间购买，属于共同财产，自己有权分割，甲所说的赠与行为自己并不知情，所以赠与是无效行为。甲父母垫付的 105 万元是属于借款，该房价值 300 万元，应该在返还借款后依法分割。

〖操作指引〗

1. 接待咨询时应主要了解清楚双方的感情是否确已破裂，以及破裂的原因；了解是否存在过错方以及相关证据；了解子女的基本情况及离婚后的抚养权问题；了解夫妻的共同债权债务；了解不动产之外的其他财产情况等。

2. 告知甲如选择协议离婚优势在于可以早日解脱，对子女的伤害也可以降到最小，但权益不一定能得到全部实现。而诉讼离婚的优势是可以最大化争取自己的合法权益，但耗时长。

3. 重点帮助甲依法分析这三套房产的处理。

（1）第一套房如果甲乙没有特别约定，则甲乙按份共有此房。依据《婚姻法解释（三）》第 7 条第 2 款的规定：由双方父母出资购买的不动产，产权登记在一方子女名下的，该不动产可认定为双方按照各自父母的出资份额按份共有，但当事人另有约定的除外。

（2）第二套房属于乙个人财产，但对与甲共同还贷部分，乙应给甲予以补偿。依据《婚姻法解释（三）》第 10 条规定：夫妻一方婚前签订不动产买卖合同，以个人财产支付首付款并在银行贷款，婚后用夫妻共同财产还贷，不动产登记于首付款支付方名下的，离婚时该不动产由双方协议处理。依前款规定不能达成协议的，人民法院可以判决该不动产归产权登记一方，尚未归还的贷款为产权登记一方的个人债务。双方婚后共同还贷支付的款项及其相对应财产增值部分，离婚时应根据《婚姻法》第 39 条第 1 款规定的原则，由产权登记一方对另一方进行补偿。

（3）第三套房属于甲个人财产，不得作为夫妻共同财产分割。依据《婚姻法解释（三）》第 7 条第 1 款的规定：婚后由一方父母出资为子女购买的不动产，产权登记在出资人子女名下的，可按照《婚姻法》第 18 条第 3 项的规定，视为只对自己子女一方的赠与，该不动产应认定为夫妻一方的个人财产。

4. 其他操作指引步骤参见范例 1。

【范例 3】

〖案情简介〗

甲（15 岁）与乙（25 岁）是同胞姐弟，但乙自幼被他人收养，与生父母无来往。2017 年 4 月，一次意外事故使甲父死亡、甲母残疾，从此甲和母亲的生活陷于困境。万般无奈之时，甲找到乙，请求乙每月给他们一定的生活费，乙应允。从此乙与其养父母的关系恶化。

〖操作指引〗

1. 接待乙及养父母关于解除收养关系的相关法律问题咨询。

（1）要了解当事人的收养关系情况。重点问清楚双方有没有办理收养登记，什么时候办理的收养登记；收养后的生活经济抚养状况怎么样；双方的收养关系现在出现了什么问题或矛盾等。

（2）在详细了解双方的关系后，判断是否符合解除收养关系的条件，符合的，则指导当事人解除双方的收养关系。

2. 就本案纠纷解答当事人的相关疑惑。

3. 告知当事人如果要起诉解除收养关系，必须做好相关证据的收集和保全工作。

4. 帮助当事人起草解除收养关系协议书或起诉状。

【范例4】

〖案情简介〗

甲乙是夫妻，生有子丙、女丁。丙成年后娶妻戊，生女庚。某日甲、丙出车祸不幸死亡。甲生前曾立遗嘱由丁继承其全部遗产。甲乙有共同财产60万元，丙戊有共同财产30万元。乙、丁、戊、庚就甲与丙的遗产分割发生纠纷。

〖操作指引〗

1. 接待继承当事人关于继承的相关法律问题咨询。

（1）要了解继承关系的基本情况。重点问清楚甲、丙的死亡时间；甲、丙的个人财产分别是多少；有没有遗嘱；哪些人是法定继承人；现在各继承人的想法怎样，有什么问题或矛盾；被继承人生前有没有债务等。

（2）在详细了解相关情况后，判断乙、丁、戊、庚是否符合继承的条件，是属于哪种继承，并帮助分清楚各自的继承份额。

2. 就本案纠纷解答当事人的相关疑惑。

3. 告知当事人如果要起诉解决遗产继承纠纷，必须做好相关证据的收集和保全工作。

4. 帮助当事人起草继承遗产分割协议或起诉状。

一、思考习作

1. 甲与乙于2015年登记结婚，属于再婚，婚后双方共同生活在甲的前夫遗留给甲的房子里，该房子由乙提供装修和家具，双方未生育小孩。由于感情破裂，现甲要求离婚。

问题：

（1）如果甲乙在登记结婚前来咨询婚前及婚姻财产的认定处理问题，你应该怎样解答？

（2）现甲要求离婚，甲乙怎样办理离婚？如果离婚，甲乙共同居住的房子怎么分割？该房的装修和家具怎么分割？

（3）如果双方就财产分割等问题达成协议，并于 2017 年 5 月到民政部门办理了离婚手续。离婚后不久，甲听说乙在离婚前经常和一女人住在一起，就质问乙，乙承认有此事。甲于 2018 年 6 月提起诉讼，要求乙承担损害赔偿责任，该案如何处理？

2. 2018 年 1 月 25 日，甲与其父外出时遭遇车祸。甲当场死亡，其父被热心群众送医院抢救，终因抢救无效于 2018 年 2 月 1 日死亡。后甲的胞弟于 3 月 5 日将其父的房屋出租，与租户签订 1 年的租房合同，并获得 3 个月租金 4500 元。2018 年 3 月 10 日，甲妻乙找到甲的胞弟，要求分得甲父遗产，并要求与甲弟按份共有甲父的房产，分得租房收益。甲弟对于乙的要求不予理睬。

问题：

（1）假设甲父生前准备立遗嘱，来到你处咨询相关问题，你应从哪些方面提醒他注意？

（2）本案中，你应该怎样指导甲妻乙与甲的胞弟处理甲父及甲的遗产分割问题？

3. 乙系甲之外甥女，因甲与其夫未生育子女，欲收养乙为养女，乙 15 岁。

问题：

（1）假设甲来咨询收养公证的问题，你应该怎样指导她办理收养公证？

（2）乙成为甲的养女后，一直与甲及其夫一起生活。2009 年 10 月，甲乙之间因生活琐事产生纠纷，甲与其夫诉至法院，要求解除与乙之间的收养关系。法院受理后经调解，解除了甲乙之间的收养关系，当时乙 24 岁。假设甲在与乙解除收养关系 10 年后，甲以自己年岁已老，丧失了劳动能力，无经济来源，需乙尽赡养义务为由诉至法院，要求乙每月给付其赡养费 800 元，并负担医药费用。甲能否将乙告上法院要求给付生活费？

4. 离婚案件中如果遇到军人复转费计算、股权分割、按揭房屋使用权确定、农村妇女土地承包经营权保护等特殊问题时应怎样处理？

5. 王女士到法院申请宣告赵女士与李某某的婚姻无效。王女士称，其与李某某于 2003 年 9 月结婚，并生育了子女，夫妻感情一直不错。后李某某去外地做生意，双方离多聚少，李某某对其越来越冷淡，并于 2008 年 7 月到法院起诉离婚，法院于 2008 年 12 月最终判决解除了双方的婚姻关系。离婚后王女士偶然得知李某某竟然瞒着她于 2006 年 2 月在外地与赵女士登记结婚，王女士认为，李某某的行为构成重婚，其与赵女士的婚姻应当无效。

请同学们思考并讨论：人民法院会不会支持王女士的请求而认定婚姻无效。

6. 沈某军于 1994 年 12 月份从其堂兄弟沈某谊（后又再生育一子）家领养了一女婴，取名沈某玲，并办理独生子女证及证明父女关系的常住人口登记卡。后沈某玲与沈某军共同生活。在沈某军外出打工时，委托其二哥沈某孝代为照顾，并支付沈某玲抚养费。2012 年 3 月 13 日，沈某军在工地打工时溺水身亡，获得赔偿款 40 万元。该赔偿款为其兄弟沈某忠、沈某伍、沈某平领取。后沈某玲与沈某忠、沈某伍、沈某平因该赔偿款分割事宜产生纠纷。沈某玲向法院提起诉讼要求沈某忠、沈某伍、沈某平归还沈某军的赔偿款。经法院释明需先行确认收养关系后，沈某玲撤回起诉。后沈某忠、沈某伍、沈某平向法院提起确认收养关系诉讼，请求确认沈某军与沈某玲收养关系无效，故而引发本案纠纷。

请同学们思考并讨论：在本案中没有办理收养登记，收养关系是否必然无效？

7. 2015 年 11 月，原告李女士与被告纪先生登记结婚。登记前一周，李女士父亲给其 28 万元用于购车。因为女儿不会开车，被告工作在外地，为方便照顾原告于 2016 年初将该车辆登记在被告男方的名下。现因李女士认为男方有严重欺骗行为，双方婚后并未共同生活，李女士要求离婚并返还车辆。

请同学们思考并讨论：婚前购买婚后登记在对方名下的车归谁？即本案的车辆属于婚前个人财产还是夫妻共同财产？

8. 何女士与徐先生原系夫妻，两人于 2008 年 8 月登记结婚，2017 年 5 月登记离婚。2017 年 1 月 24 日，即两人婚姻关系存续期间，何女士将一套房产作抵押，向卢女士、张女士借款，约定借款期限 3 个月及月利率。当天，卢女士、张女士分别向何女士账户转款 180 万元、70 万元，何女士向两人出具了借条。此外，借贷双方还约定，归还的任何款项均视为先付息后还本。2017 年 4 月 27 日，还款期限已过，但何女士仅向张女士转账 50 万元，其余欠款一直未归还。2017 年 5 月 22 日，卢女士、张女士向法院提起诉讼，请求何女士及其前夫徐先生共同归还卢女士借款 180 万元，利息 10.8 万元及逾期还款违约金；共同归还张女士借款 24.2 万元（70 万元本息扣除已归还的 50 万元）及逾期还款违约金；卢女士和张女士对抵押房屋行使抵押权。

请同学们思考并讨论：本案中何女士所负债务应按夫妻共同债务处理吗？即徐先生对何女士的上述债务应承担连带清偿责任吗？

9. 冯女士与蒋某系夫妻关系，两人于 1993 年 5 月登记结婚，次年 5 月生育一子。因夫妻感情不和，蒋某曾于 2016 年 2 月向崇川区法院起诉要求与妻子冯女士离婚，法院经审理于同年 3 月底判决驳回蒋某的离婚请求。然而两人夫妻关系并未改善。2016 年 11 月 17 日，蒋某再次诉至法院，要求与妻子冯女士离婚。眼看着儿子到了结婚年龄，但家里只有一套房子，于是冯女士向丈夫提出离婚前给儿子买一套婚房的要求，但遭到了拒绝。5 天后，在蒋某不知情的情况下，冯女士以购房为由向好友陈某借款 30 万元，并口头约定年利息为 6 厘。当日，冯女士向陈某出具了借条，陈某通过银行汇款向冯女士交付了 30 万元。第二天，冯女士出资 170 万元为成年儿子购买了一套婚房。借款到期后，陈某向冯女士多次催要，但冯女士称没有能力偿还借款。无奈之下，陈某一纸诉状将冯女士和蒋某一起告上了法院，请求两人共同还本付息。

请同学们思考并讨论：本案中的借款属不属于夫妻共同债务？

10. 祁某升与张某荣系夫妻关系，二人共生育祁某忠、祁某新、祁某兰二子一女。祁某升于 2009 年 9 月 6 日去世，张某荣于 2010 年 3 月 30 日去世。祁某升和张某荣去世后留有祁某升名下房屋一套，即本案诉争房屋。祁某新持有代书遗嘱一份，内容为："遗嘱　立遗嘱人：祁某升、男、78 岁、汉族；我有位于本市××处住房一套。在 1992 年 12 月 18 日已经由我二儿子祁某新出全款买下这套住房，由我二儿子祁某新继承此房产。我和老伴年岁已高。现在我决定我代表我老伴张某荣，等我们俩死后为避免今后发生争议和纠纷，现立此遗嘱，内容如下：位于××处这套住房，我二儿子祁某新出钱买下的，就由我二儿子祁某新一个人继承。以上是我真实意思，不作任何更改，特立遗嘱。立遗嘱人：2008 年 7 月 27 日（该日期上有一枚指纹）　　代书人：蓝某　见证人：焦某、宿某。"审理中，遗嘱代书人蓝某，见证人焦某、宿某均到庭作证，指出该份遗嘱是祁某升口述并亲自按下手印，但立遗嘱当时张某荣并不在场。祁某忠、祁某新、祁某兰均认可母亲张某荣在去世前的十余年时间里因患脑部疾病导致常年瘫痪在床，完全失去语言表达能力。祁某忠、祁某兰认为张某荣患病期间虽不能表达但意识清楚，祁某新认为张某荣完全没有认知能力，是无行为能力人。

请同学们思考并讨论：

（1）本案中祁某新所持有的祁某升代书遗嘱是否有效？

（2）祁某新所持有的代书遗嘱中涉及处分张某荣财产部分的效力如何？

（3）本案诉争遗产房屋应怎样分配？

二、阅读参考书目

1. 巫昌祯主编：《婚姻与继承法学》，中国政法大学出版社 2001 年版。

2. 巫昌祯主编：《婚姻家庭法新论——比较研究与展望》，中国政法大学出版社 2002 年版。

3. 郭明瑞、房绍坤编著：《继承法》，法律出版社 1996 年版。

4. 王洪：《婚姻家庭法》，法律出版社 2003 年版。

5. 杨大文主编：《婚姻家庭法》，中国人民大学出版社 2000 年版。

6. 柳经纬主编：《婚姻家庭与继承法》，厦门大学出版社 2002 年版。

7. 王丽萍、李燕编著：《新婚姻法释义与典型案例》，山东人民出版社 2000 年版。

8. 王丽萍：《婚姻家庭法律制度研究》，山东人民出版社 2004 年版。

9. 史尚宽：《继承法论》，中国政法大学出版社 2000 年版。

学习单元四　相邻纠纷法律事务处理实务

学习目标
- 了解相邻关系的性质和种类，知晓法律法规对相邻关系的一般规定。
- 掌握处理各种相邻关系纠纷的方法。

一、一般介绍

（一）认识相邻关系

相邻关系是指不动产相互毗邻的权利人，在行使不动产权利过程中，因行使权利的延伸和限制而发生的权利义务关系。民事主体的任何一项民事权利都不是无限制的，不动产权利同样如此。不动产权利人向外延伸的不动产权利会使其他不动产权利人的不动产权利受到限制，反之亦然。这种相互之间延伸和被延伸、限制和被限制的关系就是相邻关系。

相邻关系具有以下特征：①相邻关系的主体是不动产权利人，并且其不动产处于相互毗邻的状态；②相邻关系的内容是相邻各方都有权要求他方为自己行使不动产权利提供便利，也有义务为他方行使不动产权利提供便利；③相邻关系的客体是行使不动产权利而产生的利益，这种利益可以是经济利益，也可以是方便、快捷、舒适等非经济利益。

（二）《民法通则》对相邻关系的规定

国家认可的民事习惯是我国民法的一项渊源。民事习惯一经国家认可就不再是习惯而是法律规范了，法律的产生途径既可以是国家制定也可以是国家认可。《民法通则》中认可的民事习惯集中体现在相邻关系中，不过《民法通则》对相邻关系只是作了笼统的规定，仅以一个条文（第83条）从三个方面规定了相邻关系：①处理相邻关系的原则和方法是有利生产、方便生活、团结互助、公平合理，这显然是要求按照当地的民情民意和习惯做法来处理相邻关系纠纷；②列举式的规定了相邻关系有截水、排水、通行、通风、采光等种类；③相邻一方给他方造成损害的，要承担停止侵害、排除妨碍、赔偿损失的民事责任。

最高人民法院《关于贯彻执行〈中华人民共和国民法通则〉若干问题的意见（试行）》（以下简称《民通意见（试行）》）对相邻关系的规定有所细化，主要是对相邻关系的种类和处理相邻纠纷的办法及相关民事责任作了一些规定（详见本单元第二部分）。

（三）《物权法》规定的相邻关系

《物权法》及其司法解释在继承了《民法通则》对相邻关系的规定的基础上，又有了长足的进步，表现在两个方面：一是在处理相邻关系的原则上，不仅坚持了有利生产、方便生活、团结互助、公平合理的原则，还进一步明确了处理相邻关系时法律法规有规定的从其规定，法律法规没有规定的可以按照当地习惯处理；二是明确了相邻关系的种类并对相邻各方的权利义务及处理相邻纠纷的方法作了具体规定。

（四）正确理解相邻关系

前面说了，相邻关系是指不动产毗邻的权利人在行使不动产权利的过程中形成的权利义务关系。这是因为不动产权利人行使其不动产权利产生的影响，必然会向周围波及，延伸至与其毗邻的其他不动产权利人的不动产权利范围，使他们的不动产权利受到限制；与此同时，与其毗邻的其他不动产权利人行使其不动产权利产生的影响也会延伸至该不动产权利人的不动产权利范围，也使该不动产权利人受到限制。相邻关系就是不动产权利人之间因行使不动产权利的延伸和限制而发生的新的权利义务关系。比如，一农户为耕种承包经营的土地，要进行施肥、灌溉、喷洒农药、通行等活动，这些活动必然对周围农户产生影响，如要从其他农户承包经营的土地上通过，该农户的上述活动就应当受限制，不得损害周围农户的利益；同样，周围农户的施肥、灌溉、喷洒农药、通行等活动也要受限制，也不能损害该农户的利益。再如，城市小区内公共部分的使用、装修的垃圾和噪声污染、出租住房给他人用于经营等都会使相关不动产权利人的不动产权利受到限制和影响。

这里所说的不动产权利人，既可以是依照《物权法》规定的物权法定原则取得不动产物权的不动产物权人（包括不动产所有权人和不动产用益物权人，不动产担保物权人行使担保物权时能否发生相邻关系目前尚无规定），也可以是依照其他法律规定或当事人协议对不动产享有债权的不动产权利人（如不动产承租人）。这里说的毗邻不是地理位置上的相邻，只要一个不动产权利人行使不动产权利的影响能够波及另一个不动产权利人并使其受到限制，即使在地理位置上存在距离，他们也是毗邻的不动产权利人。

二、传统的相邻关系和纠纷处理

不论城市或乡村，相邻关系通常发生在民间，发生在公众日常生活之中，其种类较多，难以一一列举。虽然从性质上说比较容易把握，但在调处矛盾纠纷时又很复杂、繁琐，这就要求基层法律服务人员既要根植于民间生活，又要熟悉现行法律法规的规定，同时还要充分了解当地的民情民意。目前法律对相邻关系的明确规定集中在《民法通则》《物权法》及其对应的司法解释中。在对相邻关系的有关问题进行咨询解答和矛盾调处的过程中应首先以已有的法律规定为准绳，在没有法律规定时按照当地公众认可的习惯性做法处理。

总体上说，不动产权利人应当为其相邻的不动产权利人提供便利，能够提供便利而不提供，给相邻的不动产权利人造成损害或接受便利的相邻的不动产权利人行使权利给提供便利的不动产权利人造成损害的，均应承担停止侵害、消除危险、排除妨碍、恢复原状、赔偿损失的民事责任。要求其他不动产权利人给自己提供便利是权利，为他人提供便利是义务；不提供便利给他人造成损害或得到便利的同时给他人造成损害就有义务承担责任。

（一）相邻用水、排水关系

不动产权利人应当为相邻权利人用水、排水提供必要的便利。对自然流水的利用，应当在不动产的相邻权利人之间合理分配，不得堵截或独占。城市的引水、排水管道一般埋于地下，不易发生此类纠纷；乡村的引水、排水设施一般建在地表，容易发生此类纠纷。

调处此类相邻关系纠纷、矛盾应当注意以下事项：

1. 对自然流水的流入和排放，应当尊重自然流向，需要改变自然流水流向的，应由相邻的各不动产权利人协商一致。

2. 这里说的自然流向既包括流水的自然流淌，也包括从已经形成的人工沟渠、河道的流入和排放。新开挖沟渠、河道的，是对自然流水流向的改变。

3. 按自然流向流入和排放需要使用他方土地的应允许使用，但应在必要限度内采取合理保护措施（如加深加宽沟渠避免流水漫延、采用直线沟渠引水排水等），造成损害的，由受益人补偿。

（二）相邻通行关系

不动产权利人应当为相邻的不动产权利人从其土地通行提供便利。对在不动产权利人的不动产范围内因历史原因形成的必经通道，不动产权利人不得堵塞，有条件另开通道的，可以另开通道。

调处此类相邻关系纠纷、矛盾应当注意以下事项：

1. 不动产权利人从其他不动产权利人的土地上通行是法律规定的权利，无需与他人协商，更不需要征得他人同意。这一权利是《物权法》规定的用益物权中的地役权，是绝对权，具有排他效力。

2. 若保留因历史原因形成的通道会使土地的使用价值降低，该地块的权利人不得以其对该地块享有不动产权利为由来维护土地的使用价值，不保留通道（另开通道的除外）。因为该地块已经成为相邻不动产权利人的供役地，他们对该地块的地役权具有优先效力。

3. 确实需要对通道占用的地块进行其他利用的，可以另开通道，但费用应由其自行解决，相邻的不动产权利人无需补偿，且另开的通道与原有的通道的便利条件和程度应当相当。

（三）相邻施工关系

不动产权利人因建造、修缮建筑物以及铺设电线、电缆、水管、暖气和燃气管线等必须利用相邻土地、建筑物的，该土地、建筑物的权利人应当提供必要的便利。不动产权利人挖掘土地、建造建筑物、铺设管线以及安装设备等，不得危及相邻不动产的安全。

这是一种常见的相邻关系，在农村建造房屋、城市装修房屋的过程中很容易发生这种相邻关系的纠纷。

调处此类相邻关系纠纷、矛盾应当注意以下事项：

1. 建造、修缮建筑物的不动产权利人为了建造、修缮的便利（如运输、堆放材料等），有权利利用相邻的土地或者道路、通道、公共空地、楼道等，这些土地、道路、通道、空地、楼道的不动产权利人应当提供便利，不得拒绝。

2. 不动产权利人利用相邻的不动产，原则上是无偿的，相邻的不动产权利人无权要求其支付费用。

3. 不动产权利人对相邻不动产的利用给相邻的不动产权利人造成不便的，如果该不便没有造成费用或成本的增加，相邻的不动产权利人应当容忍；如果该不便造成了费用或成本的增加，不动产权利人应当补偿。

4. 不动产权利人对相邻不动产的利用给相邻的不动产权利人造成损害的，应当承担损害赔偿责任。

（四）相邻通风采光关系

建造建筑物，不得违反国家有关工程建设标准，妨碍相邻建筑物的通风、采光和日照。

这种相邻关系纠纷通常发生在城市，一般是已建房屋的不动产权利人认为后建房屋特别是楼房影响了其通风、采光和日照。近年来，在农村此类纠纷也时有发生。

调处此类相邻关系纠纷、矛盾应当注意以下事项：

1. 是否影响了通风、采光和日照，通常的判断标准是楼房间距，而不能以先建房屋的不动产权利人的生活体验为判断标准。

2. 各地由于纬度、日照时间的不同，规定了符合本地实际的最低间距标准，调处此类纠纷、矛盾时应先向当地规划部门咨询。

3. 农村的房屋，建房时有规划的以规划为准；没有规划的，只要新建房屋没有超过划定的宅基地范围，周围住户主张影响其通风、采光和日照的，一般不予支持。

（五）相邻环保关系

不动产权利人弃置固体废物，排放大气污染物、水污染物、噪声、光、电磁波辐射等有害物质，不得违反国家有关排污和环保的规定。

调处此类相邻关系纠纷、矛盾应当注意以下事项：

1. 污染环境的行为时有发生，特别是工业企业超标准排放"三废"极易给周围的居民和其他不动产权利人造成损害。但是，除了严重的污染环境行为以外，一般的污染环境行为造成的损害难以察觉或要过一段时间以后才能发现，发现后再向污染行为人主张权利，受害人难以承担因果关系方面的举证责任。

2. 以相邻关系纠纷为由向污染行为人主张权利，不必拘泥于损害后果是否发生，从而解决了上述困难。近年来，很多地方都出现了居民在具体损害后果发生之前联合向排放污水、噪声、粉尘等污染物的企业主张补偿的案例。

3. 城市的建筑工地施工和居民装修房屋容易造成此类纠纷，主要是粉尘和噪声污染。城市建设造成一定程度的粉尘、噪声污染不可避免，装修房屋亦如此。调处此类纠纷应当以国家法律法规的规定及地方政府的具体规定为准，同时兼顾双方的利益，如很多城市在高考期间都规定建筑工地夜间不得施工，有关路段机动车不得鸣笛等。

（六）相邻地界关系

在地理位置上毗邻的土地使用权人应当严格在自己的地界范围内使用土地。建造的建筑物和种植的植物不得侵占相邻的土地。

调处此类相邻关系纠纷、矛盾应当注意以下事项：

1. 双方可以共建分界墙、桩、篱、沟等，单方建造分界墙、桩、篱、沟的，应在自己的土地一侧内建造。

2. 未经相邻人许可，己方建造的围墙、栅栏不得占用相邻的土地。

3. 未经相邻人许可，己方的屋檐滴水不得滴入相邻的土地或滴在相邻人的围墙、房屋之上。

4. 己方竹木的枝桠自然延伸到相邻人土地上空，相邻人要求剪除的应当剪除；相邻人不要求剪除的可以保留，该枝桠所结的果实仍归己方所有。

5. 己方竹木的根部隆起危及相邻人围墙、房屋安全的，应当消除危险。

三、新型的相邻关系及纠纷的处理

以上的几种相邻关系在日常生活中存续已久，随着公众生活水平的提高，经济的大力发展，城市化进程加快，城市购房人群的激增，近年来在城市出现了一些与购房和小区生活密切相关的、涉及城市居民不动产物权的相邻关系。

这些相邻关系的不动产权利人同样应当为其相邻的不动产权利人提供便利，

同时也有权要求相邻的不动产权利人为自己提供便利。能够提供便利而不提供，给相邻的不动产权利人造成损害或接受便利的相邻的不动产权利人行使权利给提供便利的不动产权利人造成损害的，同样也应承担停止侵害、消除危险、排除妨碍、恢复原状、赔偿损失的民事责任。

（一）因管理使用小区内的共有部分形成的相邻关系

小区内的共有部分是每个业主都享有所有权的部分，所以是全体业主共有的部分。对共有部分的管理使用必然波及并影响到每一个业主，同时每一个业主对共有部分的使用必然要受到其他业主的限制。所以，在对共有部分的管理使用过程中，在业主之间形成了相邻关系。

业主的建筑物内的部分是业主的专有部分，业主的建筑物范围以外的部分是共有部分。业主对建筑物内的住宅、经营性用房等专有部分享有所有权，对专有部分以外的共有部分享有共有和共同管理的权利。共有部分包括小区的道路、绿地（属于城镇公共道路、绿地的除外）、公共场所、公共设施、物业用房、楼梯、电梯、消防通道及照明设施、楼房基础、承重结构、外墙、屋顶、公共照明设施设备、避难层、设备层以及其他既不属于业主专有部分，也不属于市政公用部分或者其他权利人所有的场所及设施等。

调处此类相邻关系纠纷、矛盾应当注意以下事项：

1. 对共有部分应由业主共同管理、使用，改变共有部分的用途、利用共有部分从事经营性活动、处分共有部分，应当由业主共同决定。

2. 物业管理企业只能按照业主共同决定的意见对共有部分进行管理，并按业主共同决定的意见贯彻执行。

3. 这里"共同决定"的含义是：应当经专有部分占建筑物总面积过半数的业主且占总人数过半数的业主同意。

4. 任何人未经业主共同决定改变共有部分的用途、利用共有部分从事经营性活动、处分共有部分的，该行为无效，视为对全体业主的侵权。任何一个业主均可向侵权行为人主张权利，要求其承担相应的民事责任。

（二）业主利用建筑物屋顶和外墙面形成的相邻关系

业主基于对住宅、经营性用房等专有部分特定使用功能的合理需要，有权无偿利用屋顶以及与其专有部分相对应的外墙面等共有部分，这种无偿利用不应认定为对其他业主的侵权。比如，在楼顶安装太阳能热水器、建鸽舍、出于经营目的在房屋的窗户和对应的外墙张贴广告等，都是属于实现某些特定使用功能的合理需要。

调处此类相邻关系纠纷、矛盾应当注意以下事项：

1. 高层建筑一般不允许业主对屋顶和外墙面加以利用。

2. 业主只能对自己专有部分对应的外墙有利用的权利，对其他业主的专有部分对应的外墙需要利用的，应与其他业主协商一致。

3. 屋顶无法与业主的专有部分对应，一个业主利用了，其他业主对该部分屋顶就无法利用。这种利用是业主固有的权利，先利用的业主无需为自己的利用征得他人的同意，即使导致其他业主无法再利用的结果，也不能视为对其他业主的侵权。

4. 对屋顶和外墙的利用也不是没有限制的，除了要遵守法律、法规的规定外，在实践中遵守管理规约的规定尤为重要。另外，利用屋顶和外墙不得损害他人的合法权益。

（三）业主使用共有车位形成的相邻关系

建筑区划内规划用于停放汽车的车位、车库应当以出售、附赠、出租等方式首先满足业主的需要，这些车位、车库是专属于买受人、受赠人或承租人使用的。

业主共有的车位是指占用业主共有道路或其他场地增设的车位。

调处此类相邻关系纠纷、矛盾应当注意以下事项：

1. 对于业主共有车位，每个业主都有权使用，无需征求其他业主的意见。

2. 每个业主的使用权都是独立且相互排斥的，一个业主使用了某个共有车位，在其本次使用完毕以前，其使用权是独占的，并足以排斥其他业主对同一车位的使用要求。

3. 业主以使用在先或多次使用等理由要求对某个车位享有专属使用权的，不予支持。

（四）业主将住宅改变为经营性用房形成的相邻关系

业主将住宅改变为经营性用房的，除应遵守法律、法规外，还特别应当遵守管理规约的规定。

调处此类相邻关系纠纷、矛盾应当注意以下事项：

1. 业主将住宅改变为经营性用房，应当经有利害关系的业主同意。

2. 有利害关系的业主包括两类：①本栋建筑物内的其他业主应认定为有利害关系的业主；②本栋建筑物之外的业主，能够证明其房屋价值、生活质量受到或者可能受到不利影响，也应当认定为有利害关系的业主。

3. 需要强调的是，这里所说的经有利害关系的业主同意是指经所有的有利害关系的业主一致同意，如果只是经多数有利害关系的业主同意仍然不得将住宅改变为经营性用房。

（五）业主装修房屋形成的相邻关系

装修房屋除了在业主之间可以形成相邻施工关系、相邻环保关系外，还会形成其他的权利义务关系。其他业主应当为装修房屋的业主提供便利，装修房屋的业主的装修行为不当也会侵害其他业主的不动产权利，从而形成相邻关系纠纷。

调处此类相邻关系纠纷、矛盾应当注意以下事项：

1. 业主需要装饰装修房屋的，应当事先告知物业管理企业，物业管理企业应当将房屋装饰装修中的禁止行为和注意事项告知业主。

2. 装修的业主不得实施诸如损害房屋承重结构，损害或者违章使用电力、燃气、消防设施，在建筑物内放置危险、放射性物品等危及或可能危及建筑物安全或者妨碍建筑物正常使用的行为。

3. 业主不得违反规定破坏、改变建筑物外墙面的形状、颜色或实施其他损害建筑物外观的行为。

4. 业主不得违章加建、改建房屋，不得侵占、挖掘公共通道、道路、场地或者其他共有部分。

（六）业主和物业管理企业临时占用道路、挖掘场地形成的相邻关系

这种相邻关系实际上是相邻施工关系的延伸，前面有关相邻施工关系的内容对这种相邻关系同一适用。因小区内业主众多，施工方无法通知全体业主，更不可能与全体业主协商一致，所以，由代表业主利益的业主委员会和物业管理企业与施工方协商并处理相邻关系。

调处此类相邻关系纠纷、矛盾应当注意以下事项：

1. 业主确需临时占用、挖掘道路、场地的，应当征得业主委员会和物业管理企业的同意。

2. 物业管理企业确需临时占用、挖掘道路、场地的，应当征得业主委员会的同意。

3. 业主、物业管理企业应当将临时占用、挖掘的道路、场地，在约定期限内恢复原状。

在理解相邻关系和调处相邻关系的矛盾纠纷时不应拘泥于本单元介绍的相邻关系的类型，本单元介绍的是常见的、容易发生的相邻关系。在现实生活中，超出本单元介绍范围之外的其他的相邻关系也时有发生。只要是不动产权利人之间因行使不动产权利而形成的权利义务关系就是相邻关系，对待这些纠纷都可以按照调处相邻关系纠纷的原则和方法。

学习情境

1. 相邻采光、排污纠纷处理。

2. 建筑物区分所有相邻关系纠纷处理。

【范例1】

〖案情简介〗

老王家与老李家是邻居，在两家的房屋之间，有一条可供人行走的小巷，两家人通过这条小巷去村外的大路比较方便，不然就得绕个大圈。去年老李家为儿子结婚要翻盖房子，就跟村主任说想把这条小巷堵上，并占用小巷把自家的房子扩大一部分，村主任没明确表示同意。尽管这样，老李家还是按照自己的意愿堵上小巷，扩大了房子。房子盖的过程中，老王家提出异议，认为把小巷堵上，会给出门造成不便。老李说，我盖房子又没占你家的地，有话你跟村主任说去。老王去找村主任，村主任的态度模棱两可。后来，老李家的房子盖好了，双方矛盾激化，于是老王和老李到当地司法所要求调处。

〖操作指引〗

1. 处理步骤如下：

（1）工作人员应结合案情了解本案所涉及的相邻关系的种类及现行法律法规的规定。

（2）分析各方当事人是否有过错及其过错表现在什么地方。

（3）判断各方的主张和要求有无法律依据，是否符合当地民情民意。

（4）明确哪一方的权利受到了侵害或遭受了损失。

2. 本案分析指导。本案是典型的相邻通行关系纠纷，两家之间的小巷是因历史原因形成的通道，老李家在征得老王家同意之前无权将通道堵塞。村主任是村民委员会的代表，其个人无权同意老李扩大房屋，因为这实际上是扩大老李家的宅基地，应当按法定程序并经批准才有效，且也不得损害其他村民的既得利益。本案老李显然有过错，其行为损害了老王家的利益，使其家人出行的便利丧失；同时老李的行为不符合《民法通则》和《民通意见（试行)》的规定，也不符合当地的民情民意。

本案如果老王坚持起诉并坚决主张排除妨碍和恢复原状，显然是能够得到支持的。但这种结果会使双方有了"赢"和"输"的概念，可能使矛盾扩大、激化；另外，老李家的房子已经盖好，排除妨碍、恢复原状必然要拆房，将造成损失的扩大。

3. 处理方式和目标。工作人员应"背靠背"地充分做好双方的思想工作，使老王意识到老李的行为所造成的不便能够克服，恢复原状会给老李家造成更大的损失；使老李认识到其行为有明显过错，是违法行为，在法律上应当承担排除妨碍、恢复原状、赔偿损失的责任。

努力争取调处成功，达到以下两种结果中的一种：①老李家在别处另开一条相对便利的通道，并给老王家适当经济补偿。②没有条件另开通道的，老李家应取得老王家的谅解，并给予相应的补偿。

4. 调解协议内容：①当事人姓名；②纠纷情况；③解决纠纷的方法、期限、地点（尤其是是否另开通道及经济补偿给付的内容）；④双方互相谅解、自觉遵守协议接受协议约束；⑤不履行协议的责任和协议生效时间等。

【范例2】

〖**案情简介**〗

小刘是某市卫生局的职工，分到职工宿舍楼三楼最西侧的一套住房，该宿舍楼紧邻卫生局办公楼的东侧，办公楼的东侧外墙离小刘家卧室窗户的直线距离不足三米，房改时小刘购买了该套住房，取得了全部产权。2005年，小王买下了这套住房并办理了过户登记手续。今年，卫生局在办公楼东侧外墙修建了金属楼梯，该楼梯三楼拐弯处的平台与小王家卧室窗户持平，且直线距离不足两米。小王认为该楼梯使用时会产生较大的噪音影响其正常生活，其住房的安全性明显降低，而且其生活隐私容易泄漏，要求卫生局拆除外墙楼梯。卫生局认为其对办公楼享有所有权，为了使用的便利在办公楼上安装附属设施是其固有的权利，他人不得干涉。双方要求司法所工作人员对本案予以调处。

〖**操作指引**〗

1. 处理步骤如下：

（1）本案是一种新型的相邻关系纠纷，但在现实生活中又较常见。小王的生活便利受到很大影响，其可能遭受的损害有多种，是综合的损害后果。

（2）卫生局显然有权在其办公楼上建造安装附属设施，这是其所有权中的使用权。但其行使所有权应当受到合理的限制，这种限制至少表现在符合法律规定和不损害他人合法权利两个方面。

（3）如果诉讼，小王坚决要求拆除楼梯，其请求是能够得到支持的。

（4）楼梯已经建好，拆除会造成浪费，如果能在保留楼梯和保护小王合法权利之间找到双方利益的平衡点，是本案调处的最佳结果。

2. 本案中的小王购买住房在先，卫生局建造楼梯在后，卫生局的行为使小王的生活质量、便利和安全受到严重的影响。小王的诉求是合理的，其担心的损害后果是完全可能发生的，小王要求卫生局停止侵害、排除妨碍合理合法。如果小王已经遭受了实际损害后果，卫生局还应承担赔偿损失的责任。

3. 工作人员应充分做好双方的思想工作，特别是要告知卫生局其行为名为行使权利实为侵害他人权利，是侵权行为，其主观上有过错，客观上行为具有违法性，应当承担停止侵害、排除妨碍、赔偿损失等民事责任。同时引导小王，在保护其权利不受侵害，维护其生活的便利和安全的前提下，保留楼梯并允许卫生局在一定限度内合理使用将使纠纷得到彻底解决，对双方都更加有利。

本案若调处为卫生局拆除楼梯难度较大，无法调处为拆除楼梯的应达到以下结果：①楼梯只能在白天上班时间使用，晚上不得使用；②卫生局出资给小王家安装防盗窗、防盗网及遮光窗帘；③采取措施（如部分封闭）保证人员无法从楼梯翻越至小王家窗户；④卫生局承诺如因楼梯给小王家造成进一步损害的，由卫生局承担责任。

4. 本案的调解协议应当包含的内容：①双方名称和姓名；②楼梯拆除的时间和方法或安装防盗窗网和窗帘的费用及给付时间；③确保楼梯无法翻越的措施；④将来小王家因楼梯遭受损害的责任承担。

【范例3】

〖案情简介〗

小刘于1998年在自家经批准取得的宅基地上建房，并在房屋的东侧种了两棵树，当时其房屋的东侧是村庄里的空闲地。2005年，小朱获批在小刘家的东侧建房，以两棵树为两家宅基地的界限。小朱家房屋建好后，其围墙的西侧离小刘家的树大约1米远。从2007年开始，由于树木长大，有好几根枝桠伸进小朱家院子，而且树根隆起导致小朱家西侧围墙有倾斜、开裂现象。小朱想砍伐树木，小刘以对树木有所有权不允。为此，两家发生纠纷，多次争吵无果，请求调处。

小朱认为：自家围墙开裂、倾斜可能发生危险，系小刘的树木生长造成的，且伸进院里的树枝影响了家人的生活；小刘应将树木移走或砍伐，并赔偿修补围墙的钱。

小刘认为：树种在先，小朱家房子盖在后，树木长粗长大是自然规律，自己对树木给小朱家围墙造成影响没有过错，应由小朱自家想办法解决；另外，枝桠伸进小朱家不会给他家生活造成影响。

〖操作指引〗

1. 调处本案，应从下面几个方面考虑：

（1）本案是相邻地界关系纠纷，依照相关法律规定，相邻各方应在自己的地界范围内使用土地。

（2）小刘栽种树木时是在村庄内的空闲地上栽种的，其栽种行为没有不当。

（3）小朱家盖房，原先的空闲地转化为小朱家的宅基地。

（4）树木危及围墙已成事实。枝桠是否影响小朱家人生活应从小朱的角度考虑，小刘的意见不成立。

（5）若小刘不主张树木的所有权，小朱可自行砍伐；若小刘主张树木的所有权，则在事实上形成了在自己的地界外使用土地的结果。

（6）因树木种植在先，可调处双方分担砍伐树木和维修围墙的费用。

2. 本案的调解协议应当包含以下内容：

（1）树木应当砍伐，围墙应当修补。

（2）砍伐树木和修补围墙的实施人。

（3）树木砍伐后的归属。

（4）费用承担和支付方式。

（5）双方约定的其他内容。

【范例4】

〖案情简介〗

甲银行购买了一幢十层大厦的一楼和二楼的全部房间，其中一楼用于经营，二楼用作办公。胡某在大厦的顶层购买了一套房屋居住。甲银行需要安装中央空调，遂经招标购买了一套中央空调设备，准备在对应胡某房屋的屋顶施工安装。胡某阻止安装，双方协商不成，发生纠纷。

甲银行认为自己的安装行为合法，未损害胡某的利益，并提供了当地省建筑设计院设计的安装图纸，当地环保、建管、规划部门的批准手续，招投标文件和施工安装合同。

胡某认为中央空调安装后，产生的噪声、辐射、震动和热岛效应会给其及家人的健康造成损害，影响日常生活。且甲银行使用自己房屋对应的屋顶部分应当征得自己同意，自己对该部分屋顶有优先使用权。

经调查，按照甲银行享有所有权的房屋面积占大厦房屋总面积的比例乘以屋顶的平面面积，达210平方米；甲银行的中央空调安装面积仅需150平方米。

〖操作指引〗

1. 调处本案，应从以下几个方面考虑：

（1）本案是业主利用共有屋顶引起的相邻关系纠纷，是一种新型的相邻关系纠纷。

（2）甲银行履行了施工安装中央空调的有关批准手续，其行为是合法行为。

（3）外墙由房屋对应于该部分的业主享有优先使用权，其他业主需要使用的应当经该业主同意。屋顶由全体业主共同利用，先使用的业主的使用权可以排斥其他业主的使用权，没有房屋与屋顶对应的业主优先使用的规定（除顶层的业主以外，其他楼层的业主的房屋无法与屋顶对应，而屋顶又是全体业主共有的）。

（4）甲银行实际需要使用的屋顶面积低于其享有所有权的房屋面积占大厦房屋总面积的比例乘以屋顶的平面面积，不妨碍其他业主对屋顶的再利用。

（5）在中央空调安装以前，胡某主张安装后的损失因未发生于法无据，将来确有损害发生的，甲银行仍应承担赔偿损害等民事责任。

（6）胡某主张的损害在将来有可能发生，届时胡某难以举证证明因果关系，可以调处甲银行对胡某进行适当补偿。

2. 本案的调解协议应当包含以下内容：

（1）胡某同意甲银行施工。

（2）甲银行对胡某的补偿数额及支付方式。

（3）将来胡某确因中央空调运行遭受损害的，甲银行仍应承担民事责任。

（4）双方协商的其他内容。

一、思考习作

1. 随着经济的发展，社会的进步，当我们在实践工作中碰到法律未规定的新型的相邻关系纠纷时，应当如何处理？

2. 在少数民族聚居地区，若当地的风俗习惯与法律规定有冲突，应当如何解决相邻关系纠纷？

3. 赵某、钱某、孙某、李某分别住在同一栋四层居民楼的 102 室、202 室、302 室和 402 室，赵某、钱某和孙某家都在窗户上安装了防盗护栏，且护栏超出墙体 25 厘米。李某认为自己家在四楼很安全，没有安装防盗护栏。一日晚，李某家被盗，小偷偷走了现金、首饰、古钱币等物品，价值数万元。经刑警大队现场勘查分析，小偷是从一楼、二楼、三楼的防盗护栏上攀登至李某家窗户，翻入室内盗窃。事后，李某要求赵某、钱某、孙某拆除防盗护栏或安装不突出于墙体的护栏。赵某、钱某、孙某则拒绝，认为李某应当安装防盗护栏，而不能要求他们拆除护栏。

问题：

（1）从相邻关系的角度分析，李某要求拆除护栏能否成立？

（2）若李某要求赵某、钱某、孙某共担损害，其要求能否成立？

4. 陈某在自家宅基地上盖有四间平房，2000 年陈某举家外迁，吴某和文某分别购买了东侧和西侧的各两间房，两家共用一堵山墙。2003 年，文某加盖二层，沿其家东侧与吴某家共用的山墙砌至二层作为其外墙。2007 年，文某夫妇去城里的儿子家生活一段时间，家中无人，请吴某代为照看其房屋。吴某同意，并表示在此期间他也要加盖二层。其后，吴某加盖二层时仍与文某共用山墙，并在二层屋顶修建了飘檐，高于文某修建的二层平顶，且遮盖了 50 厘米。

文某回来后当即提出异议，认为飘檐滴水会损坏二层平顶，要求吴某拆除飘檐；同时认为其当时单独出资修建的二层东侧外墙，不同意吴某共用山墙。吴某表示，共用的山墙在陈某盖房时就已经形成，文某应当同意，他愿意出一半钱给文某；飘檐滴水如果损坏二层平顶由他负责维修，且将来如果文某加盖三层，他保证拆除阻挡的飘檐。

问题：

（1）本案属于哪种相邻关系纠纷？

（2）文某和吴某的主张是否符合有关法律规定和民情民意？

（3）请为文某和吴某拿出一个对双方均有利的调处意见，并拟定调解协议。

二、阅读参考书目

1. 胡爱国主编：《民法》，中国政法大学出版社 2008 年版。

2. 孙宪忠：《中国物权法原理》，法律出版社 2004 年版。

3. 安徽省高级人民法院编：《安徽法院案例选（2006）》，安徽人民出版社 2008 年版。

学习单元五　合同纠纷法律事务处理实务

学习目标

1. 了解合同纠纷的类型，掌握合同法律事务具体规定及处理要素；

2. 能够独立运用《合同法》的相关知识，处理合同纠纷案件，掌握合同纠纷与侵权纠纷的不同处理原则。

在生活中，尽管合同的内容复杂多样，但合同纠纷归纳起来，不外乎合同的订立纠纷、效力纠纷、履行纠纷、变更纠纷、违约责任纠纷等类型。处理合同纠纷的法律主要适用《中华人民共和国民法总则》《中华人民共和国民法通则》、最高人民法院《关于贯彻执行〈中华人民共和国民法通则〉若干问题的意见（试行）》《中华人民共和国合同法》、最高人民法院《关于适用〈中华人民共和国合同法〉若干问题的解释（一）》、最高人民法院《关于适用〈中华人民共和国合同法〉若干问题的解释（二）》；在城镇合同纠纷中，房屋买卖、租赁合同纠纷较多，还要适用最高人民法院《关于审理商品房买卖合同纠纷案件适用法律若干问题的解释》、《关于审理城镇房屋租赁合同纠纷案件具体应用法律若干问题的解释》、《关于审理买卖合同纠纷案件适用法律问题的解释》《关于审理融资租赁合同纠纷案件适用法律问题的解释》；有时涉及物权或担保问题时，可能会适用《中华人民共和国物权法》《中华人民共和国担保法》及其相关司法解释；造成人身或财产损害时还可能适用《中华人民共和国侵权责任法》、最高人民法院《关于审理人身损害赔偿案件适用法律若干问题的解释》《中华人民共和国产品质量法》《中华人民共和国消费者权益保护法》等法律、法规。

一、合同订立纠纷的处理

（一）审查是否符合合同订立的一般程序

合同订立是指两个以上的当事人在平等自愿的基础上，就合同的主要条款协商一致的过程。依照《合同法》第 13 条的规定，当事人订立合同，采取要约、承诺方式。合同订立纠纷即当事人对合同是否成立发生纠纷。在处理该种纠纷时，可以从以下几点入手：

1. 分析判断要约是否存在问题。

（1）确认是否存在要约。根据《合同法》第 14 条的规定，要约是希望和他人订立合同的意思表示，必须具备三个条件：①须要约人向希望与之订立合同的受要约人发出；②内容具体确定；③表明经受要约人承诺，要约人即受该意思表示约束。符合上述条件的是要约，否则可能是要约邀请。

（2）确认要约是否有效。要约到达受要约人时生效。要约可以撤回和撤销，但有下列情形之一的，要约不得撤销：要约人确定了承诺期限或者以其他形式明示要约是不可撤销的；受要约人有理由认为要约是不可撤销的，并已经为履行合同做了准备工作。要约被撤回或撤销均无效力。

要约因下列原因消灭：要约被拒绝；要约被撤销；承诺期限届满，受要约人未作出承诺；受要约人对要约的内容作出实质性变更。

2. 分析判断承诺是否存在问题。

（1）审查承诺是否符合条件。根据《合同法》第 21 条、30 条、31 条的规定，承诺是受要约人同意要约的意思表示，应具备以下要件：①必须由受要约人向要约人作出；②承诺的方式必须符合要约的规定；③承诺必须在要约的存续期间内作出；④承诺的内容应当与要约的内容一致。承诺不得对要约内容作实质性变更，即不得对有关合同的标的、数量、质量、价款或者报酬、履行期限、履行地点和方式、违约责任和解决争议的方法等作出扩大、限制或改变。

（2）审查承诺的时间，确定承诺的效力。根据《合同法》第 25 条、第 34 条的规定，承诺生效时合同成立；承诺生效的地点为合同成立的地点。所以审查承诺的时间，对处理合同成立的纠纷有着特别重要的意义。主要审查：承诺是否生效、是否存在迟到、迟延、撤回等问题。

3. 审查当事人是否就合同主要条款达成合意。《合同法》第 12 条规定："合同的内容由当事人约定，一般包括以下条款：①当事人的名称或者姓名和住所；②标的；③数量；④质量；⑤价款或者报酬；⑥履行期限、地点和方式；⑦违约责任；⑧解决争议的方法。"事实上，上述某些条款并不必要为所有的合同所包括，因为不同合同性质不同，所应具备的主要条款也是不一样的。所以在处理纠纷时，应当结合案件的性质，确认该案件应具备哪些条款。

注意，双方当事人经过要约和承诺，就合同的内容协商一致，合同即成立。这只是合同的一般成立要件，实际上由于合同的性质和内容不同，许多合同因此还可能具有其特定的成立要件。例如，对实践合同来说，应以实际交付标的物作为其成立要件；而对于要式合同来说，则应履行一定的方式才能成立。

（二）审查是否存在须承担缔约过失责任的情况

缔约过失责任是当事人在缔约过程中，由于故意或过失违反依诚实信用原则所产生的先合同义务而使对方信赖利益遭受损失所应承担的民事责任。在实践中，有的人为了一定的目的，可能会隐瞒真实情况，或假借订立合同，恶意进行磋商，或有其他违背诚实信用原则的行为，致使合同不能成立或生效，给另一方当事人造成信赖利益损失。

缔约过失责任的责任方式是损害赔偿，赔偿的范围为信赖利益的损失，包括直接损失和间接损失。信赖利益的损失一般不应超出履行利益。在确定当事人的赔偿范围时，一般包括：①因信赖对方要约邀请或有效要约而与对方联系、赴实地考察以及检查标的物等支出的各种合理费用。②因信赖对方将要缔约，为缔约做各种准备工作所支出的合理各种费用。例如，为信赖对方出卖汽车而四处筹钱而支出的合理费用。③为谈判而支出的劳务，以及为上述各种费用而失去的利息。

审查完上述问题后，可根据工作性质，结合实际情况作出不同的处理，如回答咨询、主持调解、帮助制作文书等（具体见实训操作）。

二、合同效力纠纷的处理

依《民法通则》第 55 条和《合同法》第 44 条的规定，合同生效须具备下列要件：①当事人应具备相应的民事行为能力；②意思表示真实；③不违反法律规范和社会公共利益；④具备法律所要求的形式。合同效力的纠纷较多表现为因不符合上述条件而无效、可撤销、效力待定等纠纷。

（一）对无效合同纠纷的处理

1. 首先审查合同，如果存在《合同法》第 52 条规定的情况，则确定该合同无效，并告知当事人无效的原因。

无效合同的种类主要包括：①一方以欺诈、胁迫的手段订立的合同，损害国家利益；②恶意串通，损害国家、集体或第三人利益的合同；③以合法形式掩盖非法目的的合同；④损害社会公共利益的合同；⑤违反法律、行政法规的强制性规定的合同。合同部分无效，不影响其他部分效力的，其他部分仍然有效。

2. 告知当事人合同无效的后果，指导当事人对无效合同进行处理。《民法通则》第 58 条、《合同法》第 56 条都规定，无效的合同或者被撤销的合同自始没有法律拘束力。无效的合同从开始就无效，其后也不能变为有效。不须经任何程序也无须任何人主张，就是无效的，任何人都可以主张其无效，任何人也不能使之有效。

根据《合同法》第 58、59 条的规定，合同无效或被撤销后，会发生以下后果：①返还财产；②折价补偿；③赔偿损失。有过错的一方应当赔偿对方因此所受到的损失，双方都有过错的，应当各自承担相应的责任。④收缴财产。当事人恶意串通，损害国家、集体或者第三人利益的，因此取得的财产收归国家所有或者返还集体、第三人。结合合同纠纷的实际情况，指导当事人比照上述规定处理。

（二）对可撤销合同纠纷的处理

1. 审查当事人的合同，确认是否属于可撤销的合同。根据《合同法》第54条的规定，可撤销合同主要有以下几种：①因重大误解订立的合同；②显失公平的合同；③因欺诈、胁迫订立的没有损坏国家利益的合同；④乘人之危的合同。如果当事人的纠纷属于上述情况，就是可撤销的合同。

2. 如属于可撤销合同，告知当事人该合同被撤销前是有效的，可以协调当事人协商履行该合同。

3. 如当事人请求撤销，告知当事人只能请求法院或仲裁机构撤销。如被撤销，该合同无效，且无效追溯到合同成立之时。合同被撤销后和当然无效的法律责任大致相同，大都相互返还财产，赔偿损失。

4. 指导当事人行使撤销权。撤销权的行使，在重大误解、显失公平的合同中，双方都可行使撤销权，在欺诈、胁迫、乘人之危的合同中，撤销权专属于受损害方。享有撤销权的当事人不能以自己的单方行为来撤销合同，而只能向法院或仲裁机构主张撤销该合同，至于该合同是否被撤销，决定权在法院或仲裁机构。

根据《合同法》第55条的规定，具有撤销权的当事人自知道或者应当知道撤销事由之日起1年内没有行使撤销权、知道撤销事由后明确表示或者以自己的行为放弃撤销权的，撤销权消灭。

（三）对效力待定合同纠纷的处理

1. 审查当事人的合同，确认是否属于效力待定的合同。根据《合同法》第47、48、51条的规定，效力待定的合同主要有以下几种：①限制民事行为能力人依法不能独立订立的合同；②表见代理以外的欠缺代理权而订立的合同；③无处分权人订立的合同。

2. 告知当事人效力待定合同中追认权、撤销权与催告权的相关规定，指导当事人行使权利。

追认权是法定代理人、代理关系中本人、财产所有人（统称权利人）对有缺陷合同事后予以承认的单方意思表示。有权享受追认权的人是前述权利人，权利人行使追认权的法律后果有两个：追认则合同生效；不追认则合同无效。

撤销权和催告权是法律赋予相对人的权利。撤销权是善意相对人在权利未予追认前，将成立该合同的意思表示撤回。催告权是指相对人在合同成立后，催促权利人在一定期限内明确答复是否承认该合同。

根据《合同法》第47、48条的规定，对主体不合格和无权代理的两种效力未定情形下，相对人的催告权、撤销权有以下内容：①权利人追认的合理期限是一个月；起算日是相对人的催告之日。这一期限是权利人行使追认权的期限，若超期，则追认无效；②权利人经相对人催告后未做表示的，视为拒绝追认；③善意相对人的撤销权只能在权利人行使追认权之前行使；④行使撤销权的方式必须是明示的，默示不产生撤销效力。撤销应以通知的方式作出。

三、合同履行纠纷的处理

合同履行的纠纷，有时会表现为当事人行使各种行使履行抗辩权的纠纷，有时会表现为债权人行使代位权或撤销权等纠纷。这类纠纷在处理时应先判断属于哪一种纠纷，因为每一种权利的法律规定是不同的。

（一）对合同履行抗辩权纠纷的处理

1. 审查合同，确认是否属于履行抗辩权纠纷。如果当事人的纠纷，适用《合同法》第66～69条的规定，则属于此类纠纷。

2. 根据实际情况做不同处理。

（1）同时履行抗辩权纠纷的处理。《合同法》第66条规定，当事人互负债务，没有先后履行顺序的，应当同时履行。一方在对方履行之前有权拒绝其履行要求。一方在对方履行债务不符合约定时，有权拒绝其相应的履行要求。双方互负的债务没有先后履行顺序且均已到清偿期，须对方的债务是可能履行的。如果对方所负的债务已经丧失了履行的可能，那么同时履行抗辩权的目的已不能实现，当事人只能通过其他途径请求补救。

如果合同中存在上述情况，应告知当事人双方都可以行使履行抗辩权，但不承担迟延履行的违约责任。

协调双方尽快履行合同。同时履行属于延期的抗辩权，不具有消灭对方请求权的效力，也不能消灭自己所负的债务，而仅产生使对方请求权延期的效力。对方履行时，同时履行抗辩权的效力就终止了，当事人必须履行自己的合同义务。协调当事人为了交易的顺利进行，应尽快履行自己的义务。

（2）先履行抗辩权纠纷的处理。《合同法》第67条规定，当事人互负债务，有先后履行顺序，先履行一方未履行的，后履行一方有权拒绝其履行要求；先履行一方履行债务不符合约定的，后履行一方有权拒绝其相应的履行要求。注意，先履行一方需要先履行的债务必须是可能履行的。

要求先履行抗辩权是后履行方享有的权利，也属于延期的抗辩权。如果先履行一方完全履行了合同义务，则先履行抗辩权即归消灭，后履行一方应恢复履行。行使先履行抗辩权致使合同迟延履行的，不承担迟延责任。

（3）对不安抗辩权纠纷的处理。《合同法》第68、69条规定，应当先履行债务的当事人，有确切证据证明对方有下列情形之一的，可以中止履行：经营状况严重恶化；转移财产、抽逃资金，以逃避债务；丧失商业信誉；有丧失或者可能丧失履行债务能力的其他情形。

不安抗辩权是先履行方享有的权利。先履行方没有确切证据中止履行的，应当承担违约责任。中止履行的，应当及时通知对方。对方提供适当担保时，应当恢复履行。中止履行后，对方在合理期限内未恢复履行能力并且未提供适当担保的，中止履行的一方可以解除合同，不安抗辩权就从延期抗辩权变成了永久抗辩权。

（二）对代位权纠纷的处理

1. 审查合同，确认当事人是否可以行使代位权。《合同法》第 73 条规定，因债务人怠于行使其到期债权，对债权人造成损害的，债权人可以向人民法院请求以自己的名义代位行使债务人的债权，但该债权专属于债务人自身的除外。如果当事人的纠纷属于上述情况，告知债权人可以行使代位权。

2. 指导当事人行使代位权。代位权行使的方式，根据《合同法》第 73 条、《最高人民法院关于适用〈中华人民共和国合同法〉若干问题的解释（一）》（以下简称《合同法解释（一）》）第 16 条的规定，债权人行使代位权，必须要以自己的名义，通过诉讼的方式进行。原告为债权人，被告为次债务人，债务人为第三人。

代位权的行使范围，《合同法》第 73 条第 2 款规定，代位权的行使范围以债权人的债权为限。债权人行使代位权的必要费用，由债务人负担。

代位权诉讼经人民法院审理后认定代位权成立的，由次债务人向债权人履行清偿义务，债权人与债务人、债务人与次债务人之间相应的债权债务关系即予消灭。

债权人代替债务人行使权利所获得的一切利益，在清偿完债务人所欠债务以后，剩余部分应归属于债务人。

（三）对撤销权纠纷的处理

1. 审查合同，确认当事人是否可以行使撤销权。《合同法》第 74 条规定，因债务人放弃其到期债权或者无偿转让财产，对债权人造成损害的，债权人可以请求人民法院撤销债务人的行为。债务人以明显不合理的低价转让财产，对债权人造成损害，并且受让人知道该情形的，债权人也可以请求人民法院撤销债务人的行为。如果当事人的纠纷属于上述情况，告知债权人可以行使撤销权。

2. 指导当事人行使撤销权。撤销权行使的方式，须以自己的名义，通过诉讼的方式进行。在撤销之诉中，原告为由于债务人不当处分财产的行为导致债权受到损害的债权人，被告为债务人，受益人或受让人为第三人。

《合同法》第 74 条第 2 款规定，撤销权的行使范围以债权人的债权为限。债权人行使撤销权的必要费用，由债务人负担。

撤销权应当自债权人知道或者应当知道撤销事由之日起 1 年内行使。自债务人的行为发生之日起 5 年内没有行使撤销权的，该撤销权消灭。

债务人的行为一旦被撤销，则该行为自始无效。如果财产已经为受让人占有的，应向撤销权人返还其财产和收益，如原物不能返还，则应折价补偿。

四、合同的变更、解除纠纷的处理

（一）对合同变更纠纷的处理

1. 审查合同，确认该合同是内容变更，或是主体变更。广义的变更包括合同内容的变更和合同主体的变更。在合同法上，合同变更一般仅指合同内容的变更，合同主体的变更称为合同的转让。

2. 对合同内容变更纠纷的处理。审查该合同变更是否符合以下条件：①原已存在着有效合同关系；②合同内容发生变化；③合同的变更须依当事人协议或须有法定的原因；④须遵守法律要求的方式。否则，合同不发生变更的后果。

如变更有效，则引导当事人依照约定履行该合同。合同变更原则上向将来发生效力，未变更的权利义务继续有效，已经履行的债务不因合同的变更而失去法律依据。合同变更不影响当事人要求赔偿损失的权利。

3. 对合同转让纠纷的处理。审查该合同债权或债务是否有效转让，转让的条件包括：①存在有效债权或债务；②被转让的债权或债务须具有可让与性；③转让双方须就债权的转让意思表示一致；④债务承担须经债权人同意。

告知当事人转让的效力。转让合同一经生效，债权或债务即转移给受让人，从权利或从义务随之转移，受让人取代原债权人或债务人的法律地位。债权人转让债权，应当通知债务人，否则对债务人不发生效力。除受让人同意外，债权转让一经通知，不得撤销，债务人只能向受让人履行。

（二）对合同解除纠纷的处理

1. 审查合同，确认当事人的纠纷是否是合同解除纠纷，是约定解除还是法定解除。

告知当事人如果无约定，根据《合同法》第 94 条的规定，符合下列条件可解除合同：①因不可抗力致使不能实现合同目的；②在履行期限届满之前，当事人一方明确表示或者以自己的行为表明不履行主要债务；③当事人一方迟延履行主要债务，经催告后在合理期限内仍未履行；④当事人一方迟延履行债务或者有其他违约行为致使不能实现合同目的；⑤法律规定的其他情形。

2. 告知当事人合同解除后，尚未履行的，终止履行；已经履行的，根据情况和合同的效力，可以要求恢复原状、采取其他补救措施。合同解除后，不影响当事人要求赔偿损失的权利。

3. 告知当事人合同解除的程序，指导当事人行使解除权。解除权应当在法律规定或当事人约定的期间内行使，否则，为对方催告后的合理期限内行使，不行使的，权利消灭。解除合同应采用通知的方式，合同自通知到达对方时消灭。

五、违约责任纠纷的处理

（一）明确违约责任的归责原则和构成要件

《合同法》第107条规定："当事人一方不履行合同义务或者履行合同义务不符合约定的，应当承担继续履行、采取补救措施或者赔偿损失等违约责任。"据此，违约责任，是指合同当事人一方不履行合同义务或者履行合同义务不符合约定时所应承担的继续履行、采取补救措施或者赔偿损失等法律后果。

违约责任的归责原则，根据《合同法》第107条的规定，合同法采用严格责任原则。即确定违约当事人的责任，应主要考虑违约的结果是否因违约的行为造成，而不考虑违约方的故意和过失。

违约责任的构成要件，一般应包括两个：①违约行为；②不存在法定或约定的免责事由。

（二）确认是何种违约行为

违约行为主要包括以下形态：①预期违约。包括明示的预期违约和默示的预期违约。②实际违约。合同法上，实际违约包括拒绝履行、履行不能、迟延履行、履行瑕疵等。③特殊情形。包括双方违约、因第三人的行为造成违约。双方违约由当事人各自承担相应的责任，第三人的行为造成违约，由当事人承担责任。

（三）确认是否存在免责事由

《合同法》第117条第1款规定："因不可抗力不能履行合同的，根据不可抗力的影响，部分或者全部免除责任，但法律另有规定的除外。当事人迟延履行后发生不可抗力的，不能免除责任。"因此，法定免责事由为不可抗力。不可抗力主要包括自然灾害、政府行为、社会异常现象。根据合同自由原则，当事人可以在订立合同时约定不可抗力条款，列举各种不可抗力事由。

除不可抗力外，确认是否存在《合同法》规定的特别的免责事由。确认是否存在免责条款等约定的免责事由。

（四）确认违约责任的承担方式

1. 判断是否须承担实际履行责任。《合同法》第110条规定："当事人一方不履行非金钱债务或者履行非金钱债务不符合约定的，对方可以要求履行，但有下列情形之一的除外：①法律上或者事实上不能履行；②债务的标的不适于强制履行或者履行费用过高；③债权人在合理期限内未要求履行。"由此可见，对于金钱之债，只要对方提出要求，违约方任何情况下都必须履行。而非金钱之债，实际履行必须符合下列条件：①存在违约行为；②非违约方在合理的期限内提出继续履行的要求；③须依据法律和合同的性质能够履行；④在事实上可能和在经济上合理。

2. 判断是否须承担损害赔偿。

（1）明确违约方因违约行为而给对方当事人造成损失时，依据约定或法律规定应当承担的赔偿对方当事人所受损失的责任。

（2）确定损害赔偿数额。《合同法》第113条规定，当事人一方不履行合同义务或者履行合同义务不符合约定，给对方造成损失的，损失赔偿额应当相当于因违约所造成的损失，包括合同履行后可以获得的利益，但不得超过违反合同一方订立合同时预见到或者应当预见到的因违反合同可能造成的损失。赔偿数额的确定方式主要包括约定损害赔偿和法定损害赔偿，约定损害赔偿先于法定损害赔偿。完全赔偿，包括现实的财产损失和可得利益的损失，但不包括精神损害。现实的财产损失包括标的物的灭失、为准备履行合同而支出的费用、停工损失、为减少违约损失而支出的费用等。可得利益损失主要指在合同适当履行后可以实现和取得的财产利益。

注意，损害赔偿与实际履行、违约金、修理、重做、更换等其他补救方式可并用。

3. 判断是否须承担违约金责任。

（1）如果合同当事人在合同中约定了违约金，则在债务人不履行或不适当履行合同义务时，违约方就应当承担违约金责任。

（2）确定违约金的数额。《合同法》第114条第1、2款规定："当事人可以约定一方违约时应当根据违约情况向对方支付一定数额的违约金，也可以约定因违约产生的损失赔偿额的计算方法。约定的违约金低于造成的损失的，当事人可以请求人民法院或者仲裁机构予以增加；约定的违约金过分高于造成的损失的，当事人可以请求人民法院或者仲裁机构予以适当减少。"违约金为损害赔偿的预定，当事人可根据具体损害数额请求增减违约金。

注意，违约金责任可以和实际履行、解除合同并用，不能和定金责任并用。

4. 判断是否须承担定金责任。定金是指合同双方当事人约定，为保证合同的履行，一方预先给付另一方一定数量货币或其他代替物。

《担保法》第89、91条、《合同法》第116条规定，当事人可以约定一方向对方给付定金作为债权的担保。债务人履行债务后，定金应当抵作价款或者收回。给付定金的一方不履行约定的债务的，无权要求返还定金；收受定金的一方不履行约定的债务的，应当双倍返还定金。定金的数额由当事人约定，但不得超过主合同标的额的20%。当事人既约定违约金，又约定定金的，一方违约时，对方可以选择适用违约金或者定金条款。

5. 判断是否须采取其他补救措施。《合同法》第 111 条规定，质量不符合约定的，应当按照当事人的约定承担违约责任。对违约责任没有约定或者约定不明确，依照《合同法》第 61 条的规定仍不能确定的，受损害方根据标的的性质以及损失的大小，可以合理选择要求对方承担修理、更换、重作、退货、减少价款或者报酬等违约责任。

采取补救措施，其他法律有特别规定的，适用特别法。

六、违约责任和侵权责任竞合的问题

1. 责任竞合的概念。《合同法》第 122 条规定，因当事人一方的违约行为，侵害对方人身、财产权益的，受损害方有权选择依照本法要求其承担违约责任或者依照其他法律要求其承担侵权责任。由此可见，违约责任与侵权责任的竞合是指行为人的同一行为既违反《合同法》的有关规定或当事人的约定，符合违约责任的构成要件，又违反《侵权责任法》的有关规定，符合侵权责任的构成要件，因而产生违约责任和侵权责任相互冲突的现象。

2. 违约责任和侵权责任对损害赔偿的不同处理规则。违约的损害赔偿采取的是可预见性财产损害赔偿规则。法律对违约的损害赔偿不仅仅限于财产的损害赔偿，而且对这种财产的损害赔偿法律上又有进一步的限定，《合同法》还规定了"可预见性的规则"进一步限制这种赔偿的范围。不是任何违约造成的损害都要由违约人来赔偿，只有那些在订立合同的时候，能够合理预见到的因违约而造成的损失才赔偿。

侵权的损害赔偿采取的是全面赔偿原则。侵权损害是包括各种损害在内的损害，法律规定，损害的赔偿不仅包括财产损害赔偿，而且包括人身伤害、死亡以及精神损害的赔偿，就是说侵权行为人给受害人造成的全部损害都应该负赔偿责任。

3. 处理违约责任与侵权责任竞合纠纷时应注意的问题。根据《合同法》第 122 条及相关司法解释的规定，违约责任与侵权责任竞合后，由于二种责任可共生，但不可共存，必须选择其一。允许债权人在竞合情况下根据自己的利益判断，选择一种利于自己的依据请求赔偿，有利于保护受害人。如何选择才能最大限度地使受到损害的权利得到救济，两者的区别为选择提供了依据。受害方选择追究对方违约责任还是侵权责任主要考虑以下因素：

（1）归责原则。对侵权责任采取了过错责任、无过错责任和公平责任原则，实际上采用了多种归责原则；违约责任的认定，采用严格责任，例外的采用过错责任。

（2）举证责任。在一般侵权责任中，受害人有义务就加害人的过错举证；

在违约责任中，一般情况下守约人只需证明对方已构成违约即可。

（3）责任形式。违约责任包括了损害赔偿、违约金、定金、实际履行等责任形式，损害赔偿也可以由当事人事先约定；侵权责任的形式较多，且赔偿不得由当事人事先约定。

（4）损害赔偿的范围。违约的损害赔偿一般限于财产损失的赔偿，且规定可预见性规则来严格限制赔偿的范围；侵权损害赔偿不仅包括财产损失的赔偿，而且包括精神损害的赔偿。

（5）诉讼时效。违约责任诉讼时效期间的适用有三种情况：一是《民法总则》第 188 条规定的诉讼时效期间一般为 3 年，二是《产品质量法》第 45 条规定因产品存在缺陷造成损害要求赔偿的诉讼时效期间为 2 年，三是《合同法》第 129 条规定因国际货物买卖合同和技术进出口合同争议提起诉讼或者申请仲裁的期限为 4 年；侵权损害赔偿请求权的诉讼时效期间适用前二种情况。

（6）诉讼管辖。违约诉讼一般由被告所在地或合同履行地或约定的法院管辖；侵权诉讼一般由侵权行为地或被告所在地法院管辖，当事人不能约定管辖。

对违约责任，当事人可以要求对方继续履行，以实现其期待利益，而对于侵权责任，则可以要求对方返还财产、停止侵害、赔偿损失等，以使其现存利益的损害得到补偿。

学习情境

1. 商品房买卖合同效力纠纷的处理。
2. 违约责任与侵权责任竞合纠纷的处理。
3. 合同保全纠纷的处理。
4. 审查分析某一具体合同的瑕疵漏洞，帮助当事人起草民事诉讼起诉书。
5. 买卖合同标的物所有权的转移、运输途中风险负担及产品责任纠纷的处理。

【范例 1】
〖案情简介〗
2014 年 1 月，王某将其所有的房屋以 36 万元出售给张某，双方签订了买卖合同，张某付清款项后即入住，并约定合同签订 3 个月内双方办好过户登记手续。2014 年 2 月，王某在某银行贷款 30 万元，并以该房屋办理了抵押登记。2014 年 3 月，王某因外出逃债而下落不明，张某未能如约办理过户手续。2014 年底，银行申请法院拍卖执行该房屋，并就该房屋拍卖、变卖所得价款优先受偿。自己花了这么多钱买的房子不仅办不了过户，眼看还不能住了，张某不知道应该怎么办。经人指点，张某于是到司法所咨询。

〖操作指引〗

1. 接待当事人张某，简要听取当事人的陈述，制作接案记录单。

2. 受理咨询。结合案情了解该房产纠纷所涉及的法律关系，告知由于该案件相关当事人已经到法院申请强制执行该房产，无法进行调解。但是可以给予明确指引，也可以根据当事人的要求提供相关服务。

3. 本案分析指导。本案存在两个合同法律关系：一是异议人张某与被执行人王某的房屋买卖关系；二是申请执行人银行与被执行人王某的抵押合同关系。《最高人民法院关于人民法院办理执行异议和复议案件若干问题的规定》第 28 条规定："金钱债权执行中，买受人对登记在被执行人名下的不动产提出异议，符合下列情形且其权利能够排除执行的，人民法院应予支持：①在人民法院查封之前已签订合法有效的书面买卖合同；②在人民法院查封之前已合法占有该不动产；③已支付全部价款，或者已按照合同约定支付部分价款且将剩余价款按照人民法院的要求交付执行；④非因买受人自身原因未办理过户登记。"上述规定目的在于保护善意购房人的生存利益，以不动产变动的登记公示为原则，但并不否认和排斥一定的未过户限定情形下，债权人对不动产所享有的一定权利。因此本案中，张某可以向法院提出异议，举证证明房屋买卖合同合法有效、其已支付全部购房款并入住，且未办理过户是由于卖方王某的原因导致的，本人不存在过错，故银行获得的抵押权不能对抗买受人张某，银行不能径行实现抵押权，应排除本案执行。

4. 咨询结束时，询问张某对此次咨询是否满意、是否还有不清楚的地方，若有，继续为其提供帮助。

5. 询问张某是否委托本所代写执行异议申请书。如果张某不委托本所代理，则本次咨询服务结束。同时告知张某也可以委托律师或基层法律服务工作者代理提出执行异议。

【范例 2】

〖案情简介〗

2009 年 12 月 3 日，被害人覃某庭搭乘由被告廖某飞驾驶的车主为某公交公司的公交车。在被害人覃某庭上车后，被告廖某飞未将车门关闭即开车行驶，造成被害人覃某庭摔出车门经抢救无效后死亡。因赔偿事宜未达成一致，被害人覃某庭的法定继承人钟某英等三人拟向廖某飞、某公交公司、车辆投保的某保险公司提起诉讼，请求三方赔偿医疗费等合计 20 万元。现钟某英等人来法律服务所咨询相关事宜。

〖**操作指引**〗

1. 首先接待当事人钟某英等人，简要听取当事人的陈述，填写接案记录单，收取咨询费用。根据案件性质，依照工作流程，由专门的法律服务工作者为当事人提供法律服务，告知本所可以提供哪些方面的服务。

2. 法律服务工作者了解案件基本情况，做好谈话笔录。询问覃某庭乘车的相关情况；覃某庭受伤的情况，包括受伤的过程、受伤的程度；覃某庭住院治疗的情况，包括住院期间所花费的各种费用及单据；覃某庭的家庭情况，是否有被抚养人等。

3. 法律服务人员根据《合同法》《侵权责任法》等有关规定从运输合同、赔偿责任、违约责任和侵权责任的竞合等方面为其进行解答。咨询结束时，询问钟某英等人对此次咨询是否满意、是否还有不清楚的地方，若有，继续为其提供咨询。

4. 询问钟某英等人是否委托本所主持调解或代理诉讼：如果不委托，则本次咨询服务结束；如果委托本所主持调解代理，则积极与廖某飞、某公交公司、车辆投保的某保险公司联系，争取见面沟通，同时制订调解方案、起草调解协议，若各方当事人接受调解方案，则本案结束；如果案件双方或一方不同意调解，钟某英等人委托本所代理诉讼，则与钟某英等人签订书面委托代理协议，指导填写授权委托书、送达委托人须知和委托代理风险告知书，引导钟某英等人到财务部门缴纳案件代理费用，随后进行代理相关工作。

5. 本案分析指导。从本案来看：首先，被害人覃某庭在上车后与公交公司已构成了旅客运输合同，虽然被害人尚未支付车费，但是，根据交易习惯，公交车是先上车后买票，旅客招手后车辆停车允许乘客上车后应视为已成立了旅客运输合同，合同成立后没有安全将乘客送到目的地，应当承担违约责任；其次，被害人从车上摔下是由于驾驶员未关车门导致的，驾驶员又存在侵权行为，应当承担侵权责任。因此，本案符合违约责任与侵权责任竞合的特征。根据《合同法》第122条的规定，违约责任与侵权责任竞合的情况下，法院处理案件时应根据当事人的诉求而定，从当事人的角度来看，应根据保护权益最大化的原则来选择诉由。违约责任采取的是无过失责任，并不要求违约人具有过错，只要没有免责事由就要承担违约责任，在举证上只需证明合同当事人没有履行合同义务即可，只有在要求赔偿损失的时候需证明损害的存在。侵权责任有过错责任和无过错责任两类，在举证上无过错责任实行举证责任倒置，在选择诉由时，如果当事人选择人身损害赔偿之诉，可以请求精神抚慰金，如果当事人选择违约责任之诉请求精神抚慰金是不能得到支持的。在本案中，原告的证据是充分的，损害事实明显，建议当事人选择人身损害赔偿之诉。

三被告应当对覃某庭承担赔偿责任的范围，依据《最高人民法院关于审理人身损害赔偿案件适用法律若干问题的解释》（以下简称《人身损害赔偿解释》）第17~24、27~31条的规定和《最高人民法院关于确定民事侵权精神损害赔偿责任若干问题的解释》（以下简称《精神损害赔偿解释》）第3、9、10条的赔偿项目和计算。覃某主张的赔偿费用，应当提供相应的费用票据、证明等。

【范例3】

〖**案情简介**〗

2002年初，郑某与于某各投入一半的资金，并约定5∶5分成或承担亏损，合伙经营水果批发业务。由于对水果行情的错误把握，导致经营不善，不到1年的时间，两人共欠外债20万元。债主多次上门催讨，因郑某资金紧张，于某还清了他与郑某的20万元欠债。此后，于某多次催要其分担的10万元债务，由于郑某无力支付，一直拖欠着。二人在合伙前，在县城各购买了一套住房，当时市价8万元，现已经升值为15万元，该住房是郑某的主要财产。为避免将此房抵债，郑某将此房无偿赠给了其妹妹郑某某，并于2003年6月办理了过户手续。于某找到某司法所，请求该所撤销郑某的赠与行为。

〖**操作指引**〗

1. 首先接待当事人于某，简要听取当事人的陈述，查看相关的证据，确定此案本机构能否处理？

从纠纷的性质判断，本案虽然属于民事合同纠纷，但是由于债权人于某请求撤销债务人郑某无偿转移财产的行为，属于合同保全中的债权人的撤销权问题，根据《合同法》第74条的规定，该类案件应当通过诉讼解决，即债权人于某应当请求法院撤销郑某的赠与行为。所以，该司法所无权处理。在询问的时候注意查看当事人所带来的各种材料，确认当事人有否相关的证据，如合伙合同、于某偿还合伙债务的证据、郑某把作为主要财产的住房过户给其妹妹的证据等。

2. 明确告知于某本所无权处理此案。但是应当给于某解释清楚，为什么该所不能撤销郑某的赠与行为。

具体步骤如下：

（1）告知于某：作为郑某的债权人，于某享有撤销权。于某全部清偿了合伙的债务之后，根据合伙合同，于某便成为郑某的债权人，有权向郑某追偿自己按照合同多还的10万元债务。作为郑某的债权人，根据《合同法》的规定，对郑某赠与房产给妹妹的行为，于某享有撤销权。《合同法》第74条规定，因债务人放弃其到期债权或者无偿转让财产，对债权人造成损害的，债权人可以请求人民法院撤销债务人的行为。债务人以明显不合理的低价转让财产，对债权人造成损害，并且受让人知道该情形的，债权人也可以请求人民法院撤销债务人的行为。郑某的主要财产是价值 15 万元的住房，为避免将此房抵债，郑某故意将此房无偿赠给了其妹妹郑某某，再没有其他财产来还债，该赠与行为有害于某的债权。从郑某的行为来看，于某完全具备了行使撤销权的条件。

（2）告知于某：根据《合同法》第 74 条的规定，债权人行使撤销权，必须以自己的名义，通过法院以诉讼的方式进行。所以本所无权撤销债务人郑某的赠与行为。

（3）指导于某如何行使撤销权。告知于某：该诉讼的管辖法院为本县人民法院，原告为于某本人，被告为债务人郑某，受赠人郑某某为第三人。撤销权的行使范围以债权人的债权为限。债权人行使撤销权的必要费用，如行使撤销权所支付的律师费、差旅费等，由债务人郑某负担；第三人郑某某如果有过错，应当适当分担。依照《合同法》第 75 条的规定，撤销权应当自债权人知道或者应当知道撤销事由之日起 1 年内行使。自债务人的行为发生之日起 5 年内没有行使撤销权的，该撤销权消灭。应当提醒某，根据该规定，及时行使撤销权。

3. 其他帮助。例如，指点于某注意搜集或者保存证据的方法，或者根据于某的请求，帮助其起草民事起诉状（起诉状的格式参考训练操作 1 中的附件二），并告知于某可以到律师事务所委托律师，或者到法律服务所委托法律工作者帮助处理诉讼的若干问题。

【范例 4】

〖案情简介〗

赵甲与钱乙于 2006 年 6 月 1 日签订房屋买卖合同，约定：钱乙以 22 万元的价格将自己的一套二室一厅 80 平方米的房屋卖给赵甲，定金为 5000 元，若一方违约应向对方支付违约金 1000 元。签订合同的同时，赵甲如约交付了 5000 元定金。2006 年 8 月 10 日，钱乙又将该房屋以 23 万元的价格卖给了贾丁，并把房屋交付给了贾丁。赵甲认为自己买房在先，房屋应归自己，钱乙应把房屋过户给自己；同时钱乙的行为构成违约，应支付违约金 1000 元并返还定金 5000 元。钱乙不同意，双方交恶。赵甲到基层法律服务所请求帮助审查赵甲与钱乙之间合同的漏洞，并寻求法律帮助。

问题：

基层法律服务所能为赵甲提供何种法律帮助？

〖操作指引〗

1. 接待当事人关于房屋买卖合同的相关法律问题咨询。

（1）提醒当事人该所从事的是收费业务，告知当事人每种业务的收费情况。

（2）详细听取当事人的陈述，了解该合同关系的基本情况。如除上述内容外，还有无口头或书面的补充协议；有没有就房屋的交付及过户时间进行过协商，如有，有无证据；有没有对付款方式、期限、地点等作出协商，如有，有无证据；违约责任还有无其他约定或协商；关于纠纷处理办法的约定或协商。

2. 根据咨询程序，提供法律咨询服务。根据当事人的要求，帮助其查找该合同的漏洞。

（1）在详细了解相关情况后，依据《合同法》《中华人民共和国城市房地产管理法》等相关规定，参照《二手房买卖合同的范本》，根据前述提示查找该合同的漏洞。但主要依《合同法》第12条的规定（"合同的内容由当事人约定，一般包括以下条款：①当事人的名称或者姓名和住所；②标的；③数量；④质量；⑤价款或者报酬；⑥履行期限、地点和方式；⑦违约责任；⑧解决争议的方法。"）进行查找。

（2）给赵甲讲明下列问题：该一房二卖纠纷中，两个合同的效力；房屋没有过户，所有权仍然应当归钱乙；钱乙违约，赵甲可追究钱乙的违约责任，但定金条款和违约金条款并存时，赵甲有权选择适用定金条款或违约金条款，但无权同时适用，本案选择定金责任更为有利。向当事人说明并解释法律的相关规定。

（3）调解程序参见学习单元一。

3. 根据调解程序，主持调解（调解程序参见学习单元一）。

4. 接受当事人的委托，担任代理人，参加诉讼。鉴于基层司法所的性质，不能接受双方当事人的委托进行代理服务。

5. 代写法律文书。如果要通过诉讼解决该二手房买卖合同纠纷，告知当事人必须做好相关证据的收集和保全工作，帮助当事人起草起诉书，指导当事人起诉。下附本案的起诉书参考样本。

附件：

民事起诉状

原告：姓名：赵甲，性别×，出生19××年×月×日，民族×，文化程度××，籍贯×××××××，工作单位×××××，住址××××××，身份证号码××××××××，联系电话××××××××

被告：姓名：钱乙，性别×，出生19××年×月×日，民族×，文化程度××，籍贯×××××，工作单位×××××，住址×××××，身份证

号码××××××××××××××××××，联系电话×××××××××

诉讼请求（书写原告要求达到的目的，包括：支付违约金或定金、交付房屋、协助办理房屋过户手续、交税等）如：

一、请求贵院判令被告继续履行合同，并责令被告限期无条件交付原告房屋并办理合法手续，协助原告办理房屋过户手续。

二、请求贵院判令被告即日起双倍返还原告定金人民币1万元

三、请求贵院判令被告因拒不交房给原告带来的损失共计×××元。

四、请求贵院判令被告缴纳买卖房屋交易税×××元。

五、请求贵院判令本案包含诉讼费在内的一切相关费用由被告承担。

事实与理由：

主要陈述合同内容、对方违约情况、双方协商的过程。如：双方于2006年6月1日签订房屋买卖合同，约定：钱乙以22万元的价格将自己的一套二室一厅80平方米的房屋卖给赵甲，定金为5000元，若一方违约应向对方支付违约金1000元。签订合同的同时，赵甲如约交付了5000元定金。2006年8月1日，钱乙又将该房屋卖给了贾丁，并将房屋交付给贾丁（字数根据具体情况酌定，不宜过于繁琐）。

综上所述，原告认为，被告应……

原告多次向被告提出按照合同约定支付房屋及违约金或定金的合理请求都遭到拒绝，无奈之下，只得拿起法律武器来维护自己的合法权益。现根据《中华人民共和国合同法》《最高人民法院关于审理商品房买卖合同纠纷案件适用法律若干问题的解释》《中华人民共和国民事诉讼法》的相关规定，向贵院提起诉讼，请求人民法院依法予以支持。

证据和证据来源，证人姓名和住址

此致

××区人民法院

附：一、本诉状副本×份（按被告人人数提交）；

二、证据×份。

具状人：×××

×年×月×日

【范例5】

〖案情简介〗

甲、乙为同事，关系较好。乙喜欢炒股，但是赔了很多。2007年6月1日，

乙向甲借了2万元投入股市，并答应甲年底还钱。8月，经人介绍，乙与甲的女儿丙确立了恋爱关系，10月二人结婚。年底，乙股市收益颇丰，还给甲2万元，甲说："咱们都是一家人，不用还了。"乙高兴地将钱收回。2008年5月，由于感情不和，乙、丙两人离婚。甲生气之余找到乙，要求其还钱。乙说："你不是说不要了么，怎么又反悔，不还！"甲认为，自己不要乙的钱是因为那时乙是自己的女婿，现在乙与自己的女儿离婚了，二人没亲戚关系了，乙应当还钱。甲找到某司法所请求处理。

〖操作指引〗

1. 接待甲关于合同债务免除的相关法律问题咨询，认真听取当事人的陈述，弄清相关的细节。

（1）详细听取当事人的陈述，了解该合同关系的基本情况。

（2）在详细了解相关情况后，确定本纠纷属于哪种合同纠纷，适用《合同法》的哪些规定。

2. 就本案纠纷进行分析：甲已经免除了乙的债务，双方的债权债务关系消灭，甲无权再请求乙还款。主要根据《合同法》第91条及第105条的规定，结合债务免除的特点、免除的条件、免除的效力进行分析。

3. 如果当事人还是很生气，非要打官司，告诉当事人根据上述情况，如果甲起诉乙胜诉的可能性很小，讲明原因。从借款合同的成立、合同关系的消灭、起诉有无法律根据方面分析。

【范例6】

〖案情简介〗

2007年2月10日，甲公司与乙公司签订一份购买1000台A型微波炉的合同，约定由乙公司3月10日前办理托运手续，货到后10天内付款。乙公司如期办理了托运手续，但装货时多装了50台B型微波炉。3月15日，该货物在运输途中突发山洪，致使100台A型微波炉受损报废。3月20日货到甲公司。4月15日甲公司以部分货物受损报废为由拒付货款并要求退货。顾客丙从甲公司处购买了一台B型微波炉，在正常使用过程中微波炉发生爆炸，致丙右臂受伤，花去医药费1200元。于是，发生下列问题：①乙公司要求甲公司返还多装的50台B型微波炉。②甲公司拒付货款并要求退还A型货，乙公司不同意。③丙对甲公司提出损害赔偿请求。甲公司经理丁到司法所咨询，请求帮助解决上述问题。请问：按照基层司法所的工作内容，应如何处理？

〖操作指引〗

1. 接待丁关于该纠纷的相关法律问题咨询。了解该合同纠纷关系的基本情况。重点问清就甲、乙之间的买卖合同的内容，包括标的物的数量、质量、履行地点、检验期间、付款方式、付款时间、违约责任的约定等；甲、丙之间的买卖合同的内容。如：合同的标的物、发票、保修期、违约责任的约定等。

2. 就本案纠纷解答当事人的相关疑惑。依据《民法通则》《合同法》《中华人民共和国产品质量法》《中华人民共和国消费者权益保护法》《侵权责任法》《关于建立健全诉讼与非诉讼相衔接的矛盾纠纷解决机制的若干意见》等相关规定，讲明上述问题的处理办法。

（1）甲公司应返还乙 50 台 B 型微波炉；该 50 台 B 型微波炉为不当得利，因为甲公司所购买的是 1000 台 A 型微波炉。

（2）1000 台型微波炉的所有权属于甲公司。因为代办托运的买卖合同，没有约定货物所有权取得时间的，则自 3 月 10 日办理了托运手续、货物交付承运人时起，货物的所有权即转移归甲公司。由于双方对风险转移时间没有约定，货物自交付时起，也转移至甲公司。所以货物运输途中由于不可抗力报废的风险应由甲公司自己承担。甲不能退货，并应尽快支付货款。

（3）对丙的损失，根据《合同法》的规定，甲公司的行为构成产品侵权责任和违约责任的竞合，由受害人丙选择追究其何种责任；如果追究其违约责任，则不包括人身损害赔偿。如追究甲的侵权责任，则根据前述法律规定，甲如果能够证明自己没有过错，不需要承担责任，应告知丙追究乙公司的产品责任，由乙公司赔偿其损失。

3. 如果可以，尽可能帮助当事人调解，并按程序制作民事纠纷调解协议书。

4. 如果要通过诉讼解决该买卖合同纠纷，告知当事人必须做好相关证据的收集和保全工作，帮助当事人起草起诉书，指导当事人起诉。

一、思考习作

1. 2006 年 4 月 1 日，甲某在参加中央电视台七套"相约"栏目的《土与火的传奇》节目中夸口："如果有人仿造出来我的五层吊球，我这座楼（指位于大连的甲某艺术中心，处大连黄金地段，内存大量艺术珍品，价值超过千万）都给他了，3 层 2000 平方米，包括里面的资产。不用和我的作品一样，差不多就可以了。"2007 年 3 月，在经历多次失败后，乙某成功解决了"五层吊球"的内部旋转和碰壁问题，做出了"五层吊球"。5 月 9 日，乙某委托河南洛太律师事务所律师丙某、丁某给甲某发去了律师函，并随函寄去其部分作品照片和 DV 短片，希望甲某就其要约和对乙某的作品表明态度。但乙某没有收到甲某的答复。请思考：甲某和乙某"关于'五层吊球'制作悬赏广告合同"是否成立、生效？处理悬赏广告纠纷应注意什么问题？

2. 在酒店指定的地方停车，能否成立保管合同？车辆丢失或者毁损，酒店是否应当负责？

3. 纪某与陈某是朋友。1993 年 6 月份，纪某与邱某、郑某和黄某给刘某介绍购买宅基地，共得介绍费 10 万元。当他们在邱某的铺子分款时，陈某刚好路过，便向他借款 1 万元，没有写借条。2005 年 9 月 7 日，纪某到陈某家催讨，陈某否认向其借过钱并起争执，陈某打"110"报警，经警方调查后调解仍无法解决，告知当事人到司法所解决。第一次到所时由所长甲某接待，纪某拿出了刘某写的证明纪某等四人因介绍其购买宅基地而支付其 10 万元的事实。邱某、郑某和黄某均到所做证，证明陈某当时向纪某借 1 万元，而陈某均予以否认，并声称不认识 3 位证人。

在事实难以认定的情况下，甲某到纪某所在地居委会调查有关纪某的品行情况，居委会证明纪某比较率直，信誉好，没从事过非法的事情，系村民代表。纪某年纪较大，多次主动到司法所陈述本案案情，每次向司法所陈述时情绪都较为激动，多次表示如果没有借款给陈某，欺骗甲某，其断子绝孙，甲某也曾向参与调解的派出所同志了解，派出所同志也认为应该存在借款事实。如果你是司法所的甲某，你将如何处理此纠纷？

4. 李某与女友元旦在某镇苏格兰大酒店举行婚礼，宴请各方宾朋。肖某受邀参与婚礼并在席中乘兴与同桌划拳斗酒，因拳技不佳，频频输酒，肖某只好将瓶中酒一饮而尽，他顿时觉得喉咙似有一硬物卡住，并有刺痛感，于是马上到镇医院就诊，医生诊断证明其喉咙被一细铁丝卡住。肖某于当天动了手术，并在医院躺了一个星期，前后共花去各项费用 3600 元。原本尽兴而去却是心痛而回，肖某认为都是酒中铁丝惹的祸，于是就到酒店讨说法，要求赔偿损失，酒店以酒水免费为由拒绝赔偿。无奈，肖某只好到法律服务所，请求专业人员帮助自己向酒店索赔 3600 元。

二、阅读参考书目

1. 王利明、崔建远主编：《合同法》，北京大学出版社 2003 年版。

2. 房绍坤主编：《民法》，中国人民大学出版社 2009 年版。

3. 胡爱国主编：《民事法律原理与实务》，中国政法大学出版社 2009 年版。

4. 房绍坤主编：《新版以案说法——合同法篇》，中国人民大学出版社 2005 年版。

5. 刘心稳主编：《中国民法》，中国政法大学出版社 2007 年版。

学习单元六 人身侵权法律事务处理实务

学习目标

● 掌握人身侵权法律事务具体规定及处理要素。

● 能够独立完成人身侵权纠纷的咨询解答，能够运用相关法律规定办理常见人身侵权损害赔偿案件实务工作。

一、关于人身侵权责任的法律适用

《侵权责任法》所保护的民事权益，包括生命权、健康权、姓名权、名誉权、荣誉权、肖像权、隐私权、婚姻自主权、监护权、所有权、用益物权、担保物权、著作权、专利权、商标专用权、发现权、股权、继承权等人身、财产权益。2017年10月1日施行的《民法总则》规定"自然人的人身自由、人格尊严受法律保护"。

民事主体依法享有民事权利，其中人身权是与民事主体不可分离，并且是无直接财产内容的民事权利，主要包括生命权、健康权、身体权、姓名权、肖像权、名誉权、荣誉权、隐私权、人身自由权等，其中生命健康权是民事主体得以生存和从事民事活动最基本的权利。因此民事主体的人身权受到法律的全面保护。

依据法律的规定，民事主体的人身权受到侵害，侵害人依法应当承担法律责任，包括民事责任、刑事责任以及行政责任。《侵权责任法》第4条第2款规定："因同一行为应当承担侵权责任和行政责任、刑事责任，侵权人的财产不足以支付的，先承担侵权责任。"基层法律服务人员接触最多的主要是人身侵权民事纠纷，法律责任主要表现为民事责任，包括财产责任和非财产责任。

（一）人身侵权损害赔偿纠纷的法律适用

人身侵权损害赔偿纠纷一般是指自然人的生命、健康、身体遭受侵害，造成致伤、致残、致死的后果以及其他损害的，权利人有权要求义务人赔偿，此时的赔偿责任以财产责任和精神损害赔偿责任为主，在法律适用方面主要适用《民法总则》《侵权责任法》《民法通则》。

（二）实践中人身侵权民事责任与人身侵权刑事责任的界限

民法和刑法均属实体法范畴，但二者调整的法律关系不同，调整对象和适用范围也不相同。民法是调整平等主体之间财产关系和人身关系的法律，是一部"赋权性"的法律；刑法是规定犯罪、刑事责任与刑罚的法律规范。

依据法律的规定，人身侵权责任包括民事责任、刑事责任和行政责任。因侵权行为剥夺他人生命权的，不仅要追究行为人的刑事责任，受害人亲属还有权要求侵害人承担民事赔偿责任。因直接侵害行为或不履行法定义务而伤害公民身体的，受害人有权要求侵害人承担民事责任，违法侵害行为情节严重的，还可追究侵害人的刑事责任。

刑事犯罪与民事纠纷的界限在于行为人的行为是否触犯了刑法，是否符合犯罪构成。假如行为人的行为已经触犯了刑法，该行为就是刑事犯罪，就应当受到国家司法机关的追究。反之，就仅是一般民事纠纷，应当说两者的界限是非常明显的。但是，在司法实践中，由于人身侵权案件所侵犯的是民事主体受法律保护的人身权利，而该项权利同样也是刑法所保护的客体，即公民人身权利和民主权利。因此初涉实务的基层法律服务人员往往会对上述问题产生混淆，无法确定在何种情形下属民事纠纷，在何种情形下构成刑事犯罪。因而掌握司法实践中二者的区分标准就非常重要。

1. 侵害公民身体权、健康权的民事责任与故意伤害罪、过失致人重伤罪的区分。《民法总则》第110条规定，侵害公民身体造成伤害的，应当承担民事赔偿责任。《刑法》分则第四章"侵犯公民人身权利、民主权利罪"中，故意伤害他人身体、过失伤害他人致人重伤的，构成犯罪，应负刑事责任。实践中如果发生殴打他人等一般伤害的侵权行为，何种情形下仅属民事侵权，何种情形下构成故意伤害罪？同样是侵害他人生命健康权，二者如何区分？

依据《刑法》第234条故意伤害罪、第235条过失致人重伤罪的规定，故意伤害罪或过失致人重伤罪是指故意或过失伤害他人身体的行为。侵犯的客体是他人的身体权，行为人实施了损害他人身体的非法行为，且已造成了他人人身一定程度的损害，即构成了轻伤或重伤的损害后果。

从责任构成来看，侵害公民健康权、身体权的民事侵权行为与故意伤害罪、过失致人重伤罪的区别如下：

（1）损害后果不同。故意伤害罪的损害后果最低必须达到轻伤标准，如果仅为轻微伤，则不构成刑事犯罪，仅为民事侵权。如果行为人主观上是过失致人伤害，则必须达到重伤标准方构成犯罪。侵害公民健康权中一般的推拉撕扯、殴打等行为只是给他人造成轻微的伤害或暂时性的肉体疼痛，或使他人神经受到轻微刺激，但没有破坏他人人体组织的完整性和人体器官的正常机能，未达到轻伤或重伤后果，故不构成犯罪。值得注意的是，有些殴打行为表面上给他人身体造成了一定的损害，但显著轻微，即按2014年1月1日起施行的《人体损伤程度鉴定标准》不构成轻伤的，不能以故意伤害罪论处。因此，区分人身伤害殴打行为的民事责任与刑事责任，最主要的参考因素之一是伤害后果。当然，伤害后果需要专门鉴定机构依据《人体损伤程度鉴定标准》作出司法鉴定。

（2）责任主体不同。刑法制裁的侵犯公民人身权利的犯罪行为主体方面要求必须是达到刑事责任年龄且具备刑事责任能力的自然人，国家机关、企事业单位、社会团体不构成本罪主体。而侵害公民健康权、身体权的民事侵权行为的行为主体或责任主体不仅包括自然人，还包括国家机关、企事业单位、社会团体等组织，例如经营者未尽到安全保障义务的侵权责任，就是由经营者个人或组织承担民事侵权责任，对行为主体或责任主体没有限定。

2. 侵害公民名誉权与侮辱罪、诽谤罪的区分。《民法总则》规定"自然人的人身自由、人格尊严受法律保护""法人、非法人组织享有名称权、名誉权、荣誉权等权利"。《民法通则》第 101 条规定："公民、法人享有名誉权，公民的人格尊严受法律保护，禁止用侮辱、诽谤等方式损害公民、法人的名誉。"《刑法》第四章"侵犯公民人身权利、民主权利罪"中，侮辱罪、诽谤罪所涉犯罪客体同样是公民人身权利中的名誉权，二者如何区分？

依据《刑法》第 246 条侮辱罪、诽谤罪的规定，侮辱罪是指使用暴力或者以其他方法，公然贬损他人人格，破坏他人名誉，情节严重的行为。

民事侵权侮辱行为与侮辱罪二者的区别是：

（1）行为的严重程度不同。构成侮辱罪的必须是"情节严重"的行为；民事侵权的侮辱行为，按照最高人民法院《民通意见（试行）》第 140 条第 1 款规定，仅限于"造成一定影响"的侮辱行为。

（2）侵害的对象不同。侮辱罪的侵害对象只能是自然人；而民事侵权侮辱行为的对象可能为法人。依据相关法律规定，以书面、口头等形式诋毁、诽谤法人名誉，给法人造成损害的，应当认定为侵害法人名誉权的行为。侮辱法人的名誉可以构成民事侵权行为，而不构成侮辱罪。

（3）对行为人主观过错的要求不同。侮辱罪的行为人主观上必须是直接故意；而民事侵权的侮辱行为人主观上有故意，也有过失。即民事侵权行为人只要有过错，并在客观上造成了对他人人格、名誉的损害，就应承担名誉侵权的民事责任。

诽谤罪是指故意捏造并散布虚构的事实，足以贬损他人人格，破坏他人名誉，情节严重的行为。民事性质的名誉侵权行为，不仅在违法程度上轻于诽谤罪所指的诽谤行为，而且还有下列区别：

（1）诽谤罪散布的必须是捏造的虚假事实。如果散布的是客观存在的事实，虽然有损他人人格、名誉，但不构成诽谤罪。而名誉侵权民事行为，即使所述的内容是真实的，但只要是法律禁止公开宣扬的，公开了将有损于他人人格、名誉，也可以构成名誉侵权。

（2）法人、团体和其他组织不能成为诽谤罪的犯罪对象；而在名誉侵权民事行为中，法人、团体和其他组织可以成为受侵害的一方。

（3）主观过错要求不同。诽谤犯罪行为的主观方面必须是直接故意；而名誉侵权的主观过错包括故意和过失。

二、姓名、肖像、名誉权侵权纠纷的处理

（一）侵害姓名权、名称权纠纷的处理

1. 分清姓名权是自然人享有的权利，名称权是法人、个体工商户、个人合伙享有的权利。

2. 姓名权是指权利人有权决定、使用和按照规定改变姓名，他人不得干涉。名称权是指权利人对其名称享有支配权。

3. 侵害姓名权的行为主要表现为干涉、盗用和假冒。侵害名称权的行为主要表现为盗用、假冒及不正当使用。

4. 侵害姓名权和名称权的责任承担方式包括停止侵害、排除妨碍、消除危险、恢复名誉、赔礼道歉和赔偿损失，自然人对姓名权侵权行为有权要求对方承担精神损害赔偿责任。

（二）侵害肖像权纠纷的处理

1. 肖像权是自然人享有的权利，法人、非法人组织不享有肖像权。

2. 肖像权人有权制作、使用其肖像。

3. 侵害肖像权的行为主要表现为未经权利人同意、以营利为目的使用他人肖像。

4. 侵害肖像权的责任承担方式包括停止侵害、排除妨碍、消除危险、恢复名誉、赔礼道歉和赔偿损失，包括主张精神损害赔偿。

（三）侵害名誉权纠纷的处理

1. 自然人、法人、非法人组织均享有名誉权。

2. 名誉权是权利主体有权享有社会对其信用、声望、品德、才干等方面的客观评价。

3. 侵害名誉权的行为主要表现为侮辱、诽谤，新闻报道严重失实，以特定人为描写对象的文学作品存在侮辱、诽谤，致受害人名誉受损等。

4. 侵害名誉权的责任承担方式包括停止侵害、排除妨碍、消除危险、恢复名誉、赔礼道歉和赔偿损失，自然人对名誉权侵权行为有权要求对方承担精神损害赔偿责任。

此外，自2018年5月1日起施行的《中华人民共和国英雄烈士保护法》，该法律明确禁止歪曲、丑化、亵渎、否定英雄烈士事迹和精神。英雄烈士的姓名、肖像、名誉、荣誉受法律保护。

任何组织和个人不得在公共场所、互联网或者利用广播电视、电影、出版物等，以侮辱、诽谤或者其他方式侵害英雄烈士的姓名、肖像、名誉、荣誉。任何组织和个人不得将英雄烈士的姓名、肖像用于或者变相用于商标、商业广告，损害英雄烈士的名誉、荣誉。

依照法律的规定，以侮辱、诽谤或者其他方式侵害英雄烈士的姓名、肖像、名誉、荣誉，损害社会公共利益的，依法承担民事责任；构成违反治安管理行为的，由公安机关依法给予治安管理处罚；构成犯罪的，依法追究刑事责任。

此外，亵渎、否定英雄烈士事迹和精神，宣扬、美化侵略战争和侵略行为，寻衅滋事，扰乱公共秩序，构成违反治安管理行为的，由公安机关依法给予治安管理处罚；构成犯罪的，依法追究刑事责任。

三、生命权、健康权、身体权损害赔偿纠纷的处理

（一）正确确定人身损害赔偿纠纷的权利主体和责任主体

人身损害赔偿纠纷中，权利主体和责任主体的界定直接关系到权利的正当性及其能否实现，《侵权责任法》《民法总则》《人身损害赔偿解释》对人身侵权的赔偿权利主体和责任主体均有规定。

依据《侵权责任法》，赔偿权利人是指因侵权行为或者其他致害原因直接遭受人身损害的赔偿权利人、依法由赔偿权利人承担扶养义务的被扶养人以及死亡受害人的近亲属。实践中赔偿权利主体包括直接受害人和间接受害人。

赔偿义务人是指因自己或者他人的侵权行为以及其他致害原因依法应当承担民事责任的自然人、法人或者其他组织。实践中赔偿义务主体包括直接赔偿义务人、替代赔偿义务人和补充赔偿义务人。

1. 赔偿权利主体的确定。

（1）直接受害人。直接受害人为侵权行为损害后果的直接承受者，是因侵权行为而使民事权利受到侵害的人，其当然成为赔偿权利人。实践中需要注意以下几点：

第一，直接受害人不具有完全行为能力的。依据民法理论，民事主体从出生到死亡具有民事权利能力，即具有享有权利、承担义务的资格，虽然受害人为未成年人或精神病人，属于民法中的无民事行为能力或限制行为能力人，但其民事权利能力不受影响，因此一旦诉讼或主张权利，未成年人甚至是婴儿有权作为实体上或程序上的赔偿权利方，只不过需要其监护人或法定代理人代为进行。

第二，直接受害人已死亡的。在侵害生命权案件中，直接受害人已死亡，其能否成为赔偿权利人？答案是否定的。依据《民法总则》的规定，自然人死亡，

其民事权利能力终止，主体资格消灭，也即意味着其不再享有民事权利，因此无论从实体还是程序上，直接受害人当然不能作为赔偿权利人。依据《侵权责任法》第18条的规定，被侵权人死亡的，其近亲属有权请求侵权人承担侵权责任。支付被侵权人医疗费、丧葬费等合理费用的人有权请求侵权人赔偿费用。

（2）间接受害人。间接受害人是直接受害人的对称，是指正在接受直接受害人抚养，但因侵权行为致使直接受害人死亡或丧失劳动能力，而使其丧失接受抚养利益或权利的人。间接受害人可以分为两类：

第一，依法由受害人承担扶养义务的被扶养人。依法由受害人承担扶养义务的被扶养人是指行为人实施的侵害生命权和侵害健康权的行为造成直接受害人死亡或劳动能力丧失，原依靠直接受害人扶养，因直接受害人死亡或丧失劳动能力而使其扶养来源丧失的人。间接赔偿权利人是人身侵权行为的非直接受害人，但却是直接受害人生前或丧失劳动能力之前扶养的人，这种扶养权利因直接受害人受害而受到侵害，因而享有法定的扶养损害赔偿请求权。

实践中对"被扶养人"如何界定非常关键，依据法律规定，被扶养人是指受害人依法应当承担扶养义务的未成年人或者丧失劳动能力又无其他生活来源的成年近亲属，一般包括未成年子女，父母，年老或因精神、身体健康等原因丧失劳动能力的配偶。

第二，死亡受害人的近亲属。根据最高人民法院《民通意见（试行）》第12条的规定，近亲属包括"配偶、父母、子女、兄弟姐妹、祖父母、外祖父母、孙子女、外孙子女"。

2. 赔偿义务主体的确定。《侵权责任法》第6条第1款规定："行为人因过错侵害他人民事权益，应当承担侵权责任。"《人身损害赔偿解释》第1条第3款将赔偿义务人界定为"因自己或者他人的侵权行为以及其他致害原因依法应当承担民事责任的自然人、法人或者其他组织"。此外，《侵权责任法》第四章"关于责任主体的特殊规定"对一些特殊情况下的责任主体亦有规定，包括监护人、用人单位、网络用户及网络服务提供者、公共场所管理人及群众性活动的组织者、幼儿园、学校或者其他教育机构等。由此可以看出，赔偿义务人分为因自己的加害行为承担民事责任的主体、因他人的侵权行为承担民事责任的主体以及对其他致害原因依法承担民事责任的主体。

（1）直接赔偿义务人。在一般侵权民事责任中，造成损害的直接原因是责任人自身的侵权行为，例如，因打伤他人而承担侵害人身健康的责任。直接赔偿义务人是直接实施人身侵权行为，造成赔偿权利人人身损害的人。根据侵权人即直接赔偿义务人的致害行为构成划分，直接赔偿义务人分为以下三种：

第一，单独赔偿义务人。若直接加害人为一人，行为人单独实施了致害行为，则行为人为单独的直接赔偿义务人，由其个人承担人身损害赔偿责任。

第二，共同赔偿义务人。若直接加害人为数人，行为人共同实施了人身侵权行为，则此时的共同加害人为共同赔偿义务人，他们承担连带赔偿责任。在诉讼中，若为必要的共同诉讼，应合并审理。

第三，共同危险行为人。对于共同危险行为，其行为人不是共同加害人，但因共同危险行为的责任形式是连带责任，故共同危险行为人为共同的人身损害赔偿义务主体，为共同被告。

（2）替代赔偿义务人。在特殊的人身侵权责任中，造成损害的直接原因并非责任人自身的侵权行为，例如，有的是因他人的侵权行为，有的是因物体致人损害，有的是因动物致人损害等。造成人身损害的行为人或原因主体并不直接承担赔偿责任，转而由特定主体承担赔偿责任。此时，赔偿义务主体不是对其自身行为承担责任，而是对某些与自己有关联的法律事实承担责任，即赔偿义务主体是为直接造成人身损害的行为人或原因承担替代责任。根据替代原因不同，替代赔偿义务人分为以下两种：

第一，对人的替代赔偿义务人。在对人的替代责任的特殊的人身侵权责任中，直接造成人身损害的行为人并不是赔偿义务主体，不直接承担人身损害赔偿责任，其赔偿义务主体是为直接造成人身损害的行为人承担人身损害赔偿责任的替代责任人，例如，法人或者其他组织的法定代表人、负责人以及工作人员执行职务致人生命权、健康权、身体权遭受损害，法人应当承担人身损害赔偿责任。《侵权责任法》第34条第1款规定："用人单位的工作人员因执行工作任务造成他人损害的，由用人单位承担侵权责任。"还有《民法通则》第121条规定的国家机关工作人员执行职务致人损害，国家机关承担赔偿责任等。

第二，对物的替代赔偿义务人。在因物件致人生命权、健康权、身体权损害的人身侵权责任中，《侵权责任法》《民法通则》以及司法解释坚持的原则为由物件的所有人、管理人或使用人承担人身损害赔偿责任。因而，致害物件的所有人、管理人或使用人是该人身损害赔偿法律关系的赔偿义务主体，是赔偿诉讼中的被告。《侵权责任法》第十一章，《民法通则》第125条、第126条，《人身损害赔偿解释》第16条均规定了对物的替代责任，其中所有人、管理人、建设单位、施工单位、建筑物使用人等即为替代责任人。

第三，补充赔偿义务人。适用补充赔偿义务的条件为，对他人负有法定的或者约定的安全保障义务的人，由于没有尽到安全保障义务，而使受其保障的人遭受人身损害，在直接赔偿义务人赔偿不能或者赔偿不足的情况下应当由该未尽安全保障义务的人承担补充的赔偿责任。这种因违反安全保障义务而承担补充责任的人，就是补充责任人。《侵权责任法》第34条劳务派遣单位，第37条宾馆、商场、银行、车站、娱乐场所等公共场所的管理人或组织者对第三人侵权行为造成损害未尽到安全保障义务的，第 40 条幼儿园、学校或者其他教育机构对第三人侵权行为造成损害未尽到管理职责的，承担的都是补充责任。

（二）确定人身侵权损害赔偿项目及其计算标准

1. 人身侵权损害赔偿的范围。依据《侵权责任法》以及《人身损害赔偿解释》，人身侵权损害赔偿的范围包括财产性赔偿和精神性赔偿。

财产性赔偿中权利人可以请求义务人予以赔偿的项目包括医疗费、误工费、护理费、交通费、住宿费、住院伙食补助费、必要的营养费等。受害人致残的，财产损害赔偿的项目还有受害人因增加生活需要所支出的必要费用以及因丧失劳动能力导致的收入损失，包括残疾赔偿金、残疾辅助器具费、被扶养人生活费，以及因康复护理、继续治疗实际发生的必要的康复费、护理费、后续治疗费。受害人死亡的，财产损害赔偿项目还包括丧葬费、被扶养人生活费、死亡补偿金以及受害人亲属办理丧葬事宜支出的交通费、住宿费和误工损失等其他合理费用。

精神性赔偿中权利人可以请求义务人对于人身权利遭受侵害而产生的精神损害予以赔偿。《侵权责任法》第 22 条规定，侵害他人人身权益，造成他人严重精神损害的，被侵权人可以请求精神损害赔偿。《精神损害赔偿解释》，因人身权利被侵害而产生的精神损害赔偿包括残疾赔偿金、死亡赔偿金以及其他损害情形的精神抚慰金。

2. 人身侵权损害赔偿项目具体计算标准。依据《侵权责任法》第 16 条规定："侵害他人造成人身损害的，应当赔偿医疗费、护理费、交通费等为治疗和康复支出的合理费用，以及因误工减少的收入。造成残疾的，还应当赔偿残疾生活辅助具费和残疾赔偿金。造成死亡的，还应当赔偿丧葬费和死亡赔偿金。"《最高人民法院关于适用〈中华人民共和国侵权责任法〉若干问题的通知》第 4 条规定："人民法院适用侵权责任法审理民事纠纷案件，如受害人有被扶养人的，应当依据《最高人民法院关于审理人身损害赔偿案件适用法律若干问题的解释》第 28 条的规定，将被扶养人生活费计入残疾赔偿金或死亡赔偿金。"

结合《人身损害赔偿解释》的规定，赔偿项目及其具体计算标准如下：

（1）医疗费（一审辩论终结前实际发生的数额）。

医疗费＝医药费＋住院费＋其他费用

（2）误工费（计算至定残日前一天）。有固定收入的，按固定收入计算。无固定收入的，按照其近 3 年平均收入计算。受害人不能证明其最近 3 年收入的，参照受诉法院所在地相同或相近行业上一年度职工平均工资计算。

误工费＝误工收入（天/月/年）×误工时间

（3）护理费。

护理费＝交通事故发生地护工同等级别护理报酬标准×天数

（4）交通费（就诊、转诊、购买残疾辅助器具、参加丧葬等）。

交通费＝实际发生的交通费用

（5）住宿费（到外地就医、配置残疾辅助器具、伤残、死亡亲属参加事故处理、办理丧葬事宜等费用）。

住宿费＝国家机关一般工作人员出差住宿标准×住宿天数

（6）住院期间伙食补助费。

住院伙食补助费＝国家机关一般工作人员出差伙食补助费标准×住院天数

（7）营养费。

营养费＝医疗机构酌情建议的数额

（8）鉴定费（伤残鉴定费）。

鉴定费＝鉴定机构实际发生的鉴定费用

（9）残疾赔偿金。

第一，赔偿标准。受诉法院所在地上一年度城镇居民人均可支配收入或农村居民人均纯收入标准。

第二，赔偿期限。①未满60岁，自定残日起按20年计算。②60岁以上，每增加1岁，从20年中减1年。③75岁以上，按5年计算。

第三，60岁以下残疾赔偿金＝受诉法院所在地上一年度城镇居民人均可支配收入或农村居民人均纯收入×20年×伤残赔偿指数。

第四，60岁～74岁残疾赔偿金＝受诉法院所在地上一年度城镇居民人均可支配收入或农村居民人均纯收入×〔20年－（受害人实际年龄－60岁）〕×伤残赔偿指数。

第五，75岁以上残疾赔偿金＝受诉法院所在地上一年度城镇居民人均可支配收入或农村居民人均纯收入×5年×伤残赔偿指数。

（10）残疾辅助器具费。

辅助器具费＝普通适用器具的合理费用

（11）被扶养人生活费。

第一，赔偿标准。受诉法院所在地上一年度城镇居民人均消费性支出或农村居民人均年生活消费支出标准。

第二，赔偿期限。①未成年人，计算至18岁。②无劳动能力又无生活来源的，计算20年。但60岁以上，每增加1岁，从20年中减1年。③75岁以上，按5年计算。

第三，赔偿限额。被扶养人有数人，年赔偿总额累计不超受诉法院所在地上一年度城镇居民人均消费性支出或农村居民人均年生活消费支出额。

第四，18 岁以下被扶养人生活费＝〔受诉法院所在地上一年度城镇居民人均消费性支出或农村居民人均年生活消费支出×（18－被扶养人实际年龄）〕/对被扶养人承担扶养义务的人数×伤残赔偿指数（注：如果受害人死亡的，不需乘以伤残赔偿指数）。

第五，18 岁~60 岁被扶养人生活费＝〔受诉法院所在地上一年度城镇居民人均消费性支出或农村居民人均年生活消费支出×20 年〕/对被扶养人承担扶养义务的人数×伤残赔偿指数（注：如果受害人死亡的，不需乘以伤残赔偿指数）。

第六，60 岁~74 岁被扶养人生活费＝｛受诉法院所在地上一年度城镇居民人均消费性支出或农村居民人均年生活消费支出×〔20 年－（死亡人实际年龄－60 岁）〕｝/对被扶养人承担扶养义务的人数×伤残赔偿指数（注：如果受害人死亡的，不需乘以伤残赔偿指数）。

第七，75 岁以上被扶养人生活费＝〔受诉法院所在地上一年度城镇居民人均消费性支出或农村居民人均年生活消费支出×5 年〕/对被扶养人承担扶养义务的人数×伤残赔偿指数（注：如果受害人死亡的，不需乘以伤残赔偿指数）。

（12）丧葬费。

丧葬费＝事故受害人所在地上一年度职工月平均工资×6 个月

（13）死亡赔偿金。

第一，赔偿标准。受诉法院所在地上一年度城镇居民人均可支配收入或农村居民人均纯收入标准（按受害人户籍区分城镇还是农村）。但因同一侵权行为造成多人死亡的，可以以相同数额确定死亡赔偿金。

第二，赔偿期限。①未满 60 岁，自定残日起按 20 年计算。②60 岁以上，每增加 1 岁，从 20 年中减 1 年。③75 岁以上，按 5 年计算。

60 岁以下死亡赔偿金＝受诉法院所在地上一年度城镇居民人均可支配收入或农村居民人均纯收入×20 年。

60 岁~74 岁死亡赔偿金＝受诉法院所在地上一年度城镇居民人均可支配收入或农村居民人均纯收入×〔20 年－（受害人实际年龄－60 岁）〕。

75 岁以上死亡赔偿金＝受诉法院所在地上一年度城镇居民人均可支配收入或农村居民人均纯收入×5 年。

（14）精神损害抚慰金。

第一，请求残疾赔偿金和死亡赔偿金之外，还可以请求精神损害抚慰金。

第二，受害人只能在侵权诉讼中提出赔偿精神损害抚慰金的诉讼请求。

（三）赔偿数额的确定

赔偿数额＝损失数额×过错比例×因果关系

四、几种常见人身侵权损害赔偿纠纷的处理

（一）交通事故责任侵权损害赔偿

由于近年来交通事故等伤害事故呈上升趋势，因此事故责任人身损害赔偿纠纷在基层法律服务实务中的比例也在逐年上升。同时基层法律服务中交通事故法律事务所占比例较高，且其具有一定代表性，因此以交通事故责任为例介绍事故责任侵权损害赔偿相关事务要素。

1. 交通事故责任的概念。交通事故是指车辆驾驶人员、行人、乘车人以及其他在道路上进行与交通有关活动的人员，因违反道路交通管理和其他道路交通法规、规章的行为，过失造成人身伤亡或者财产损失的事故。因交通事故所应承担的民事责任包括财产损失赔偿责任和人身损害赔偿责任。

2. 交通事故人身损害赔偿纠纷的特点。

（1）赔偿义务主体复杂。当前人们在进行机动车交易时未严格遵循过户登记手续，加之对车辆挂靠、租赁、使用等方面的管理亦不规范，道路交通事故发生后，责任主体往往牵涉肇事车辆所有人、驾驶人、挂靠人、管理人、承租人、出借人、发包人等不同的主体。此外，随着第三者责任险的强制实施，以及考虑到赔偿能力问题，赔偿主体还会涉及保险公司。因此诉讼主体众多。

（2）损失赔偿额计算复杂。依据《侵权责任法》以及《人身损害赔偿解释》，交通事故损害依据人身损害赔偿处理，赔偿权利人不仅包括直接受害人，还包括被扶养人、近亲属等间接受害人，赔偿范围和赔偿项目增多。赔偿额的计算因事故发生年度、地区的不同而不同，还会因受害人年龄、住所地的不同而不同，且后续治疗费、精神损害赔偿等不容易确定的费用，往往权利人主张的赔偿数额较大。如果同一起交通事故造成多人死亡或重伤，其计算将更加复杂。

（3）当事人对赔偿数额争议较大，不易调解。交警部门出具的《事故认定书》，通常被作为司法部门处理交通事故中双方当事人责任划分的依据，但《事故认定书》中的责任认定过于宽泛，主要责任、次要责任划分比例不明确，双方对责任承担比例的不认同直接导致调解难度加大，且由于上述责任比例的确定属裁判机构的自由裁量权，也使基层法律服务机构人员在调处交通事故赔偿纠纷时无所适从。

3. 交通事故人身损害赔偿纠纷处理的注意事项。

（1）正确列明赔偿义务主体。2010 年 7 月 1 日生效实施的《侵权责任法》第 49~52 条对机动车交通事故的责任主体作出了明确的规定，无疑应作为交通事故人身损害赔偿纠纷司法实践的依据。此外，依据上述法律规定及《道路交通安全法》第 76 条的规定，在机动车第三者责任强制保险责任限额范围内的赔偿

责任，可同时列相应的保险公司为赔偿义务主体。如此，可以最大限度地保护当事人的权利。

（2）及时行使事故认定异议复核权。《道路交通安全法》第五章对交通事故处理作出了规定，并将《交通事故认定书》作为处理交通事故的证据。但对当事人不服《交通事故认定书》的，未明确规定救济途径。因此，不服交警部门事故认定的当事人只有通过起诉到法院来维持自己的合法权益。但是，2018年5月1日起施行的《道路交通事故处理程序规定》（以下简称《规定》）对上述问题已有明确规定，依据该《规定》第51条第1款："当事人对道路交通事故认定有异议的，可以自道路交通事故认定书送达之日起3日内，向上一级公安机关交通管理部门提出书面复核申请。"上一级公安机关交通管理部门自受理复核申请之日起30日内，对道路交通事故事实是否清楚、证据是否确实充分、适用法律是否正确、道路交通事故责任划分是否公正、道路交通事故调查及认定程序是否合法进行审查，并作出复核结论，据此，应当说对交通事故当事人又多了一种救济手段。同时，由于《规定》第52条又规定，任何一方当事人向人民法院提起诉讼并经法院受理的，复核申请不予受理。因此，如果对交通事故认定书不服，应在法定期限内及时提起复核申请，以免仓促诉讼而错失复核权。

（3）合理计算城镇居民、农村居民赔偿标准。《人身损害赔偿解释》规定对残疾赔偿金、被扶养人生活费、死亡赔偿金依照赔偿权利人是城镇居民还是农村居民按相应的标准分别计算，两种不同的赔偿标准数额悬殊较大。基层法律服务面对的群体中有相当大的部分是农民工、外出务工人员和流动人口，有相当一部分在城镇定居多年，收入亦不低于当地城镇居民平均标准，如仅按农村居民的标准进行赔偿会造成明显的不公平。对此，最高人民法院民一庭《关于经常居住地在城镇的农村居民因交通事故伤亡如何计算赔偿费用的复函》（〔2005〕民他字第25号）对上述问题作出了变通："人身损害赔偿案件中，残疾赔偿金、死亡赔偿金和被扶养人生活费的计算，应当根据案件的实际情况，结合受害人住所地、经常居住地等因素，确定适用城镇居民人均可支配收入（人均消费性支出）或者农村居民人均纯收入（人均年生活消费支出）的标准。"例如，受害人虽然属农村户口，但在城市经商、居住，其经常居住地和主要收入来源地均为城市，有关损害赔偿费用应当根据当地城镇居民的相关标准计算。应当说该复函对城镇居民与农村居民的赔偿标准提供了一个全新的视角。但是，从法律效力来讲，该复函不能作为司法裁判的依据，仅能作为参考。

值得注意的是，《侵权责任法》对上述问题亦有体现，该法第17条规定，"因同一侵权行为造成多人死亡的，可以以相同数额确定死亡赔偿金"，此条规定为司法实践中"同命同价"诉求提供了法律依据，但仅限于死亡赔偿金的计算。有些省区的道路交通安全条例等也规定了"本行政区域内发生道路交通事故造成人身伤亡的，残疾赔偿金、死亡赔偿金按照自治区城镇居民上年度人均可支配收入标准计算。其他赔偿项目标准按照有关规定计算"。

（二）饲养动物侵权损害赔偿责任

1. 饲养动物侵权损害赔偿的概念。饲养动物侵权损害赔偿是指动物饲养人或管理人在其饲养的动物造成他人损害时，依法适用无过错责任原则或过错推定原则，应当承担赔偿责任的特殊侵权责任。

2. 饲养动物致人损害赔偿纠纷的特点。

（1）致害动物属民事主体饲养管控。所谓饲养动物必须是在自然人、组织等的有效管束、控制之下，如动物园、家庭中对动物的实际喂养、管控的饲养人、管理人。因为该种责任属替代责任，动物的致害行为依法转而由其饲养人或管理人承担。值得注意的是，如果动物曾经被饲养，后又因遗弃、逃逸等各种原因而失去管控造成他人伤害，《侵权责任法》同样规定由原动物饲养人或者管理人承担侵权责任，但此时则需证明原动物饲养人或者管理人的身份。

（2）责任承担一般情况下采用无过错责任原则。《侵权责任法》第78条规定："饲养的动物造成他人损害的，动物饲养人或者管理人应当承担侵权责任。"同时，第80条对饲养烈性犬等危险动物造成他人损害以及第81条规定的动物园饲养动物造成他人损害的情形均适用无过错责任原则。但对于因第三人原因或受害人自身原因导致动物致害的，则适用过错责任原则，由饲养人证明第三人或受害人存在过错的前提下，可减轻或免除饲养人的责任。

3. 饲养动物损害赔偿纠纷处理的注意事项。

（1）责任承担不要求动物必须存在积极加害行为。由于饲养动物损害责任采取的是无过错责任原则，即不论动物饲养人是否存在过错，或动物是否有主动加害行为，动物的饲养人或管理人都应当对其饲养的动物造成他人的损害后果承担民事责任。动物的主动加害行为一般是指动物主动本能的扑、抓、咬等行为。当然，如果饲养人利用、唆使动物致害他人，则其行为显然存在过错，适用一般侵权行为的过错原则即可。

无过错责任的本意在于加重饲养人或管理人对饲养动物的管束、控制义务，以民事责任后果来督促饲养人尽到安全管控注意义务，避免造成他人损害、妨碍他人生活。因此，动物的致害行为不仅包括动物的主动加害行为，还应包括动物本身的特性所造成的使人恐惧、害怕等消极不作为的影响，如孩童、老人因受到狗等动物惊吓而受到损害，或蛇、鳄鱼等某些特殊动物对他人的惊吓，虽然受害人并未受到动物扑咬，但只要能够证明因动物导致他人受到损害，动物饲养人或管理人仍需承担责任。

（2）即使饲养人办理了合法手续，仍需承担责任。目前，各地区为了加强对动物饲养的管理，出台了相关管理规定，如《城市养犬管理条例》。但是，需要明确的是，即使动物饲养人依据规定办理了批准、登记等合法手续，但其所饲养的动物如果造成他人损害，仍需依法承担民事侵权赔偿责任，不因饲养人已经办理了合法手续而免除其责任。

（三）产品责任侵权损害赔偿

1. 产品责任侵权损害赔偿的概念。产品责任是指因产品存在缺陷，给他人人身、财产造成损害，产品生产者所应承担的赔偿责任。需要注意的是，产品瑕疵与产品缺陷不同，产品瑕疵是指产品不符合合同约定的标准，在质量、性能、用途和有效期限等方面存在不合格的状况。简单讲，产品即使不合格但正常使用不至于损害使用者或他人人身、财产安全的属于瑕疵产品；产品即使符合合同约定的使用标准但正常使用也有可能会损害使用者或者他人人身、财产安全的属于缺陷产品。

2. 产品责任侵权损害赔偿纠纷的特点。

（1）产品责任承担不以过错为前提。一般民事侵权责任，实行过错（包括故意和过失）责任原则，而按照《产品质量法》及《侵权责任法》的规定，只要因产品存在缺陷造成他人人身、财产损害的，除法定可以免责的事由外，不论缺陷产品的生产者主观上是否存在过错，都应当承担赔偿责任。

（2）举证责任倒置。按照一般民事侵权责任中的过错责任，受害人要求赔偿的，应当对责任人的过错承担举证责任，即《民事诉讼法》所规定的，当事人对自己提出的主张有责任提供证据。而由于产品责任实行无过错责任原则，因此，受害人要求生产者赔偿时，无需证明生产者是否有过错，而是由生产者依照《产品质量法》的有关规定，对其生产的产品是否具有《产品质量法》规定的免责事由、自己是否具备法定的免责条件承担举证责任，即实行"举证责任倒置"的原则。

（3）诉讼时效的特殊性。产品责任的诉讼时效要长于一般人身侵权责任的诉讼时效。《民法总则》规定"向人民法院请求保护民事权利的诉讼时效期间为三年。法律另有规定的，依照其规定"。而《产品质量法》第45条规定："因产品存在缺陷造成损害要求赔偿的诉讼时效期间为2年，自当事人知道或者应当知道其权益受到损害时起计算。因产品存在缺陷造成损害要求赔偿的请求权，在造成损害的缺陷产品交付最初消费者满10年丧失；但是，尚未超过明示的安全使用期的除外。"该规定为特别法规定，应优先适用。

3. 产品责任侵权人身损害赔偿纠纷处理的注意事项。

（1）受害人需善用选择权。根据《侵权责任法》第43条以及《民法通则》

第122条的规定，受害人可以向产品的生产者请求赔偿，也可以向产品的销售者请求赔偿，因此，受害人选择向产品生产者或产品销售者请求赔偿时，应适当考虑其赔偿能力、管辖便利等因素。

（2）产品责任不以造成实际损害为条件。即使缺陷产品尚未造成人身侵权损害后果，只要产品存在危及他人人身、财产安全的缺陷，被侵权人就有权请求生产者、销售者承担排除妨碍、消除危险等侵权责任。

（3）产品责任人消极不作为也需承担侵权责任。《侵权责任法》第46条规定："产品投入流通后发现存在缺陷的，生产者、销售者应当及时采取警示、召回等补救措施。未及时采取补救措施或者补救措施不力造成损害的，应当承担侵权责任。"据此，受害人的产品责任请求权涵盖对产品生产者、销售者消极不作为的侵权责任追究。

（4）产品责任人的加重责任。如果缺陷产品的生产者、销售者对于产品可能造成他人死亡或者产品有严重损害健康的危险性是明知的，并且实际造成他人死亡或者严重损害他人健康的，被侵权人有权请求相应的惩罚性赔偿。

（四）高度危险作业侵权损害赔偿

1. 高度危险作业侵权损害赔偿的概念。高度危险作业侵权损害赔偿又称为高度危险责任，是指利用现代化科学技术设施，从事高空、高速、高压、易燃、易爆、剧毒及放射性等对周围的人身或财产安全具有高度危险性的业务操作活动所造成的侵权责任。因从事对周围环境具有高度危险作业造成他人损害且应承担民事责任的行为就是高度危险作业致人损害的侵权行为。依据《侵权责任法》规定，包括民用核设施损害责任，民用航空器损害责任，高度危险物损害责任，高空、高压、地下挖掘、高速轨道运输工具损害责任，遗失、抛弃高度危险物损害责任，非法占有高度危险物损害责任，未经许可进入高度危险区域损害责任等。

2. 高度危险作业侵权损害赔偿纠纷的特点。

（1）对高度危险作业致人损害的侵权行为适用无过错责任原则。从事对周围环境具有高度危险作业，在现有技术条件下，即使操作和管理采取极为谨慎的措施，仍难免造成周围环境中人们的生命、健康以及财产的损害。法律为切实保护人们的生命财产安全，规定从事这些作业给他人造成损害时，即使其经营者没有过错，也应承担民事责任。

（2）特定情形下减轻或免除责任人的赔偿责任。《侵权责任法》第70～76条对于上述各种原因引起的侵权损害赔偿责任，规定了特定情形下可以减轻或免除责任人的赔偿责任。这些情形包括：①能够证明损害是因战争、不可抗力等情形或者受害人故意造成的，不承担责任。②能够证明被侵权人对损害的发生有重大过失的，可以减轻占有人或者使用人的责任。③被侵权人对损害的发生有过失的，可以减轻经营者的责任。④管理人已经采取安全措施并尽到警示义务的，可以减轻或者不承担责任。

（3）正确把握举证责任倒置。高度危险活动侵权责任属于无过错侵权责任，作业人是否有过错不影响侵权行为成立。但如果损害是由受害人故意造成的，作业人可不承担责任；受害人对损害有重大过失的，可以适当减轻作业人的赔偿责任。

3. 高度危险作业侵权损害赔偿纠纷实务的注意事项。

（1）分情况确定责任主体。高度危险作业致人损害的责任人通常为该作业的所有者或经营者。在我国，绝大多数从事高度危险作业的公司为国有企业，如铁路、航空、油气、核电等行业的企业。如果所有者或经营者将高度危险作业转包或转租，或将高度危险物交由他人管理的，则会出现所有人、经营者、承包人或承租人、占有人、使用人、管理人等主体，此时，应依据《侵权责任法》第69~74条的规定，确定单独责任人或连带责任人。如果因第三人的过错而造成损害时，则应由第三人、所有人、经营者共同承担赔偿责任。

（2）正确判断是否构成高度危险作业侵权。在判断是否构成高度危险作业侵权时应当分析是否具备如下情况：①是否有高度危险作业的行为。需要注意的是，这种高度危险作业的行为是一种合法行为，至少是不为法律所禁止的行为。②是否有损害后果或严重危险的存在。这里的严重危险是指加害人从事的这种作业对于周围环境具有高度危险性，即使加害人尽到高度注意的义务亦无法避免损害后果。③高度危险作业的行为与损害后果之间有因果关系。

（3）高度危险损害赔偿可能有限额。《民法通则》第123条规定，从事高空、高压、易燃、易爆、剧毒、放射性、高速运输工具等对周围环境有高度危险的作业造成他人损害的，应当承担民事责任。损害后果的范围及计算方法与其他侵权行为大致相同。对于高度危险作业的损害赔偿，大多数国家都设有最高赔偿限额，《侵权责任法》第77条规定，"承担高度危险责任，法律规定赔偿限额的，依照其规定"。其他法律或法规也设有类似规定，如《海商法》第210条对人身伤亡的赔偿请求及非人身伤亡赔偿请求的限制，航空管理类的法规对空难人员赔偿额的限制等。对于这些特定领域，如果特别法对赔偿限额有专门规定的，应当依照其规定。

（五）教育机构人身侵权损害赔偿

1. 教育机构人身侵权损害赔偿的概念。教育机构人身侵权损害赔偿纠纷是指学生在幼儿园、学校或者其他教育机构就读期间，因幼儿园、学校或者其他教育机构未正确履行教育、管理、保护职责而遭受人身损害所引发的纠纷。

2. 教育机构人身损害赔偿纠纷的特点。

（1）损害发生时间、地点特定。教育机构人身损害案件发生的时间主要在教育机构组织进行的教育教学时间中，但在校期间的非教育教学时间，比如课间休息时间、放学后学生在校期间发生人身损害的，也应属于教育机构人身损害案件。

该类损害纠纷发生的范围主要在校园范围之内，但不仅限于校园内，比如学生在学校组织的校外教育教学活动中受到的人身损害，仍应认定为教育机构人身侵权损害。

（2）教育机构基于特定义务而承担赔偿责任。依据《侵权责任法》以及《人身损害赔偿解释》规定，学校、幼儿园或者其他教育机构，对未成年人承担的义务是教育、管理、保护义务，而不是监护义务。因此，在确定校园人身损害赔偿责任时，以教育机构是否尽到教育、管理职责为依据。

（3）赔偿权利主体不同，归责原则不同。依据《侵权责任法》第38条、第39条的规定，无民事行为能力人的教育机构人身损害赔偿案件，教育机构承担无过错责任，但能够证明尽到教育、管理职责的，不承担责任。而限制民事行为能力人的教育机构人身损害赔偿案件，教育机构承担过错责任。

3. 教育机构人身损害赔偿纠纷处理的注意事项。

（1）被告一般应为教育机构，而非教职工。学生在幼儿园、学校或者其他教育机构受到人身损害，一般都是由于教育机构的具体教职工没有尽到职责，但是，学校的教职工在教育和教学活动中，其疏于执行职务，其行为的后果属于职务行为后果。其责任需要由学校来承担，不能由未尽职责的教职工来承担。因此，在这种情况下应以学校为被告，其所承担的是一种替代责任。

（2）被告为第三人时，仍可将学校列为共同被告。学生伤害事故包括未成年学生受到损害和未成年学生造成他人损害两种情形，这两种情形都适用校园人身损害赔偿相关规定。

依据《侵权责任法》规定，如果存在第三人侵权造成学生人身损害时，由第三人承担直接责任，学校承担相应的补充责任。因此仍可将学校列为共同被告，此时学校承担的责任为补充责任。

（六）物件损害责任

1. 物件损害责任的概念。物件损害责任是指物件的所有人、管理人或使用人未尽到适当管理、注意义务，致使物件造成他人损害的，应当承担的民事赔偿责任，即对物的替代赔偿责任。依据《侵权责任法》第十一章的规定，物件损害责任主要包括建筑物等设施及其搁置物、悬挂物脱落损害责任，建筑物等设施倒塌损害责任，不明抛掷物、坠落物损害责任，堆放物倒塌损害责任，妨碍通行物损害责任，林木折断损害责任以及地面施工或地下设施损害责任等。

2. 物件损害责任纠纷的特点。

（1）归责原则适用过错推定责任原则。由于物件损害责任中的损害后果大多是建筑物、悬挂物、堆放物等物体的自然倒塌、坠落等原因造成的，依据《民法通则》及《侵权责任法》的规定，适用过错推定责任原则，即致害物件的所有人、管理人或者使用人不能证明自己没有过错的，应当承担侵权责任。

特别是对于近年来屡次发生的高空坠物伤人案件，《侵权责任法》第 87 条明确规定："从建筑物中抛掷物品或者从建筑物上坠落的物品造成他人损害，难以确定具体侵权人的，除能够证明自己不是侵权人的外，由可能加害的建筑物使用人给予补偿。"该条采用的就是典型的过错推定责任原则，如此才能更加有力地保护受害人的合法权益。

（2）《侵权责任法》扩大了致害物件的范围。依据《民法通则》第 125 条、第 126 条的规定，致害物件仅包括建筑物或者其他设施以及建筑物上的搁置物、悬挂物，以及在公共场所、道旁或者通道上挖的坑、修缮安装的地下设施。而《侵权责任法》第 85~91 条规定的致害物件还包括从建筑物中抛掷的物品或者从建筑物上坠落的物品，折断的林木，在公共道路上堆放、倾倒、遗撒妨碍通行的物品，以及窨井等地下设施。

3. 物件损害赔偿纠纷处理的注意事项。

（1）建筑物、构筑物或者其他设施倒塌致人损害责任人的确定。对于近年来发生的在建建筑物倒塌、建筑物质量存在安全隐患等问题，《侵权责任法》采取了区别、单独规定的方式，明确了建设单位与施工单位的连带责任，同时明确了其他责任人如勘察、设计、监理等单位的责任，使此类纠纷的赔偿责任人更为明确。

（2）障碍通行物损害责任人的确定。《侵权责任法》第 89 条规定，在公共道路上堆放、倾倒、遗撒妨碍通行的物品造成他人损害的，有关单位或者个人应当承担侵权责任。

也就是说，在司法实践中对障碍通行物损害责任规定的归责原则比较特殊，不是规定为物件的所有人或者管理人，也不是规定为物件的占有人，而是规定为"有关单位或者个人"，这是立法考虑到有些情况下造成障碍通行物的行为人很难确定，而对此负有管理职责的单位或个人则容易确定，从而使赔偿责任更容易落到实处。例如，高速公路上的遗撒物造成他人损害，或许遗撒人本人根本不知情，也很难寻找和确定，那么，对遗撒的障碍物存在管理职责的单位就是应当承担侵权责任的人。

学习情境

1. 交通事故损害赔偿纠纷处理。
2. 高空坠物侵权损害赔偿纠纷处理。

【范例1】

〖案情简介〗

安某（男，45岁）骑自行车穿过马路时，被一辆出租车撞倒，经医院检查确诊为髌骨骨折，住院治疗20多天，花去医疗费8000多元，又遵医嘱在家休息3月有余，安某经营的一家杂货铺也只好关门歇业，为此安某的损失很大。出租车系银川市某出租汽车公司车辆，车辆所有人为陆甲，事发时由陆甲的弟弟陆乙驾驶，车辆投保了交强险。交警部门出具的《交通事故认定书》认定此次事故陆乙负事故主要责任，安某负次要责任，由于双方对责任比例是按二八比例还是三七比例承担分歧较大，达不成协议，安某遂向基层法律服务机构寻求帮助。安某随后将陆甲、陆乙、出租汽车公司、保险公司告上法庭。经法院判决，责任按二八比例划分，保险公司在保险责任范围内承担赔偿责任，不足部分由陆甲、陆乙承担连带赔偿责任。

〖操作指引〗

1. 接待交通事故当事人安某，就其人身损害赔偿的相关法律问题进行咨询。

（1）了解安某签收《交通事故认定书》的时间，安某对交警的事故责任划分是否有异议，安某是否构成伤残，是否进行伤残等级鉴定，就此次事故要求哪些赔偿。

（2）了解安某的杂货铺是否登记领取了个体工商户营业执照，业主是谁。

（3）了解安某的医疗单据和凭证是否齐全，准确住院、出院的时间，有无医嘱休息建议，有无医嘱继续治疗建议。

（4）了解对方车辆基本情况，是属于哪家出租汽车公司，车主和司机是否为同一主体。

2. 就本案纠纷解答当事人的相关疑惑。

（1）向安某说明依法可以提出哪些赔偿项目，并向其说明理由。

（2）列出详细赔偿项目清单，并告知安某需提供的相应证据，例如医疗费单据、住院治疗证明、安某经营的个体工商户营业执照。安某如果提出住院期间的护理费赔偿要求，家人护理的，需开具其本人的误工证明；雇请护工的，按交通事故发生地同等级别护理报酬标准计算。需要特别向当事人说明的是，上述赔偿总数需按《交通事故认定书》确定的责任比例确定。

（3）告知当事人可以向交通管理部门要求调解，如已经调解，未达成协议或者调解书生效后不履行的，可以向人民法院提起民事诉讼。

（4）依据《交通事故认定书》所确定的主体，确定赔偿主体即被告。如查明该车辆投保交强险的保险公司，可将其一并列为被告。

3. 帮助当事人起草民事起诉状。

附：民事起诉状

民事起诉状

原告：安某，男，45 岁，汉族，个体户，住××市××区××路 1 - 3 - 201 室。

被告：陆乙，男，22 岁，××市大众出租汽车公司司机，住××市××区××村。

被告：陆甲，男，28 岁，住××市××区××乡××村。（系车主）

被告：××市大众汽车出租有限公司

地址：××北路车辆管理站

法定代表人/负责人：×××该公司经理

被告：××保险股份有限公司××分公司

法人代表：×××

地址：××市××东街××号

诉讼请求：

1. 请求法院判令被告赔偿原告各项损失共计×××元（其中医疗费××元，护理费××元，交通费××元，伙食补助费××元，营养费××元，误工费××元）。

2. 本案诉讼费由被告承担。

事实和理由：

2011 年 3 月 16 日 8 点左右，被告陆乙驾驶××出租车沿××南街由南向北行驶至××花园路段处，遇原告由西向东横过××南街，原告被撞倒，路人将原告送至××市第一人民医院就诊，确诊为"右髌骨裂缝骨折、右碍指骨折"，住院治疗40 余天，出院后遵医嘱卧床休息两周，并随诊。此次事故经××区交警一大队认定被告陆乙负主要责任，原告负次要责任。之后，原告数次要求被告赔偿均被拒绝。原告认为，被告陆乙作为车辆驾驶人员，对此次事故应负赔偿责任，被告陆甲作为车辆所有人、××市大众汽车出租公司作为车辆管理者依法应负连带赔偿责任。另查明，该车辆在被告××财产保险股份有限公司××分公司投保。

　　现原告依法向贵院提起诉讼，请求法院判令被告尽速履行赔偿义务，维护原告合法权益。

　　　　此致
××市××区人民法院

　　　　　　　　　　　　　　　　　　　　具状人：（签名、按手印）
　　　　　　　　　　　　　　　　　　　　　　××××年×月×日

附：一、起诉状副本×份；
　　　二、证据×件。

〖注意事项〗

　　1. 注意交通事故赔偿为侵权诉讼，管辖法院为侵权行为地或被告住所地法院。

　　2. 如需进行伤残等级鉴定，需委托具有司法鉴定资质的专门鉴定机构鉴定。

　　3. 在主次责任情况下，因民事诉讼遵循当事人处分原则，原告主张的赔偿比例尽量就高不就低（可能诉讼费会因此提高）。当然主次责任的比例最终由人民法院裁决。

　　4. 依据《侵权责任法》的规定，买卖、租赁、借用、盗窃、抢夺的机动车发生交通事故造成损害的，由车辆的使用人或实际控制人承担赔偿责任，车辆所有人存在过错的才承担责任。

　　5.《侵权责任法》规定，"发生交通事故后属于该机动车一方责任的，由保险公司在机动车强制保险责任限额范围内予以赔偿"。因此应列保险公司为赔偿主体。

【范例2】

〖案情简介〗

　　2010年7月18日晚上9点多钟，李某到表弟家串门，在一单元楼下锁自行车时，被楼上扔下来的一个椅子把手砸伤头部。李某当即打了110报警。据查证，伤人事件发生时，这个单元只有201、301、501、601四家住户有人在家。但是当派出所民警到楼上的四家住户进行查询时，都没有查出肇事者。后来经医院诊断，李某伤情为头外侧伤、头皮裂伤。

　　椅子把手从何而来大家不得而知，无奈之下，李某找到基层法律服务机构寻求帮助。随后李某将楼上的4家都告上法庭。法院判决认为，受害人李某头部受的伤确实是4个被告其中的一家掷出的椅子把手所致，而4个被告又都未能举证证明他们非侵权人，所以 4 个被告对李某的损失承担连带赔偿责任，共同赔偿李某 6000 余元损失。[1]

〔操作指引〕

1. 接待当事人李某，就其人身损害赔偿的特殊法律问题进行分析咨询。本起案例是一起典型的高空抛物致人损害的案件，此类案件有其特殊性即难以确定侵权人。在《侵权责任法》颁布实施之前，这一现象在法律上并无相应的明确规定，在理论界的分歧也很大，在审判实践中也存在各种不同的做法，有的判决要求建筑物所有者或全体业主对受害人的损害承担赔偿责任，有的判决以被告不明确为由驳回受害人起诉。但是，《侵权责任法》生效实施之后，该类案件已有明确的法律依据。本案中李某作为受害者，在已报警但仍然无法确定侵权人的情况下，依据《侵权责任法》第87条的规定，可以将201、301、501、601四家住户起诉到法院，要求其共同承担侵权责任。当然，如果被告业主有证据证明在侵害发生的这一时间段不在现场，不可能造成侵害，那么可以不承担连带赔偿责任。

2. 就本案纠纷向当事人说明关键性环节。

（1）向李某说明依法可以列明哪些住户作为被告，如何证明被告范围适格正当。本案中，因为李某及时报警，公安机关已就本案事实进行相应调查，因此可以公安机关的相应调查材料作为原告诉讼的证据，证明事发时201、301、501、601四家住户有人在家，以确保此类特殊纠纷所列被告合法适格。

当然，此类纠纷划定被告的范围很重要，扔东西的人应该在一定的范围内，公安部门在现场应该有一个鉴定结论。在被告方面，应该确定一个相对准确的范围，可以从医学及物理角度进行分析，受害人是直线性受力还是斜线性受力，高度和方向不一样，物体对人的撞击力是不一样的，应尽可能确定被告的合理范围。

（2）告知当事人李某其应当承担的举证责任。依据《民法通则》以及《侵权责任法》的规定，李某仅需证明自己存在损害，且损害与建筑物使用人有一定关联即可，可能加害的建筑物使用人承担的是连带责任。也就是说，原告承担的仅是有限度的、一般的举证责任。被告如需免责，则需由被告提供证据证明自己不是侵权人，例如在侵害发生的这一时间段不在现场，不可能造成侵害等事实。

（3）列出详细赔偿项目清单，并告知李霞如有必要，可申请进行伤残等级鉴定。同时需收集保管好住院、治疗、误工等一切相关单据、证明，以备诉讼时

---

〔1〕"'城市空降物'引出话题高空坠物如何分责任"，载 http://www.enorth.com.cn，引用时略有修改，访问时间：2013年8月1日。

提交。

3. 如当事人要求可帮助起草民事起诉状。

〖**注意事项**〗

1. 告知当事人在事发时报警或寻求帮助的相关证据需及时固定，这些证据是索赔或提起诉讼的重要依据。

2. 在确定被告范围时需合情合理，有理有据。

【**范例3**】

〖**案情简介**〗

2011 年的一天，方大爷（63 岁，退休工人）沿 ×× 路步行，吴某（17 岁，某职业学校学生）骑电动三轮车自西向东行使，就在吴某不经意地回头张望之际，快速行使的电动三轮车车把剐倒了同向走在前面的方大爷，致使方大爷倒地，头部撞击路面昏迷，送医后方大爷经抢救无效死亡。交警部门出具《交通事故认定书》认定吴某对此事故负主要责任，方大爷负事故次要责任。检察机关以交通肇事罪对吴某提起公诉。经查，吴某利用假期受雇于范某夫妇，在范某夫妇经营的一家个体超市打工，事发当天是吴某受雇的第二天，受超市老板指派去拉货，返回途中发生事故。

方大爷最小的儿子刘甲（20 岁，在校大学生）前来法律服务所咨询，他认为吴某虽然未成年，但也应该承担刑事责任，此外，吴某承担了刑事责任之后，其还应该承担赔偿责任。方家子女四人全部放下手头工作处理父亲丧事，花费巨大。另外，刘甲的母亲（60 岁，家庭妇女）因父亲突然去世，悲伤过度，又住院治疗，且母亲全靠父亲退休工资生活，现母亲突然失去依靠，生活无着。方家的子女也因父亲的突然去世痛不欲生。因父亲的去世，刘甲自己上学的费用也无处筹集。这些损失是否全都可以要求吴某承担？如果吴某无赔偿能力，他的父母该不该承担？超市老板该不该承担？现在案已提起公诉，民事赔偿部分如何解决？

〖**操作指引**〗

1. 接待刘甲关于上述相关法律问题的咨询。

（1）此案适用哪些相关法律规定？

此案属于交通肇事刑事附带民事赔偿纠纷，除了适用人身损害赔偿相关民事法律规定外，还要适用《刑事诉讼法》及其相关司法解释。

（2）哪些主体可以作为民事赔偿原告？哪些主体应当作为民事赔偿的被告？为什么？

此案中，死者生前扶养的人即其配偶有权请求赔偿，由于死者最小的儿子现已成年，因此死者的子女无权作为权利主体要求赔偿。至于刘甲认为自己上学的费用也无处筹集，因其已年满18周岁，父母对其已不再负担法定抚养义务，因而其也不能作为原告提出赔偿请求。

（3）赔偿项目包括哪些范围？如何计算？列出赔偿清单。

赔偿项目包括医疗费、丧葬费、被扶养人生活费、死亡赔偿金、交通费、误工费等。

（4）刘甲提出的民事赔偿请求怎样提起？

由于案件现已进入审判阶段，刘甲应向审理该案件的人民法院提起刑事附带民事赔偿要求，递交刑事附带民事起诉状，由法院将刑事案件与附带民事赔偿一并审理解决。

（5）当事人需要提供哪些相关证据？

《交通事故认定书》，尸检报告，户籍证明，医疗费单据，误工损失证明，交通费票据。

2. 帮助当事人起草刑事附带民事起诉状。

附：刑事附带民事诉状

刑事附带民事诉状

附带民事诉讼民事诉讼原告人：×××，女，60岁，汉族，无职业，住址：×××，系死者妻子。

附带民事诉讼被告人：吴某，男，×年×月×日出生，××县人，汉族，学生。

附带民事诉讼被告人：吴××，男，×年×月×日出生，××县人，汉族，××县××乡××村农民，住址同上。系吴某之父。

附带民事诉讼被告人：高×，女，×年×月×日出生，×县人，汉族，××县××乡××村农民，住址同上。系吴某之母。

附带民事诉讼被告人：范某，男，×年×月×日出生，××市××乡××村村民，现住××区××花园×号楼×号营业房，××超市个体经营户。

诉讼请求：

1. 依法追究被告人吴某的刑事责任。

2. 要求上述被告人承担民事赔偿共计××元。（其中医疗费××元，丧葬费××元，被扶养人生活费××元，死亡赔偿金××元，交通费××元，误工费××元）

事实与理由：

被告吴某系学生，寒假期间受雇于被告范某夫妇，在其经营的超市打工。×年×月×日9时许，被告人吴某驾驶电动三轮车沿××路由西向东行驶，在××街交叉口，将在路边行走的方××撞倒，方××经抢救无效死亡。××市交警支队××区一大队作出××号《交通事故认定书》，认定吴某负此事故的主要责任，方××负事故次要责任。

事故发生后，上述被告人相互推诿，不履行赔偿义务。原告人认为，被告人吴某驾驶机动车造成他人死亡，应负刑事责任及相应民事赔偿责任。被告人范某明知吴某系未成年人，雇佣其工作时未尽到安全教育及注意义务，让其独自驾驶电动三轮车，最终酿成惨祸，范某作为雇主及电动三轮车的所有者依法应负连带赔偿责任。而被告人吴××、高×作为吴某的父母，负有法定监护职责，依法承担吴某应负的民事赔偿责任。

基于上述事实，原告人特具状起诉，请求人民法院依法公正判决，维护原告人的诉讼请求及合法权益。

　　此致
××市××区人民法院

具状人：×××

×年×月×日

【范例4】

〖案情简介〗

张老太年逾花甲，经常在公园散步晨练。一天早晨，张老太不慎被一对男女骗去金耳环和金项链。被骗后，张老太不停搜寻这两个骗子，期望能将其绳之以法，挽回自己的损失。一天，张老太意外发现出入其小区内的一位女子与那天的其中一个骗子非常相像，张老太立刻盯上了她，或许是追回损失心切，张老太越发确信她就是那天的骗子之一。几经打听，原来这个女子同住该小区，张老太很快得知了该家女子的门牌号码。张老太即与家人前去该女子家中理论，双方不可避免地发生了争吵，引来邻居围观。随后，张老太报了警，并将警方带至小区该女子家中。为了进一步审查，警方将该女子带至辖区派出所讯问，因无确凿有力的证据，该案无法立案侦查。但张老太却确信该女子就是骗子。此后，该女子每每出入小区与张老太及其家人相遇时，不可避免地又是一场争吵，引发小区居民普遍议论和对该女子的误解。

该女子认为自己的名誉权受到了侵害，遂向街道法律服务所咨询。该女子的名誉权是否受到了侵害？怎样保护自己的合法权益？能否要求张老太予以赔偿？

〖操作指引〗

1. 接待该女子关于上述相关法律问题的咨询。

（1）此案本机构能否处理？为什么？

对于邻里之间的民事纠纷，街道法律服务所或司法所应当积极介入并进行调解，努力化解双方矛盾。

（2）根据相关法律规定，如何分析此案？公民举报权与其他公民的名誉权之间产生冲突的情况下，各自的权利如何保护？

本案中张老太的做法的确欠妥，存在违法侵权之处，张老太依法享有举报权，但在公安机关尚未调查清楚作出结论之前，张老太无权散布有损他人名誉的言论，否则构成对他人名誉权的侵害。

2. 如果该女子寻求法律服务人员调解解决此事，应如何调解？

法律服务人员指出张老太行为的侵权违法之处，耐心地对双方进行解释并尽力说服，争取双方互谅互让。必要时说服张老太以赔礼道歉、消除影响或赔偿损失的方式向对方承担必要的责任。

一、思考习作

1. 人身伤害赔偿纠纷中，受害人如何进行伤残等级鉴定？具体程序如何？

2. 如何查询每年度不同地区的道路交通事故人身伤害赔偿标准？列出本年度本地区的道路交通事故人身伤害赔偿标准及计算方式。

3. 女青年李某红经人介绍，与邻村男青年赵某确立恋爱关系，正待订婚之时，赵某的奶奶病危。因奶奶最为疼爱赵某，在有生之年未见到孙子娶媳妇，甚为遗憾。弥留之际，李某红应赵家人要求，与赵某在奶奶病床前以孙媳妇的身份磕头。奶奶去世后，李某红亦以孙媳妇的身份参加奶奶的丧事。在立墓碑时，赵家人就将"孙子赵某、孙媳妇李某红"的名字刻在墓碑上。几个月之后，因其他琐事，李某红与赵某的婚事谈崩，双方互不来往。此后，李某红与本村男青年方某结婚。婚后不久，李某红去找赵某，要求将她的名字从其奶奶的墓碑上抹去，赵某不予理睬，双方发生争执。李某红和方某认为，李某红根本就不是赵家的媳妇，赵家把她的名字刻在墓碑上是对其姓名权的侵犯。同时，因两村墓地相邻，方某认为自己媳妇的名字刻在别人家奶奶的墓碑上，是对其人格的侮辱，坚决要求抹去李某红的名字。两家人为此争执不下，找到乡法律服务所的工作人员，要求帮助解决此事。

问题：

（1）法律服务所的工作人员如何解决上述纠纷？

（2）赵家人将李某红的名字刻在墓碑上的行为是否侵犯了李某红的人身权利？

（3）在李某红结婚后，赵家人拒绝将李某红的名字从墓碑上抹去的行为是否侵犯了李某红和方某的人身权利？如果构成侵权，侵犯了哪一种权利？为什么？

4. 覃一和死者曾某的爷爷曾乙均在佛山市南海区丹灶镇塱心石龙村租地种菜并居住在菜地工棚。2015 年 1 月 15 日上午，苏某到菜地捡菜时，将几根芭蕉（当地人俗称大蕉）给了覃一的孙子覃某。覃一夫妇看到覃某在吃芭蕉，询问苏某并确认芭蕉是苏某给的，覃一夫妇并没有提出异议，其后苏某离开。上午 11 时许，曾某来到覃一的菜地找覃某一起玩耍，两人每人吃了一根芭蕉。下午大约 14 时，覃某和曾某在菜地边的小路上玩耍，在菜地里装菜的覃一突然听到覃某大叫，覃一夫妇跑到覃某和曾某身边，发现曾某倒地压住覃某的脚，不省人事，两手发抖，面色发青，口吐白沫，地上掉落一根没有吃完的芭蕉。覃一呼叫在附近菜地干活的曾乙。曾乙夫妇跑到曾某身边，发现其倒地不醒，在知道是吃了芭蕉后，以为是中毒，遂拨打了 110 及 120。后曾乙和覃一以及另一名老乡送曾某到塱心卫生站进行救治。卫生站接诊医生及随后赶到的佛山市南海区第八人民医院医护人员对曾某进行抢救，期间从曾某喉咙挖出一块直径约 5 厘米表面带血的芭蕉，后于 15 时 20 分宣布曾某死亡，死亡原因是异物吸入窒息。曾甲于 2015 年 1 月 26 日提起本案诉讼请求：①覃一、苏某共同向曾甲赔偿死亡赔偿金 651 974 元、丧葬费 29 672.50 元、误工费 10 000 元、交通费 3000 元、住宿费 3000 元及精神损害抚慰金 50 000 元，合共 737 646.5 元；②覃一、苏某承担本案诉讼费。

问题：

（1）本案中原告提出的诉讼请求赔偿数额是如何计算的？列出计算依据和标准。

（2）假设作为原告代理人，分别从哪些方面阐述被告应当承担侵权赔偿责任的理由和依据？

（3）假设作为被告代理人，分别从哪些方面阐述被告不应当承担侵权赔偿责任的理由和依据？

（4）本案已经人民法院两审终审，请上网搜索本案生效判决书，就本案谈谈对人身侵权损害赔偿法律规定的理解认识。

5. 一天，孙甲正上高中的弟弟孙乙正在家中院子里看书，突然同村周家的几个大人闯了进来，骂骂咧咧地要求孙家还钱。因前些日子周家人就为钱的事找上门来过，孙乙对此事也知道一些，今天见到又有人来，孙乙干脆就不理不睬。这下惹恼了周家人，几句言语不和，双方扭打起来，因父母和姐姐都不在家，孙乙势单力薄，被打得头破血流。后送入医院治疗，医生诊断为"鼻骨骨折，脑震荡，多处软组织挫伤"，住院治疗 6 天，花去医疗费 7968 元。孙家人气愤不已，原来是年前孙家人买了周家的一处院落，双方商定价格为 27 000 元，孙家先付了 20 000 元，剩余 7000 元双方口头商定由周家把院子里周家亲戚的鸡舍拆除后再付。但孙家搬进来后，鸡舍迟迟未拆，剩余的 7000 元孙家就扣着未给周家，周家要了几次都未成功，就发生了上述事件。孙甲找到司法所工作人员咨询。

问题：

（1）孙乙被打伤的损失能否要求周家赔偿？孙家能否追究周家的刑事责任？在什么情况下才能追究？

（2）因孙周两家买卖房屋的纠纷在先，能否据此免除或减轻周家的赔偿责任？

（3）如果司法所介入，此案应如何处理？

6. 2017 年 5 月 2 日上午 9 点多，医生杨某准备外出，从居住小区 14 层进入电梯后，发现一名老人正在抽烟，电梯内烟味很浓，出于职业敏感，他劝老人不要在电梯内抽烟，引发言语争执。两人走出电梯后，仍有言语争执，双方被物业工作人员劝阻后，杨某离开，老人同物业工作人员进入物业公司办公室，后心脏病发作猝死。家属将杨某告上法庭，要求四十余万元的赔偿。小区监控视频显示，事件发生过程中，老人情绪较为激动，并随着时间的推移情绪激动程度不断升级；杨某在整个过程中，情绪相对比较冷静、克制；二人只有语言交流，无拉扯行为，无肢体冲突，双方接触时长不足 5 分钟。

（1）假设由法律服务所的工作人员负责调解上述纠纷，应当从哪些方面入手？

（2）结合本案一审、二审判决结果，谈谈该案对社会法治进程的影响。

二、阅读参考书目

1. 王胜明主编：《中华人民共和国侵权责任法解读》，中国法制出版社 2010 年版。

2. 杨立新主编：《侵权责任法》，复旦大学出版社 2010 年版。

3. 杨立新主编：《民法》，中国人民大学出版社 2005 年版。

4. 国务院法制办公室编：《最高人民法院关于审理人身损害赔偿案件适用法律若干问题的解释注解与配套》，中国法制出版社 2008 年版。

5. 王胜明主编：《民法总则》，中国人民大学出版社 2017 年版。

学习单元七　行政法律事务处理实务

学习目标

● 掌握行政法律事务具体规定及处理要素。

● 能够独立运用行政法相关知识完成行政复议及行政诉讼的咨询工作，并能办理一般的行政复议和行政诉讼案件。

一、处理行政法律事务应遵循的基本原则

在处理日常的行政法律事务中，必须告知当事人要遵循相关的基本原则。

（一）合法行政原则

行政机关实施行政管理，应当依照法律、法规、规章的规定进行；没有法律、法规、规章的规定，行政机关不得作出影响公民、法人和其他组织合法权益或者增加公民、法人和其他组织义务的决定。具体包括：职权法定、依法行政、法律优先（或称法律优位）和法律保留四个方面的内容。

（二）合理行政原则

合理行政，是指行政主体不仅应当在法律、法规规定的范围内实施行政行为，而且要求行政行为要客观、适度，符合公平正义等法律理性。行政机关实施行政管理，应当遵循公平、公正的原则，要平等对待行政相对人，不偏私、不歧视；行使自由裁量权应当符合法律目的，排除不相关因素的干扰；所采取的措施和手段应当必要、适当；行政机关实施行政管理可以采用多种方式实现行政目的的，应当避免采用损害当事人权益的方式。

（三）程序正当原则

行政法上的程序正当，是指行政机关在作出影响公民、法人或者其他组织权益的决定，尤其是不利决定时，必须遵循正当、公正的程序。

（四）高效便民原则

行政机关实施行政管理，应当遵守法定时限，积极履行法定职责，提高办事效率，提供优质服务，方便公民、法人和其他组织。

（五）诚实守信原则

行政机关公布的信息应当全面、准确、真实；行政机关制定的政策和发布的决定应相对稳定；非因法定事由并经法定程序，行政机关不得撤销、变更已经生

效的行政决定，如因国家利益、公共利益或者其他法定事由需要撤回或者变更行政决定的，应当依照法定权限和程序进行，并对行政相对人因此而受到的财产损失依法予以补偿。

二、厘清行政纠纷的基本性质和情况

（一）行政主体的基本性质

1. 行政机关。行政机关是行使行政职能的国家机关，依《宪法》或《行政组织法》的规定而设置。它具有双重性质，相对于权力机关，它是人民代表大会的执行机关；相对于行政相对人，它又是行政主体。

2. 行政机关的特征。行政机关行使行政职权（对国家的内政外交事务进行管理），是权力机关的执行机关；组织体系是领导与从属制；决策上是首长负责制；权力运行上具有主动性。

3. 行政机关的分类。

（1）常设性行政机关：根据《宪法》和《行政组织法》由国家权力机关设置。

（2）非常设性行政机关：通常由权力机关或人民政府根据某一临时性任务或工作需要设置，完成后即撤销。

（3）派出行政机关：在我国，只有部分省级、县级、市或市区级政府有权设置。

（4）被派出行政机关：地区行署、区公所、街道办事处。区别于"被派出机构"，如公安派出所（乡镇）是"被派出机构"，不是独立的行政主体，其行为由派出机关负责。

（5）中央行政机关：由国务院及其工作部门组成，包括国务院办公厅，28个组成部门以及管理的12个国家行政机构，18个直属机构（如海关总署、国家税务总局），4个办事机构（如国务院侨务办公室），14个直属事业单位（如银监会、保监会等）。

（6）地方行政机关：一般地方行政机关（省、市、县、乡），民族自治地方行政机关（区、州、县），特别行政区政府。

4. 法律法规授权的组织。法律法规授权的组织是指依具体法律法规授权而行使特定行政职能的非国家行政机关组织。

（二）纠纷中行政行为的类别

1. 行政行为是指行政主体运用行政权在实施行政管理活动中所作出的具有法律意义和法律效果的行为。它具有三个特点：

（1）单方性。现实中行政相对人的参与程度逐渐加强，但行政主体意志仍占主导地位。

（2）强制性。即服从、遵守、配合，但现代行政更强调服务性、可接受性，弱化强制色彩。

（3）无偿性。区别于民事法律行为的等价有偿。

2. 行政行为的分类。

（1）以实施行政行为时所形成的法律关系的不同，可以将行政行为划分为行政立法行为、行政执法行为和行政司法行为。

（2）以行政行为产生法律效力需不需要具备特定形式为标准，行政行为可分为要式行政行为与非要式行政行为。

（3）以对象是否特定为标准，行政行为可分为抽象行政行为与具体行政行为。抽象行政行为是指行政主体针对不特定的对象制定具有普遍约束力的规范文件的行为，包括制定行政法规和行政规章的行为，也包括行政主体制定行政措施，发布行政决定、命令等行为。具体行政行为是指行政主体在行政管理过程中针对特定的对象和事项实施具体措施的行为，包括行政许可与行政确认行为、行政给付与行政奖励行为、行政征收行为、行政检查行为、行政强制行为、行政裁决行为、行政处罚行为等。

（4）以行政主体是否可以主动作出行政行为为标准，行政行为可分为依职权的行政行为和依申请的行政行为。

（5）以受法律规范约束程度为标准，行政行为可分为羁束行政行为与自由裁量行政行为。

（6）行政终局裁决行为。这是指法律规定的由行政机关作出最终决定的行为。行政终局裁决行为意味着剥夺了公民、法人或者其他组织对该行为的诉权和人民法院对该行为的司法审查权。

3. 具体行政行为的合法要件包括：行为主体合法、行为权限合法、行为内容合法、行为程序合法、行为形式合法。

4. 具体行政行为的分类。

（1）行政许可，指行政机关根据公民、法人或者其他组织的申请，经依法审查，准予其从事特定活动的行为。行政许可权是行政机关颁发许可证的权力。它包括：受理权、审查权、批准权、拒绝权、变更权、注销权、吊销权、撤销权等。

（2）行政征收，指行政主体出于国家和社会公共利益的需要，按照法定的条件和程序向行政相对人强制地、无偿地征收一定数量的金钱、财产以及劳务的具体行政行为。行政征收大体分为行政征税和行政收费两大类。行政征收是政府对相对人征收税、费以及对财产的无偿取得；行政征用是政府有偿取得相对人土地使用权或其他财产。

我国《宪法》第 13 条第 3 款规定，国家为了公共利益的需要，可以依照法律规定对公民的私有财产实行征收或者征用并给予补偿。第 10 条第 3 款规定，"国家为了公共利益的需要，可以依照法律规定对土地实行征收或者征用并给予补偿"。

在新的制度下，无论征收还是征用，都应获得公平合理的补偿。

（3）行政给付，是指行政主体在遇有行政相对人年老、疾病或者其他的困难情况和特殊情况时，依法供给物质性利益的行为。包括社会保险、社会救助、社会优抚和社会福利。行政给付的种类包括：抚恤金，离退休金，社会救济，福利金，农村五保户、贫困户、城市居民最低生活保障，自然灾害救济金及救济物资。

现实中行政给付存在的问题主要是法院对于不公正的给付无能为力。

（4）行政确认，是指行政主体依法对行政相对方的法律地位、法律关系和法律事实予以确定、认可、证明并作出宣告的具体行政行为。行政确认的内容包括对身份的确认、对能力与资格的确认、对权利的确认和对客观事实的确认。行政确认的类型包括确定、认可、证明、鉴定、登记等。

（5）行政奖励，是指行政主体依照法定的条件与程序对做出突出贡献的和模范遵纪守法的公民、法人和其他组织予以物质的和精神的鼓励的具体行政行为。内容包括物质方面的权益、精神方面的权益和职务或职称方面的权益。行政奖励的形式有颁发奖品、奖励金，授予荣誉称号，晋级，通报表扬，记功，晋职等。

（6）行政强制，是指行政机关在行政管理过程中，为制止违法行为、防止证据损毁、避免危害发生、控制危险扩大等情形，依法对公民的人身自由实施暂时性限制，或者对公民、法人或者其他组织的财物实施暂时性控制的行为；以及行政机关或者行政机关申请人民法院，对不履行行政决定的公民、法人或者其他组织，依法强制履行义务的行为。行政强制包括行政强制措施和行政强制执行。

行政强制措施的种类包括：限制公民人身自由；查封场所、设施或者财物；扣押财物；冻结存款、汇款；其他行政强制措施。

行政强制执行的方式包括：加处罚款或者滞纳金；划拨存款、汇款；拍卖或者依法处理查封、扣押的场所、设施或者财物；排除妨碍、恢复原状；代履行；其他强制执行方式。

（7）行政检查，是指行政主体按照法定的权限和程序对相对人遵守法律、执行行政命令的情况进行了解和监督的行为。行政检查的程序包括：表明身份，实施检查，提取证据，采取措施，告知权利。

（8）行政处罚，是指特定的国家行政机关或者法律、法规授权的组织对行政相对人违反行政法律规范的行为依法给予制裁的一种行政行为，是公民、法人或者其他组织承担行政责任的一种惩戒形式。

行政处罚的基本原则有：处罚法定原则，处罚公正公开原则，处罚和教育相结合的原则，保护当事人合法权益原则和行政处罚不免除民事责任、不取代刑事责任原则等。

行政处罚的种类：①警告，是指享有行政处罚权的行政机关和法律法规授权的组织，对违反行政法律规范的行政相对人作出的一种书面形式的谴责与告诫。②罚款，是指享有行政处罚权的行政机关和法律法规授权的组织，对违反行政法律规范的行政相对人强制其在一定期限内缴纳一定数量货币的制裁方法。③没收违法所得、没收非法财物，是指享有此项行政处罚权的行政机关对生产、加工、保管、运输、销售违禁物品或者实施其他营利性违法行为的行政相对人，将其与违法行为相关的财物和非法所得收归国有的一种制裁方法。④责令停产停业，是指享有此项行政处罚权的行政机关对从事违法生产、经营活动的工商企业和个体工商户，强令其停止生产或经营活动的一种制裁方法。责令停产停业一般附有限期整顿的要求，如果受处罚人在期限内纠正了违法行为，达到了规定的标准和要求，就可以恢复生产、营业。⑤暂扣或者吊销许可证、暂扣或者吊销执照，是指享有此项行政处罚权的行政机关对违法从事某项活动的行政相对人强制暂停或者取消其从事该项活动的资格的一种制裁方法。⑥行政拘留，是指公安机关对违反治安管理的行政相对人在短期内将其人身自由予以剥夺的一种最严厉的制裁方法。

三、关于行政复议法律事务的处理

（一）解读行政复议行为的理念和遵循的原则，便于行政相对人选择法律救济的途径

行政复议是指行政相对人认为行政主体的具体行政行为侵犯其合法权益，依法向该行政主体的上一级机关或法律规定的其他行政主体提出复查该具体行政行为的申请，受理申请的行政主体依照法定程序对被申请的具体行政行为进行审查，并作出相应决定的法律活动。

行政复议机关履行行政复议职责，应当遵循合法、公正、公开、及时、便民的原则，有错必纠，保障法律、法规的正确实施。

（二）告知当事人行政复议的受案范围和管辖机关

《行政复议法》规定了可以申请行政复议的行政行为和不可申请行政复议的事项。

1. 可申请行政复议的行政行为。

（1）行政处罚行为。行政处罚是行政复议范围内最主要的具体行政行为，包括警告、罚款、没收、责令停产停业、暂扣或吊销许可证照、行政拘留等。

（2）行政强制措施。行政强制措施包括两个方面：一是限制人身自由的行政强制措施，如强制戒毒、强制遣送等；二是对财产的强制措施，如查封、扣押、冻结等。

（3）有关证书的变更、中止或撤销。行政相对人对行政主体作出的变更、中止或撤销有关许可证、执照、资质证、资格证等证书的行政行为不服的，可依法申请行政复议。

（4）行政确权行为。行政相对人对行政主体作出的关于确认土地、矿藏、水流、森林、山岭、草原、荒地、滩涂、海域等自然资源的所有权或使用权的决定不服的，可申请行政复议。

（5）侵犯企业经营自主权的行为。我国企业法等法律、法规赋予企业等经济组织一系列经营自主权，由企业自主行使，而不受包括行政主体在内的其他人的非法干涉。行政主体非法干涉企业经营活动，必然会侵犯其合法权益，对此，企业等经济组织可以申请行政复议。

（6）变更或废止农业承包合同。农业承包合同是农村集体经济组织与其成员之间签订的有关农业生产方面的合同。合同双方各自依法享有一定的权利和义务，行政主体不得侵犯。如果行政主体非经农户同意而随意变更或废止原承包合同，侵犯农户合法权益的，农户可依法申请行政复议。

（7）违法要求履行义务。行政主体作出对行政相对人科以义务的具体行政行为必须合法，否则，行政相对人可以拒绝履行，并可申请行政复议，如对违法集资、乱征收、滥摊派等行为，可按此规定申请复议。

（8）不予行政许可。行政相对人认为符合法定条件，申请行政主体颁发许可证、执照、资质证、资格证等证书，或者申请行政主体审批、登记有关事项，行政主体拒绝办理或不予答复的，可申请行政复议。

（9）行政不作为。行政主体的一项重要职责，就是依法保护公民、法人和其他组织的人身权、财产权不受非法侵犯。行政主体必须积极、忠实地履行这一职责，否则，就是一种失职行为，行政相对人可就此申请行政复议。行政主体的不作为常见的有以下两种：一是不履行保护人身权利、财产权利、受教育权利的法定职责；二是不依法发放抚恤金、社会保险金、最低生活保障费等。

（10）其他具体行政行为。这是一项概括性条款。凡不属于上述列举的具体行政行为，只要行政相对人认为侵犯了其合法权益，都可申请行政复议。

《行政复议法》还规定，行政相对人认为具体行政行为所依据的规章以下的其他规范性文件不合法的，在对具体行政行为申请复议时，也可以一并向行政复议机关提出对该规范性文件的审查申请。

2. 不可申请行政复议的事项。根据法律的规定，以下几种行为不能申请行政复议：

（1）行政机关作出的行政处分或者其他人事处理决定，例如行政机关对其所属的人员或基于内部行政管理关系作出的有关工资、保险、福利、待遇等人事处理决定。对这些处理决定，当事人可以依据有关法律法规提出申诉。

（2）行政机关对民事纠纷作出的调解或其他处理，民事纠纷当事人可以申请仲裁或起诉。

（3）公安、国家安全等机关依照《刑事诉讼法》的明确授权实施的行为，例如讯问刑事犯罪嫌疑人、询问证人、检查、搜查等。

（4）行政机关针对不特定对象发布的能反复适用的规定，例如行政法规、规章等。

（5）不具有强制力的行政指导行为。

（6）驳回当事人对行政行为提起申诉的重复处理行为。

（7）行政机关对落实私房政策等历史遗留问题作出的处理。

（8）其他不符合行政复议法规定的行为。

3. 行政复议的一般管辖。在大多数情况下，不服行政主体的具体行政行为而申请复议的，通常由该行政主体的上一级行政主体管辖。具体有以下几种情况：

（1）本级人民政府或上一级主管部门管辖。

（2）上级主管部门管辖。申请人对海关、金融、国税、外汇管理等实行垂直领导的行政主体和国家安全机关的具体行政行为不服的，向上一级主管部门申请行政复议。

（3）上级人民政府管辖。申请人对地方各级人民政府的具体行政行为不服的，向上一级地方人民政府申请行政复议。

（4）原行政主体管辖。这种管理适用于两种情况：一是对国务院各部门的具体行政行为不服申请的行政复议案件；二是对省、自治区、直辖市人民政府的具体行政行为不服申请的行政复议案件。对这两类行政复议案件所作的行政复议决定不服的，可以向人民法院提起行政诉讼，也可以向国务院申请裁决，国务院的裁决为最终裁决。

4. 特殊管辖。包括以下五种情形：

（1）县级以上地方人民政府派出机关具体行政行为的复议管辖。根据规定，县级以上地方人民政府派出机关，是指省、自治区人民政府经国务院批准设立的行政公署，县、自治县人民政府经省、自治区、直辖市人民政府批准设立的区公所，市辖区、不设区的市人民政府经上一级人民政府批准设立的街道办事处。这些派出机关代表设立它的人民政府履行行政职能，对其作出的具体行政行为不服，只能向设立这些派出机关的人民政府申请行政复议。

（2）政府工作部门设立的派出机构依法以自己名义作出的具体行政行为的复议管辖。政府工作部门的派出机构，依法以自己名义作出具体行政行为，则申请人可选择向设立它的部门或者该部门的本级地方人民政府申请行政复议。

（3）法律、法规授权的组织的具体行政行为的复议管辖。对法律、法规授权的组织的具体行政行为不服的，分别向直接管理该组织的地方人民政府、地方人民政府工作部门或者国务院部门申请行政复议。如部分高等学校有学位授予权、卫生防疫站有行政检查权。这些组织虽然不是行政机关，但由于法律、法规授予的行政权力，负有对特定领域实施管理和监督的职责。因此，不服该组织作出的具体行政行为的复议申请，只能由直接管理该组织的行政机关管辖。

（4）不服两个或两个以上行政机关以共同名义作出的具体行政行为的复议管辖。对两个或两个以上行政机关以共同名义作出的具体行政行为不服的，向其共同上一级行政机关申请行政复议。

（5）不服被撤销的行政机关在撤销前作出的具体行政行为的复议管辖。对被撤销的行政机关在撤销前作出的具体行政行为不服的，向继续行使其职权的行政机关的上一级行政机关申请行政复议。

（三）把握行政复议的申请与受理、处理的具体程序和时效

1. 申请时间。申请人可以自知道具体行政行为之日起 60 日内提出行政复议申请；但是法律规定的申请期限超过 60 日的除外。根据这一规定，申请行政复议的期限至少是 60 日。如果现行法律规定的申请期限小于 60 日的，就要被自动延长至 60 日。因不可抗力或者其他正当理由耽误法定申请期限的，申请期限自障碍消除之日起继续计算。

2. 申请的形式。申请人申请行政复议，可以书面申请，也可以口头申请；口头申请的，行政复议机关应当当场作出书面记录。

3. 申请条件（参照行政诉讼的起诉条件）。

（1）申请人是认为具体行政行为侵犯其合法权益的公民、法人或者其他组织。

（2）有明确的被申请人。

（3）有具体的复议请求和事实根据。

（4）属于行政复议受案范围和行政复议机关管辖范围。

4. 行政复议的审查和受理。行政复议机关收到申请后，应当在 5 日内进行审查，并作出是否受理的决定。

（1）对不符合行政复议法规定的申请，决定不予受理，并书面告知申请人。

（2）对符合行政复议法规定，但是不属于本机关受理的申请，应当告知申请人向有关行政复议机关提出。

（3）除前面两种情形外，自行政复议机关负责法制工作的机构收到申请之日起即为受理。

行政复议机关受理行政复议申请，不得向申请人收取任何费用。行政复议活动所需要的经费，应当列入本机关的行政经费，由本级财政予以保障。

5. 对行政复议机关无理拒绝受理的处理。

（1）上级行政机关应当责令该行政复议机关受理。

（2）必要时，上级行政机关也可以直接受理。

6. 复议前置案件中复议机关不作为的处理。法律、法规规定的复议前置案件，行政复议机关决定不予受理（拒绝履行），或者受理后超过行政复议期限不作答复（拖延履行），申请人可以自收到不予受理决定书之日起或者行政复议期满之日起 15 日内，提起行政诉讼。

7. 具体行政行为在行政复议期间的执行力。原则上，具体行政行为不停止执行。但是，在以下特殊情形下可以停止执行：

（1）被申请人认为需要停止执行的。

（2）行政复议机关认为需要停止执行的。

（3）申请人申请停止执行，行政复议机关认为其要求合理，决定停止执行的。

（4）法律规定停止执行的，主要指《治安管理处罚法》第 107 条中拘留在复议中的暂缓执行。

8. 行政复议的前置制度。法律、法规规定必须先申请行政复议的，对行政复议决定不服再提起行政诉讼。

（1）根据《行政复议法》第 30 条的规定，公民、法人或者其他组织认为行政机关的具体行政行为侵犯其已经依法取得的自然资源的所有权或者使用权的，应当先申请行政复议。但是，根据国务院或者省级政府对行政区划的勘定、调整或者征用土地的决定，省级政府确认自然资源的所有权或者使用权的行政复议决定为最终裁决。

（2）根据《税收征收管理法》第 88 条的规定，当事人与税务机关在纳税上发生争议，应当复议前置。但是，对税务机关的处罚决定、强制执行措施或者税收保全措施不服的，不受此限。

（四）使当事人了解行政复议的审理程序以及如何作出和执行相关的规定

1. 行政复议的审理。

（1）审理方式。行政复议机关审理行政复议案件，原则上实行书面方式。

（2）举证责任（类似行政诉讼）。行政复议机构应当自申请受理之日起7日内将申请书副本或者申请笔录复印件发送被申请人。被申请人应当在10日内提出书面答复，并提交当初作出具体行政行为的证据、依据和其他有关材料。

被申请人不提出书面答复、提交当初作出具体行政行为的证据、依据和其他有关材料的，视为该具体行政行为没有证据、依据，行政复议机关有权决定撤销该具体行政行为。而且直接负责的主管人员和其他直接责任人员还将受到警告、记过、记大过的行政处分；构成犯罪的，将被依法追究刑事责任。

（3）查阅材料。申请人、第三人可以查阅被申请人提出的书面答复、作出具体行政行为的证据、依据和其他有关材料。但是，涉及国家秘密、商业秘密或者个人隐私的材料除外。

（4）证据收集。在行政复议过程中，被申请人不得自行向申请人和其他有关组织或者个人收集证据。

（5）撤回申请。行政复议决定作出前，申请人要求撤回申请的，经说明理由可以撤回，行政复议终止。

撤回申请后，当事人不得再以同一事实和理由再次申请复议。但是，如果还在起诉期限之内，当事人还可以提起行政诉讼。

2. 对有关行政规定和行政依据的附带审查和处理。

$$行政复议机关\begin{cases}有权处理——30日内处理（撤销和改变）\\无权处理——7日内转送有权机关，60日内处理\end{cases}$$

3. 行政复议的决定（类似行政诉讼的一审判决）。行政复议机构对具体行政行为进行审查，提出审查处理意见；行政复议机关的负责人作出行政复议决定。决定种类包括：

（1）维持决定。具体行政行为既合法又合理，行政复议机关可以决定维持。具体行政行为合法的一般要件是5个：事实证据确凿；适用法律正确；符合法定程序；符合法定职权；没有滥用职权。同时，具体行政行为还要合理。

（2）履行决定。行政机关不作为（包括拒绝履行和拖延履行），行政复议机关可以限定行政机关在一定期限内作出某种具体行政行为。

（3）撤销决定。具体行政行为不合法或不合理的，行政复议机关可以撤销。撤销包括三种情形：全部撤销、部分撤销和撤销并责令重作。具体行政行为被撤销后，被申请人不得以同一事实和理由作出与原来的具体行政行为相同或者基本相同的具体行政行为，但是原具体行政行为程序违法的除外。

（4）变更决定。具体行政行为不合法或不合理的，行政复议机关可以变更。行政复议的变更权不受限制，可以减轻或者加重。这和行政诉讼中的司法变更权有限原则不同。

（5）确认决定。确认具体行政行为违法，针对四种情形：行政机关不履行法定职责，但判决责令履行法定职责已无实际意义的；被诉具体行政行为违法，但不具有可撤销内容的；被诉具体行政行为依法不成立或无效的；被诉具体行政行为违法，但撤销将给国家利益和公共利益带来重大损失的。

（6）赔偿决定。申请人在申请复议时一并提出了赔偿请求，行政复议机关在作出撤销、变更或确认违法决定时，应当同时决定给予赔偿。

申请人在申请复议时没有提出赔偿请求，但是违法的具体行政行为造成了当事人财产权的损害，行政复议机关可以决定给予赔偿。

4. 行政复议决定的执行。行政复议决定的执行，是有关国家机关依法采取措施强制实现行政复议决定规定内容的行为。

（1）被申请人不履行义务的，行政复议机关或者有关上级机关，责令被申请人限期履行。

（2）申请人不履行义务的，行政复议机关可以维持被申请人的具体行政行为，由作出具体行政行为的行政机关依法强制执行，或者申请人民法院强制执行。行政复议机关也可以变更被申请人的具体行政行为，由行政复议机关依法强制执行，或者申请人民法院强制执行。

四、关于行政诉讼法律事务的处理

（一）告知当事人行政诉讼的基本内涵及相关知识

1. 行政诉讼是法院应公民、法人或者其他组织的请求，通过审查具体行政行为的合法性，解决特定范围内行政争议的活动。

2. 行政诉讼法的基本原则。

（1）一般原则。包括：人民法院依法独立行使行政审判权原则，以事实为根据、以法律为准绳的原则，当事人的法律地位平等原则，使用本民族语言文字原则，当事人有权辩论原则，合议、回避、公开审判和两审终审原则，人民检察院进行法律监督原则。

（2）特有原则——具体行政行为合法性审查原则。人民法院只审查行政机关的具体行政行为，不审查抽象行政行为；只审查具体行政行为的合法性，不审查合理性。

（二）告知当事人行政诉讼的受案范围

1. 应予受理的案件。

（1）行政处罚案件。

（2）行政强制措施案件。

（3）侵犯法定的经营自主权案件。"法律"是广义的概念，包括宪法、法律、行政法规、地方性法规和行政规章。"经营自主权"是指企业或者个人依法对自身的机构、人员、财产、原材料供应、生产、销售等各方面事务自主管理经营的权利。

（4）行政许可案件。

（5）不履行法定职责案件。法院在决定是否受理时，最重要的是要看行政机关是否有法定职责而不作为。这种案件的形成条件是：①公民向行政机关提出了保护申请。②接到申请的行政机关负有法定职责。③行政机关对公民的申请拒绝受理或者不予答复。

（6）行政给付案件。

（7）违法要求履行义务案件。"违法要求履行义务"主要是指"三乱"，即"乱罚款""乱摊派""乱收费"。其中，"乱罚款"属于行政处罚案件，"乱摊派"和"乱收费"属于行政征收案件。

（8）其他侵犯人身权、财产权的案件。从司法解释和学界的通说来看，这类行政案件主要包括：行政裁决案件、行政确认案件、行政检查案件、行政合同案件。

（9）法律、法规规定可以起诉的其他行政案件。从权利上看，行政诉讼可以受理两种案件：人身权、财产权案件；单行法律、法规规定的其他权利案件。

（10）司法解释规定的行政案件。①侵犯相邻权、公平竞争权的案件。相邻权、公平竞争权和财产权密切相关。②国际贸易行政案件。③反倾销行政案件。④反补贴行政案件。⑤少年收容教养决定，属于行政强制措施。⑥社会保险基金管理争议。社会保险费属于行政征收。⑦教育行政决定。教育行政部门对于适龄儿童入学争议的处理，是具体行政行为。⑧设施使用费征收案件。设施使用费，如城市排水设施使用费，属于行政征收。⑨计划生育案件。计划生育管理部门采取的扣押财物、限制人身自由等强制措施，属于行政诉讼受案范围。⑩乡政府收费案件。乡政府向农民征收村提留款、乡统筹款，属于行政征收。交通部门作出的扣押车辆及行驶证的行为，属于行政强制措施。

需要注意的是，以上列举是不完全列举，其目的在于提示常见的属于受案范围的具体行政行为，并不是说只有以上这些行为才能受理。事实上，只要是具体行政行为侵犯公民合法权利，一般都可以受理。

2. 不予受理的案件。

（1）国家行为。

（2）抽象行政行为。

（3）内部行为。

（4）法定行政终裁行为。

（5）刑事司法行为。

（6）行政调解。

（7）行政仲裁。

（8）行政指导。

（9）重复处理行为。

（10）对公民、法人或其他组织的权利义务不产生实际影响的行为。

（三）明确行政诉讼的管辖法院

1. 级别管辖。

（1）基层人民法院管辖除法律另有规定以外的第一审行政案件。

（2）中级人民法院管辖确认发明专利权的案件、海关处理的案件；对国务院各部门或者省、自治区、直辖市人民政府所作的具体行政行为不服提起诉讼的案件；本辖区内重大、复杂的案件。

（3）高级人民法院管辖本辖区内重大、复杂的第一审行政案件。

（4）最高人民法院管辖全国范围内重大、复杂的第一审行政案件。

2. 地域管辖。

（1）一般地域管辖：①行政案件由最初作出具体行政行为的行政机关所在地法院管辖。一般地域管辖适用于没有法定特殊因素的一般行政案件。②经过复议的案件的管辖。具体如下：

$$复议\begin{cases} 维持 \to 原行政机关为被告 \to 原行政机关所在地 \\ 改变 \to 复议机关为被告 \begin{cases} 复议机关所在地法院 \\ 原行政机关所在地法院 \end{cases} \end{cases}$$

（2）特殊地域管辖：①对限制人身自由的行政强制措施不服而提起的诉讼，由被告所在地或者原告所在地法院管辖。②因不动产而提起的诉讼，由不动产所在地的人民法院管辖。

（3）共同地域管辖：①行政复议决定改变原具体行政行为的案件，行政复议机关和原行为机关所在地的法院都有权管辖。②采取限制人身自由的行政强制措施案件，被告所在地、原告户籍地、住所地、被限制人身自由地的法院都有权管辖。③临界不动产案件，有关行政区域的人民法院都有权管辖。这里比较常见的是因临界库区、保护区而发生的案件。

3. 裁定管辖。

（1）一般地域管辖，是按照被告所在地来划分案件管辖法院的。《行政诉讼法》规定，行政案件由最初作出具体行政行为的行政机关所在地人民法院管辖。经复议的案件，复议机关改变原具体行政行为的，也可以由复议机关所在地人民法院管辖。

（2）特殊地域管辖。特殊地域管辖是根据某些特殊的法律关系来确定案件管辖法院的方式。《行政诉讼法》规定了两种特殊地域管辖：①对限制人身自由的行政强制措施不服提起的诉讼，由被告所在地或者原告所在地人民法院管辖。②因不动产提起的行政诉讼，由不动产所在地人民法院管辖。

（3）共同管辖与选择管辖。对同一诉讼，两个或两个以上的人民法院都有管辖权，称为共同管辖。在出现共同管辖的情况下，原告可以选择其中一个人民法院起诉，称为选择管辖。《行政诉讼法》规定，两个以上人民法院都有管辖权的案件，原告可以选择其中一个人民法院提起诉讼。原告向两个以上有管辖权的人民法院提起诉讼的，由最先收到起诉状的人民法院管辖。

（四）使当事人了解行政诉讼中的各个参加人

诉讼参加人包括当事人和诉讼代理人。其中，当事人又包括原告、被告和第三人。

1. 行政诉讼的原告，是指认为具体行政行为侵犯其合法权益，而依法向人民法院提起诉讼的公民、法人或者其他组织。它包括：受害人、相邻权人、公平竞争权人、投资人、合伙组织、股份制企业内部机构等。有权提起诉讼的公民死亡时，其近亲属可以提起诉讼。有权提起诉讼的法人或者其他组织终止，继承其权利的法人或者其他组织可以起诉。

2. 行政诉讼的被告，是指由原告指控其具体行政行为违法，经人民法院通知应诉的行政机关或被授权组织。其具体有五种情形：

（1）具体行政行为的作出机关。

（2）委托的行政机关。

（3）行政机构的所属机关。

（4）作出撤销行政机关的决定或者继续行使职权的行政机关。

（5）其他应当对具体行政行为承担法律后果的行政机关。

3. 行政诉讼的第三人，同提起诉讼的具体行政行为有利害关系的其他公民、法人或者其他组织，可以作为第三人申请参加诉讼，或者由人民法院通知参加诉讼。

4. 诉讼代理人，是指以当事人名义，在代理权限内代理当事人进行诉讼活动的人。

（五）使当事人了解行政诉讼的基本程序

1. 起诉，是指公民、法人或者其他组织认为具体行政行为侵犯其合法权益，依法请求法院行使国家审判权给予救济的诉讼行为。有以下三类具体情形：

（1）原则上，公民、法人或者其他组织对具体行政行为不服，有权自由选择救济途径，可以不经复议直接向法院提起行政诉讼，也可以选择申请行政复议；同时，在选择行政复议后，当事人对行政复议不服的仍可以再向法院起诉。

（2）公民、法人或者其他组织对具体行政行为不服，有权在行政复议和行政诉讼之间作出选择，但此种选择属于排他性选择，如果当事人对行政复议不服，不能再提起行政诉讼。

（3）公民、法人或者其他组织对具体行政行为不服，必须先申请行政复议；对行政复议不服，才能向法院起诉。复议前置属行政复议与行政诉讼关系的例外，必须由法律、法规作出规定，规章和其他规范性文件不得作此规定。

当事人直接向法院提起行政诉讼的，应当在知道具体行政行为作出之日起3个月内提出。不服行政复议而起诉的一般期限为15日，即在收到复议决定书之日起15日内向法院提起诉讼；若复议机关逾期不作决定的，当事人要在复议期满之日起15日内向法院提起诉讼。

2. 受理，是指法院对公民、法人或者其他组织的起诉进行审查，对符合法定条件的起诉决定立案审理，从而引起诉讼程序开始的职权行为。

法院在接到公民、法人或者其他组织起诉状后，应当组成合议庭，对起诉的内容和形式进行审查，并根据审查结果作出受理或者不予受理的裁定。

（1）对于符合起诉条件的，受诉法院必须在收到起诉状之日起7日内立案。

（2）对不符合起诉条件的，受诉法院应在收到起诉状之日起7日内，作出不予受理的裁定。起诉人对不予受理的裁定，可在接到裁定书之日起10日内向上一级法院提出上诉。

（3）对起诉条件有欠缺的，受诉法院可以要求起诉人限期补正。起诉人补正后，经审查，符合法定条件，法院应当受理。

（4）受诉法院在收到起诉状之日起7日内，一时不能决定是否受理起诉的，应当先予受理；受理后经审查不符合起诉条件的，裁定驳回起诉。对此，起诉人可以向上一级法院申诉或者起诉，上一级法院认为符合受理条件的，应予受理；受理后可以移交或者指定下级法院审理，也可以自行审理。

3. 行政诉讼的第一审程序，是指法院自立案至作出第一审判决的诉讼程序。一般的庭审程序分为六个阶段：开庭准备、开庭审理、法庭调查、法庭辩论、合议庭评议、宣读判决。

法院审理第一审行政案件，应当自立案之日起3个月内作出判决。不过，鉴定、处理管辖权异议和中止诉讼的期间不计算在内。有特殊情况需要延长的，由高级人民法院批准；高级人民法院审理第一审行政案件需要延长的，由最高人民法院批准。基层人民法院申请延长审理期限，应当直接报请高级人民法院批准，同时报中级人民法院备案。

4. 行政诉讼的第二审程序，是指当事人不服地方各级法院尚未生效的第一审判决或裁定，依法向上一级法院提起上诉，上一级法院据此对案件进行再次审理所适用的程序。

（1）上诉。上诉是当事人对地方各级法院尚未发生法律效力的第一审判决、裁定，于法定期限内以书面形式请求上一级法院对案件重新进行审理的诉讼行为。

当事人不服第一审判决的，有权在判决书送达之日起15日内向上一级法院提起上诉；不服第一审裁定的，有权在裁定书送达之日起10日内向上一级法院提起上诉。逾期不提起上诉的，第一审判决或者裁定发生法律效力。

当事人提出上诉，既可以通过原审法院提出，也可以直接向第二审法院提出。当事人直接向第二审法院上诉的，第二审法院应当在5日内将上诉状移交原审法院。

（2）上诉的受理。原审法院收到上诉状（包括当事人提交的和第二审法院移交的），应当审查；对有欠缺的上诉状，应当限期当事人补正。上诉状内容无欠缺的，原审法院应当在5日内将上诉状副本送达被上诉人，被上诉人在收到上诉状副本之日起10日内提出答辩状。被上诉人不提出答辩状的，不影响法院对案件的审理。

原审法院收到上诉状、答辩状，应当在5日内连同全部案卷，报送第二审法院。第二审法院经过审查，如果认为上诉符合法定条件，应予受理；如果认为不符合法定条件，应当裁定不予受理。

在行政诉讼第二审程序中，被诉行政机关不得改变原具体行政行为。

（3）上诉案件的审理。法院应当自收到上诉状之日起2个月内作出终审判决；有特殊情况需要延长的，由高级法院批准。高级法院审理上诉案件需要延长的，由最高法院批准。

（4）审理结果。按照下列情形，分别处理：①原判决认定事实清楚，适用法律、法规正确的，判决驳回上诉，维持原判。②原判决认定事实清楚，但适用法律、法规错误的，依法改判。③原判决认定事实不清、证据不足，或者由于违反法定程序可能影响案件正确判决的，裁定撤销原判，发回原审法院重审；也可以查清事实后改判。当事人对重审案件的判决、裁定，可以上诉。

5. 行政诉讼的审判监督程序，是指法院发现已经发生法律效力的判决、裁定违反法律、法规规定，依法对案件再次进行审理的程序。

（1）提起再审的程序。提起再审的程序包括三种情况：①各级人民法院院长对本院已经发生法律效力的判决、裁定，发现违反法律、法规规定，认为需要再审的，应当提交审判委员会决定是否再审。②上级人民法院对下级人民法院已经发生法律效力的判决、裁定，发现违反法律、法规规定的，有权提审或者指令下级人民法院再审。③人民检察院对人民法院已经发生法律效力的判决、裁定，发现违反法律、法规规定的，有权按照审判监督程序提出抗诉。

（2）人民检察院的抗诉。依照有关规定，最高人民检察院对各级人民法院已经发生法律效力的行政判决、裁定，上级人民检察院对下级人民法院已经发生法律效力的行政判决、裁定，发现违反法律、法规规定的，应当按照审判监督程序提出抗诉。人民检察院提出抗诉要经过立案、审查、处理等程序。

（3）当事人的申诉。申诉是指当事人、法定代理人对于已经发生法律效力的判决、裁定，认为违反法律、法规，向原审人民法院或上一级人民法院提出对该判决、裁定进行复审的请求。申诉就其性质而言，是一项民主权利，而不是一项诉讼权利。当事人的申诉，并不当然地引起审判监督程序。在人民法院撤销原判决、裁定之前，不能因提起申诉而停止原判决、裁定的执行。

（4）再审案件的审判。各级人民法院按照审判监督程序再审的案件，包括原审人民法院自行再审和上级人民法院指令再审的案件。原来是第一审的，按照第一审的程序重新组成合议庭进行审判，所作的判决、裁定是第一审的判决、裁定，当事人不服时可以上诉；原来是第二审的，按照第二审的程序组成合议庭进行审判，所作的判决、裁定，是发生法律效力的判决、裁定，当事人不得对此提起上诉。上级人民法院按审判监督程序提审的案件，无论原来是第一审还是第二审审理终结的，都适用第二审程序进行审判，所作的判决、裁定，是发生法律效力的判决、裁定，当事人不得上诉。

学习情境

1. 行政复议的处理。
2. 行政诉讼一审案件的处理。
3. 行政上诉案件的处理。

【范例1】

〖案情简介〗

原告闫××于2009年3月11日上午10时许在北京天安门地区实施了非正常信访行为，当日下午3时许，××市公安局二分局××路派出所有关人员，强行对原告采用双手反铐的方式将其从北京市带回××市。3月13日凌晨3时许，××市公安局二分局××路派出所以扰乱公共秩序为由对原告作出行政拘留的处罚决定，后原告被送到二分局拘留所，并被强制限制了人身自由。

〖操作指引〗

1. 接待申请人闫××关于行政诉讼的相关法律问题的咨询。

（1）了解当事人的基本情况和当事人信访的理由，了解 2009 年 3 月 11 日上午当事人在天安门非正常信访的情况。

（2）了解××市公安局二分局××路派出所有关人员在 2009 年 3 月 11 日下午对原告所做的一切，重点了解整个行为的步骤和程序，以及有关人员有无采取强制措施或者违法过激行动。

（3）了解××市公安局二分局××路派出所有关人员在 2009 年 3 月 13 日凌晨对原告的处罚决定是否违反相关法律规定。

2. 就本案纠纷解答当事人的相关疑惑。

（1）告知闫×× 既可以申请行政复议，也可以直接提起诉讼。从中挑选最能保护自己合法权益的方法。

（2）告知当事人，行政机关执法时必须有法定职权或法律法规明确的授权，若没有即为违法。

（3）告知当事人，根据《行政处罚法》第 20 条的规定，"行政处罚由违法行为发生地的县级以上地方人民政府具有行政处罚权的行政机关管辖"。

附：行政诉讼起诉状和行政诉讼上诉状参考样式

行政诉讼起诉状

原告：闫××，性别：男，民族：汉，出生年月：××年×月××日，住址：××市二区××街×号，邮编：××，身份证号码：××，电话：××。

委托代理人：××，性别：女，出生年月：××年×月×日，身份证号码：××，电话：××，住址：××，邮编：××。

被告：××市公安局二分局。

法定代表人：××。

住所：××街，电话：××。

诉讼请求：

1. 请求人民法院依法判令被告撤销××二公（×）决字［2009］第×号公安行政处罚决定书。

2. 请求依法判令被告向原告支付经济损失赔偿及精神损失补偿费人民币 1 分钱。

事实与理由：

被告下属机构××路派出所在没有任何法律依据的情况下，超越职权及属地管辖范围，对原告作出的拘留 10 日的行政处罚决定错误，对原告所做的犯罪人员档案记录程序违法。

2009 年 3 月 11 日下午 3 时许，××市公安局二分局××路派出所有关人员，强行对原告采用双手反铐的方式将其从北京市带回××市；原告被强行带回××市的原因是，原告于 2009 年 3 月 11 日上午 10 时许在北京天安门地区实施了非正常信访行为。

3 月 13 日凌晨 3 时许，××市公安局二分局××路派出所以扰乱公共秩序为由对原告作出行政拘留的处罚决定，后原告被送到二分局拘留所，并被强制限制了人身自由。

原告认为，依照《中华人民共和国行政处罚法》第 20 条之规定，非正常信访行为的行政及司法管辖权，只能由行为发生地即北京市有关部门才享有。而××市公安局二分局××路派出所并没有法律赋予的异地行政处罚管辖权。

综上所述，为了维护法律的尊严，为了维护公民的合法权益，原告请求人民法院依照《中华人民共和国行政诉讼法》第 3、4、5、7 条，第 11 条第 1、2 款，第 67 条，第 68 条及《中华人民共和国国家赔偿法》第 3 条第 1、2 款，第 6 条，第 15 条等法律法规之规定，查明事实，支持原告的诉讼请求；判令被告承担相应的法律责任。

　　此致
××市二区人民法院

起诉人：闫××
2009 年 6 月 6 日

附：1. 起诉状副本 3 份；
　　2. 行政处理决定书 1 份；
　　3. 其他材料 4 份。

行政诉讼上诉状

上诉人：×××（写明姓名、性别、年龄、民族、籍贯、职业或者工作单位和职务、住址，如果是法人或者其他组织，应写明名称、法定代表人、住所、联系地址和邮政编码等，如果是行政机关提起上诉，则应写明行政机关的名称、法定代表人和住所）

被上诉人：×××（写明姓名、性别、年龄、民族、籍贯、职业或者工作单位和职务、住址，如果是法人或者其他组织，应写明名称、法定代表人、住所、联系地址和邮政编码等，如果是行政机关作为被上诉人的，则应写明行政机关的

名称、法定代表人和住所)

（如果一审原告、被告都不服判决，提起上诉，则都列为上诉人）

上诉人因××××一案（写明一审判决或者裁定书所列的案由），不服×××人民法院×年×月×日（××）字第××号判决（或者裁定），现提出上诉。

上诉请求：

（写明要求上诉审法院解决的事由，如撤销原判，重新判决等）

上诉理由：

（写明一审判决或者裁定不正确的事实根据和法律依据）

　　此致

×××人民法院

　　附：上诉状副本×份

上诉人：×××（签字或者盖章）

×年×月×日

【范例2】

〖案情简介〗

2005年10月8日，被申请人某局认定申请人某公司违反了行政法规某条例的规定，属超范围经营，根据某条例第17条第1款、其实施细则第35条、第36条、第60条之规定，决定吊销申请人的《经营许可证》。但被申请人在作出决定前，没有告知申请人有要求举行听证的权利；作出决定时，没有下达行政处罚决定书，而是以文件形式下发了《关于吊销某公司〈业务经营许可证〉的通报》；作出决定后，没有依据行政处罚法的规定履行送达义务，而是于10月21日在《大河报》上对吊销申请人《业务经营许可证》一事进行了披露。申请人对此不服，向省政府申请行政复议。

〖操作指引〗

1. 接待申请人某公司关于行政复议的相关法律问题的咨询。

（1）了解当事人的基本经营情况。了解该公司的实际经营范围以及工商行政管理机关对该公司核定的经营范围。了解这两种经营范围之间的差距。

（2）了解某局对此事的处理结果。了解《行政许可法》中对此类违法行为的处理规定，以此来判断吊销《经营许可证》的合法性。

（3）了解某局对此事的处理程序。了解该局在作出决定前是否告知申请人有要求举行听证的权利；了解该局在作出决定时，是否下达正式的行政处罚决定书；了解该局是否按照《行政许可法》和《行政处罚法》的相关规定将处罚决定书送达当事人。

2. 就本案纠纷解答当事人的相关疑惑。

（1）告知该公司既可以申请行政复议，也可以直接提起诉讼。从中挑选最能保护自己合法权益的方法。

行政复议与行政诉讼的区别

	受案范围	救济措施	救济程序	救济成本	公正性
行政复议	大	多	简洁	低	低
	违法或不当的具体行政行为，附带审查抽象行政行为	撤销、履行、变更、赔偿等	一级复议，时间较短	不收费	行政权监督行政权
行政诉讼	小	少	复杂	高	高
	违法的具体行政行为	基本相同，但司法变更权有限	两审终审，时间较长	收费	司法权监督行政权

（2）告知当事人，根据《行政处罚法》第 42 条"行政机关作出责令停产停业、吊销许可证或者执照、较大数额罚款等行政处罚决定之前，应当告知当事人有要求举行听证的权利；当事人要求听证的，行政机关应当组织听证"之规定，被申请人作出吊销申请人《业务经营许可证》的行政处罚决定之前，应当告知申请人有要求举行听证的权利，但被申请人没有依法履行告知程序。

（3）告知当事人，根据《行政处罚法》第 39 条"行政机关依照本法第 38 条的规定给予行政处罚，应当制作行政处罚决定书"之规定，被申请人作出吊销申请人《经营许可证》的行政处罚决定时，应当制作行政处罚决定书，但被申请人没有制作行政处罚决定书，而是采用了书面通报的方式。

（4）告知当事人，根据《行政处罚法》第 40 条"行政处罚决定书应当在宣告后当场交付当事人；当事人不在场的，行政机关应当在 7 日内依照民事诉讼法的有关规定，将行政处罚决定书送达当事人"之规定，被申请人应当将行政处罚决定依法送达申请人，但被申请人没有依法履行送达程序。

综上所述，被申请人作出吊销申请人《业务经营许可证》的行政处罚，违反了《行政处罚法》规定的法定程序。根据《行政复议法》第 28 条第 1 款第 3 项第 3 目之规定，被申请人的这个行政行为是违法的，是可撤销的。

3. 帮助当事人起草行政复议申请书。申请行政复议，可以书面申请，也可以口头申请。口头申请的，由行政复议接待工作人员当场用"口头申请记录"纸记录：①申请人的基本情况和联系途径；②复议请求；③主要事实和理由；④被申请机关；⑤具体行政行为发生的时间。记录完毕，申请人认为记录无误，签上自己的名字。

附：行政复议申请书参考样式

行政复议申请书

申请人：姓名××年龄××性别××住址××

（法人或者其他组织名称××公司 住址××市××街××路

法定代表人或者主要负责人姓名××）。

委托代理人：姓名×× 住址××市××街××路 。

被申请人：名称××市××局 住址 ××市××街××路 。

行政复议请求：请求省政府撤销被申请人某局《关于吊销某公司〈业务经营许可证〉的通报》，宣布某局的行政处罚行为违法。

事实和理由：

1. 行政机关在作出行政处罚之前未告知相对人有要求听证的权利。

2. 行政机关作出行政处罚的决定没有采用书面形式。

3. 行政机关作出行政处罚决定后，未在法定时间内送达相对人。

此致

（行政复议机关）

申请人：××

××年××月××日

【注意事项】

办理行政复议案件实务要特别注意：①行政机关的行政行为是具体行政行为还是抽象行政行为；②行政行为的程序是否合法；③是否举行听证；④是否履行了告知义务。

【范例3】

【案情简介】

1989年4月18日，魏××向××市××街道办事处递交了翻建住宅楼的申请，面积为 240 平方米，同年 5 月 12 日，××街道办事处对申请作了批示。
1990 年 10 月 5 日，××市城建规划处签发了建房通知单，据此，魏××翻建了
住宅楼，并于 1991 年 2 月份完工。之后，城建规划处建房通知单验收合格，并
于 2 月 20 日发放了第××号建筑许可证。但 1991 年 3 月 21 日××市土地管理局
以魏××建房"没有土地审批划拨手续，多占地 80 平方米"为由，作出了行政
处罚决定。

〖**操作指引**〗

1. 接待魏××关于土地管理局作出行政处罚的相关法律问题的咨询。

（1）了解魏××获得××街道办批示和××市城建规划处建房通知单的基
本情况。看是否获得过以上部门的合法审批。

（2）了解××市土地管理局对魏××实施的行政处罚的具体内容和魏××
的违法事实。了解《行政处罚法》对此类处罚规定的程序和条件。

（3）既然魏××已经获得了相关部门的审批，并且是按照建房通知单划定
的范围施工的，怎么能说是"没有土地审批划拨手续"呢？

2. 帮助当事人起草行政复议申请书。

附：行政复议申请书参考样式

行政复议申请书

申请人：魏××，男，54 岁，汉族，××省××市人，××市××厂干部，
住××市××街××号。

被申请人：××市土地管理局。

住所地：××市××街××号。

法定代表人：叶××，局长。

复议要求：撤销××市土地管理局（1991）行处字××号行政处罚决定。

事实和理由：

1989 年 4 月 18 日，申请人向××街道办事处递交了翻建住宅楼的申请，面
积为 240 平方米，同年 5 月 12 日，××街道办事处对申请作了批示。1990 年 10
月 5 日，××市城建规划处签发了建房通知单，据此，申请人翻建了住宅楼，并
于 1991 年 2 月份完工，之后，城建规划处建房通知单验收合格，并于 2 月 20 日
发放了第××号建筑许可证。

可是被申请人于 1991 年 3 月 21 日对申请人作出行政处罚决定，认为申请人
建房"没有土地审批划拨手续，多占地 80 平方米"并予以处罚；申请人认为，

此行政处罚决定是错误的。

申请人建房之前及建房期间，建房的审批工作，都是由城建规划处负责。申请人取得了城建规划处的合法批文，并且是按照建房通知单划定的范围施工的，怎么能说是"没有土地审批划拨手续"呢？如果说城建规划处的批文有效，那被申请人否定批文的依据是什么？如果批文无效，根据《中华人民共和国土地管理法》第 78 条的规定，应该由城建规划处承担相应的民事责任，而不应当处罚申请人。

因此，申请人认为，被申请人××市土地管理局作出的（2001）行处字第××号行政处罚决定是错误的，请依法审查复议，撤销决定。

此致

××土地管理局

申请人：魏××（签名）

××年××月××日

附：1. 建房申请书 1 份；

2. ××街道办事处批文；

3. ××市城建规划处签发的建房通知单；

4. 第××号建筑许可证；

5. ××市土地管理局行政处罚决定书×份。

【范例4】

〚案情简介〛

胡××为了解决家庭人多、住房紧张的困难，向×××市××区城市建设环境保护局申请，获得了（××）×建字第×号《私房建筑许可证》，于××××年×月×日在×号自家院内建成一座二层楼。×××市××区城市建设环境保护局趁原告兑换《房产证》之机，擅自扣押《私房建筑许可证》，不给兑换《房产证》，并依仗职权，于××××年×月×作出处罚决定。

〚操作指引〛

1. 接待当事人关于建房和行政处罚的相关法律问题的咨询。

（1）了解胡××建房的基本情况。了解胡××在建房之前是否向×××市××区城市建设环境保护局提出过申请，了解该局是否对此申请作出了审批。了解胡××在施工的过程中是否严格按照法律规定办事。

（2）了解×××市××区城市建设环境保护局对胡××作出行政处罚的整个过程。了解该局处理此事的合法性。向当事人解释《行政处罚法》的相关规定。

2. 帮助当事人起草行政诉讼的起诉状。

附：行政诉讼起诉状参考样式

行政诉讼起诉状

原告：胡××，男，××岁，汉族，×××市人，××厂退休工人，住××市××区××村××街××号。

被告：×××市××区城市建设环境保护局。

法定代表人：李××，局长。

诉讼请求：

1. 要求撤销被告××××年×月×日对原告所作的《处罚决定书》；

2. 要求确认原告在××村×街×号所建的二层楼为合法建筑；

3. 请求法院依法责令被告立即给原告兑换《房产证》。

事实和理由：

原告为了解决家庭人多、住房紧张的困难，经过向被告申请，按照被告批准的（××）×建字第×号《私房建筑许可证》及建楼图纸和其他要求，于××××年×月×日在×号自家院内建成一座二层楼。在施工前，被告曾派人到现场查看，施工中和竣工时都符合被告所批准的建楼的要求。但是，被告却趁原告兑换《房产证》之机，擅自扣押《私房建筑许可证》，不给兑换《房产证》，并依仗职权，于××××年×月×错误地作出处罚决定。原告在接到《处罚决定书》后，不服处罚，依照法律规定，向××区人民法院提起诉讼。法院收到诉状后，责成被告解决问题、纠正错误。然而，被告不但不解决问题，不纠正错误，反而照抄了××××年×月×日《处罚决定书》的内容，下达了所谓的××××年×月×日《处罚决定书》。

《处罚决定书》上说原告建房"违反了（××）国函字××号文和×政（××）××号文及《×××市城市建设规划管理办法（试行）》的有关条款"。但到底是哪一条、哪一款，被告含糊其辞，没有说明。因此，被告所作的处罚是没有准确的法律依据的，是错误的。《处罚决定书》中还说："查你在××区××村×街×号所建东楼有五处违章……"此说法是不能成立的。

第一，原告是按照《私房建筑许可证》和审批图纸施工的，怎么能说"所建东楼有五处违章"呢？

第二，从施工开始到施工结束，被告曾派王×代表被告隔三岔五到施工现场查看，直到竣工验收时，一直没有提出异议，即应视为建筑全部合格，符合要求。假如说建筑有五处违章，为什么不当场提出，而在事隔很长时间，扣押《私房建筑许可证》后才作出处理决定呢？可见，被告这一说法是不正确的。

综上所述，被告于×××年×月×日所作的《处罚决定书》不仅没有准确的法律依据，而且还违背了被告所审批的图纸和《私房建筑许可证》上的技术规定，是完全错误的。原告所建的二层东楼，完全是合法建筑。被告扣押《私房建筑许可证》，不给兑换《房产证》更是错误的。被告错误的行政行为直接侵犯了原告的合法权益，给原告造成了不应有的损害。《中华人民共和国行政诉讼法》第2条规定："公民、法人或者其他组织认为行政机关和行政机关工作人员的具体行政行为侵犯其合法权益，有权依照本法向人民法院提出诉讼。"为此，特依法向贵院提起诉讼，请依法裁判。

　　此致
×××区人民法院

起诉人：胡××
×××年××月××日

附：1. 诉状副本1份；
　　2. 证据5件。

一、思考习作

1. 在房屋拆迁过程中，被拆迁人可以提起行政诉讼的具体行政行为有哪些？

2. 行政机关在实施行政处罚过程中合法的操作流程是怎样的？

3. 2009年5月，江西省景德镇市××有限公司收到了江西省景德镇市××××局的景×罚字〔2009〕第11号《行政处罚决定书》，该处罚决定书认定景德镇市××有限公司在经营过程中存在违法行为，遂决定对其罚款10万元。但在此决定书下发前，景德镇市×××局并未告知当事人有听证的权利，且国家××总局《××××处罚办法》规定："省辖市级人民政府×××行政主管部门可处以5万元以下罚款，超过5万元的，报上一级×××行政主管部门批准。"景德镇市××有限公司并未见到上述批准，故景德镇市××有限公司向景德镇市政府提出行政复议的申请。

问题：依据上述情况，请撰写出行政复议申请书。

4. 原告王×于2006年8月与一名叫沙×的女孩在兰州市××区民政局登记结婚。2007年3月份，原告发现沙×结过婚，并且在尚未离婚时就与原告登记领取结婚证，且其与原告登记结婚时所用的婚姻状况证明等全是通过私刻公章等方法伪造的。为此，原告向婚姻登记机关兰州市××区民政局要求撤销结婚证，可被告的一位负责人对此事调查后却以"经请示市局，要求当事人到法院办理"为由不予理睬。被告的行为已构成行政不作为，故原告提起诉讼，请求判令被告履行法定职责，依法撤销原告与沙×的结婚证。

问题：依据上述情况，请撰写出行政诉讼起诉书。

5. 1996 年 5 月 21 日晚 8 时许，××市公安局强制戒毒所根据举报，以被害人梁×× 吸毒为由，没有办理任何手续，将其抓到强制戒毒所实施强制戒毒。当晚 12 时许，强制戒毒所聘请的工作人员张××、孙×× 和正在值班的黄×× 等人以被害人梁×× "难讲话" "不讲理" 为由，将其从一号戒毒仓拉出，用木棍、铲柄进行殴打，持续 20 分钟后将其带回戒毒仓内。被害人梁×× 被打后于次日凌晨 2 时死于戒毒仓内。经法医鉴定，被害人梁×× 系死于钝性暴力所致的大面积软组织挫伤。张××、孙××、黄×× 被人民法院以故意伤害罪分别判处死缓、有期徒刑 12 年、有期徒刑 7 年。被害人家属认为 ××市公安局强制戒毒所在无任何证据证实被害人梁×× 有吸毒行为的情况下，随意将其抓走，实行强制戒毒，这是违法的；同时 ××市公安局强制戒毒所工作人员的违法行为造成被害人梁×× 的死亡。故被害人梁×× 的母亲以 ××市公安局为被告提起行政赔偿诉讼。

问题：依据上述情况，请撰写出行政赔偿起诉书。

二、阅读参考书目

1. 张树义：《行政法与行政诉讼法》，法律出版社 2005 年版。

2. 姜明安主编：《行政法与行政诉讼法》，法律出版社 2003 年版。

3. 胡建淼、金伟峰主编：《行政法与行政诉讼法》，高等教育出版社 2005 年版。

4. 程荣斌、姜小川主编：《行政法与行政诉讼法：案例·法规·试题》，中国法制出版社 2006 年版。

5. 马怀德、周兰领：《行政诉讼案例教程》，中国政法大学出版社 2005 年版。

6. 张海棠主编：《行政诉讼案例精选》，上海人民出版社 2003 年版。

7. 罗书平主编：《立案指南（行政诉讼·国家赔偿·执行卷）》，中国民主法制出版社 2004 年版。

8. 黄斌、杨帆、王方玉编著：《平民百姓讨公道：行政诉讼帮百姓维权》，民主与建设出版社 2006 年版。

9. 傅郁林主编：《农村基层法律服务研究》，中国政法大学出版社 2006 年版。

10. 夏锦文、刘俊：《行政诉讼代理方略》，江苏人民出版社 2002 年版。

学习单元八　企业法律事务处理实务

学习目标

● 掌握企业常见法律事务的具体规定及处理要素。

● 能够独立完成企业一般性法律事务的咨询解答，能够运用相关法律规定办理常见企业法律实务工作。

一、企业法律事务概述

（一）企业法律服务概况

目前，我国多数大型企业在其内部设立律师职位，聘请了专职律师，法律事务特别多的大型企业和上市公司更是设立了专门的法律事务部或者合同法规部。而中小型企业的法律服务的需求虽然较多，但绝大多数缺乏像大型企业那样经常化的专业服务。所以，基层法律服务机构可以面向中小企业展开全方位的服务。

根据司法部发布的《基层法律服务所管理办法》和《基层法律服务工作者管理办法》及其他相关规定，基层法律服务的对象可以包括本辖区内的各类经营者，如乡镇企业、个体工商户、承包经营户、私营企业、个人合伙组织等各类经营者构成的中小企业。司法所和法律服务所应当立足基层，服务方式力求便民利民，及时有效。要充分发挥基层法律服务的职能优势，促进经济平稳较快发展，提供优质高效的法律服务；要坚持面向基层服务的业务指导思想，按属地原则开展业务。

（二）中小企业法律事务的种类

1. 中小企业设立过程中的法律事务：合作合同、合伙合同、合资合同文本的拟订；公司章程的拟订；股东会、董事会议事制度的拟订等。

2. 涉及公司企业经营管理的重大法律事务：公司合并、分立合同的拟订、审核；公司、企业股份比例变更合同的拟订、审核；公司员工入股合同的拟订、审核；公司整体股权、部分股权转让合同的拟订、审核；公司对外签订的购销、租赁、代理、加盟等合同的拟订、审核；公司合作、合资、联营合同的拟订、审核；公司整体托管、部分托管合同的拟订、审核；公司生产承包、销售承包、部门承包、项目承包的合同拟订、审核；公司对外担保、融资、信贷等事务。

3. 劳动、人事法律事务：企业内部规章制度的起草及审查；劳动合同的拟订；劳动法律法规培训；劳动纠纷的协调处理；劳动法律法规政策咨询；工伤事故的处理、谈判；工伤赔偿协议的拟订；劳动争议的调解与仲裁等事务。

4. 债权、债务纠纷处理：签发律师函、催讨款项；债权、债务的协商、和解；债权、债务转让合同的拟订；债权、债务诉讼前的法律风险评估。

5. 涉及知识产权、反不正当竞争的法律事务：商标申请、转让、侵权、使用许可法律咨询；专利申请、转让、侵权、使用许可法律咨询；著作权侵权、使用许可、维权等方面的法律咨询；肖像、文字作品、图纸等知识产权的保护；公司技术秘密、商业秘密、保密合同的拟订、审核；连锁、加盟、特许经营涉及的知识产权纠纷；公司间不正当竞争案件的投诉、处理。

6. 各类法律事务的调查：企业工商登记资料调查；特定人员户籍、身份调查；公司、个人所有的房产、车辆等主要财产调查；公司、个人法律事务的调查取证。

7. 与公司经营相关的法律法规培训：对公司高层领导进行公司法、劳动法的讲解；对公司中高层领导、营销人员的合同法、担保法的培训；其他必要的法律法规培训及讲解。

8. 其他涉及公司的法律事务：与消费者纠纷的处理；物业管理纠纷的处理；交通事故、车辆挂靠等纠纷的处理；公司、企业其他的法律事务。

（三）中小企业法律服务的需求特点

中小企业普及城乡各地，它们对法律服务的需求呈现如下特点：①日常涉法事务范围较广，但法律服务需求频率不均，实际通过法律专业人员解决的次数相对较少；②一般咨询、修改合同等琐碎法律事务居多，仲裁、诉讼重大法律事务较少；③间接咨询较多，面对面咨询较少；④遇到疑难或重大法律问题，找知名律师或经熟人介绍的法律专业人员咨询或帮助解决的较多，找陌生律师的较少。由于法律风险防控意识的欠缺，以及出于减少支出的考虑，我国大多数的中小企业很少雇佣专职法律人员或聘请常年法律顾问。由于缺乏法律顾问的专业服务，潜在的风险仍然经常使企业陷入法律困境。因此，基层法律服务所应当充分发挥基层法律服务方便、快捷、收费低廉、便民利民的特有优势，服务地方企业，促进地方经济发展。

二、法律服务所服务企业的基本形式——受聘担任法律顾问

（一）法律顾问的概念

按照司法部《基层法律服务所管理办法》第2条、第3条的规定，基层法律服务所作为在乡镇和街道设立的法律服务组织和基层法律服务工作者的执业机构，面向基层的政府机关、基层群众性自治组织、企业事业单位、社会组织和承包经营户、个体工商户、合伙组织以及公民提供法律服务，维护当事人合法权益，维护法律正确实施，促进社会稳定、经济发展和法治建设。同时，司法部《基层法律服务工作者管理办法》第26条第1项规定，基层法律服务工作者可以从事的首要业务就是担任法律顾问。在这里，法律顾问是指依法接受公民、法人或其他组织的聘请，以自己的专业知识和技能为聘请方提供法律服务的专业性活动的人员。

法律顾问有广义和狭义之分。广义的法律顾问是指具有法律专业知识，接受公民、法人或其他组织的聘请为其提供法律服务的人员，以及法人或其他组织内部设置的法律事务机构中的人员。狭义的法律顾问是指公民、法人或其他组织因法律服务的需求，与律师事务所或法律服务所签订协议，由该所指派律师或基层法律工作者担任法律服务工作的一种方式。

根据服务内容和期限的不同，法律顾问又分为专项法律顾问和常年法律顾问。专项法律顾问，是指顾问单位为完成或处理某项法律事务而临时聘请的法律顾问，具有服务时间短暂和服务内容单一的特点。常年法律顾问，是指顾问单位在较长时间内聘请的法律顾问，一般不少于1年，具有服务的经常性和服务内容的多项性、综合性等突出特点。

需要注意的是，基层法律工作者担任的法律顾问与企业法律顾问不同，企业法律顾问是指具有企业法律顾问执业资格、由企业聘任并经注册机关注册后从事企业法律事务工作的企业内部工作人员，其业务活动是在企业管理之下开展的。

（二）法律顾问合同

1. 法律顾问合同的签订。由聘请方以书面或者口头形式向法律服务所提出，并提供有关证件和基本情况的证明；法律服务所接到聘请后，根据聘请方的情况和本所的情况，决定是否应聘。法律服务所决定应聘的，应当指派1~2名法律工作者担任法律顾问；聘请方对法律顾问有指名要求的，应尽可能予以满足。法律服务所独自应聘有困难的，可以商请当地律师事务所联合应聘。双方协商一致，即可签订法律顾问聘应合同。

2. 法律顾问合同的内容及其履行。

（1）法律顾问合同的内容。法律顾问聘应合同采用书面形式，并应当包括以下主要内容：双方名称；法律顾问的人数和姓名；法律顾问的具体任务、职责范围和工作方式；双方的权利和义务；法律顾问报酬数额及给付方式；违约责任；合同生效日期和有效期限；双方约定的其他事项。

（2）法律顾问与聘请方的关系。

第一，法律顾问与聘请方的关系是基层法律服务所与聘请方的关系。因为，基层法律服务工作者担任聘请方的法律顾问，源于基层法律服务所与聘请方的合同，基层法律服务工作者是作为基层法律服务所的代表同聘请方发生关系的。基层法律服务所与聘请方是合同关系，两者地位平等，权利、义务明确，不存在谁服从谁、谁支配谁的问题，是独立主体之间提供和接受服务的法律关系。基层法律服务者担任法律顾问，如果不称职或者有违法行为，聘请方有权要求基层法律服务所更换，或者解除聘请合同。

第二，法律顾问与聘请方的直接关系是地位平等、互不隶属、相互协作、相互支持的工作关系。若聘请方是单位，法律顾问首先要对其法定代表人负责，因为对法定代表人负责即是对法人负责、对单位负责。法律顾问只有得到法定代表人的支持和协助，才能有效地开展顾问工作。由于基层法律服务所和聘请人之间是两个平等的主体之间的合同关系，法律顾问同法定代表人的关系同样是地位平等、互不隶属、相互支持的工作关系。

第三，法律顾问与聘请方各职能部门之间的关系是法律顾问在对法定代表人负责的基础上的直接服务的工作关系。虽然法律顾问的日常工作时常和各职能部门打交道，但法律顾问不是对职能部门负责，而是通过职能部门对法人负责。

（3）法律顾问合同的履行。法律工作者担任法律顾问，应当在聘请方委托授权的范围内进行活动，有权查阅聘请方的有关文件和资料，列席有关业务会议，进行调查取证，获得必要的工作条件和方便。另一方面，法律顾问不得参与和干预与执行职务无关或者未经委托的其他事务，不得泄露聘请方要求保密的事项。

法律顾问因故不能按时履行职务时，应及时通知聘请方。法律顾问聘应合同履行期间，一方提出变更或者解除合同的，应当与对方协商一致，否则应承担违约责任。法律顾问聘应合同终止后，聘请方要求续聘的，可与法律服务所协商订立新的聘应合同。

法律服务所应当对法律顾问的工作加强检查和监督，定期听取聘请方的意见；发现不称职的，及时与聘请方协商撤换。

（三）法律顾问的工作制度和工作原则

1. 法律顾问的工作制度。法律顾问工作的重点是协助聘请方依法管理、依法经营、依法办事。担任法律顾问，应当建立如下工作制度：

（1）工作计划制度。法律服务人员担任企业法律顾问工作时，必须对所在地的各企业的组织机构、制度建设、经济发展等情况进行详细的了解，对需要法律服务的各项事宜进行充分的调查，制订具体的年度法律服务计划，并交法律服务机构存档。

（2）工作日志制度。法律服务人员应将顾问单位的基本情况，提供法律服务的时间、内容、方法和结果详细记载。做到一企一卷，一事一记，一次一记。办理具体法律事务的，要一事一档。

（3）工作交流制度。法律服务机构应当定期研究、探讨法律顾问工作，总结、交流经验教训，不断改进工作方法，提高服务质量。

（4）定期服务制度。法律服务人员为企业提供法律服务，每月至少联系一次。

（5）回访、检查制度。法律服务机构应当定期听取或征求顾问单位对法律顾问工作的建议和意见，顾问单位不满意的法律服务人员，要及时予以更换。

2. 法律顾问工作的原则。

（1）合法性原则。这一原则是法律顾问工作的出发点和履行职责的最基本要求。法律顾问要通过自身富有成效的工作，使企业依法办事、依法经营管理。当企业合法权益受侵害时，法律顾问要依法律规定及合同约定全力予以维护。如果企业谋取的权益是违法的，法律顾问不应支持、维护，而应当指出其违法性，提出合法的建议。聘请方坚持违法行为且不愿纠正的，法律顾问可以拒绝代理，建议基层法律服务所终止合同。

（2）事前防范为主的原则。法律顾问的业务工作基本上可分为"事前防范性"和"事后补救性"两大类。前者是从法律的角度避免风险，预防纠纷的发生；后者是纠纷发生后进行妥善处理，维护企业的合法权益。有效的事前防范，可以为企业节约大量的管理成本，这也是企业配备法律顾问的主要目的。因此，评价法律顾问的水平和业绩，不应当仅仅是看其"打官司"的能力和业绩，更重要的是要考察其避免纠纷、消除"打官司"隐患的能力和业绩。

这就要求法律顾问积极依照约定履行职责，为企业在决策前提供"事前法律服务"，对决策项目的风险和法律保障等问题提供法律依据和对策措施，保证决策项目的合法性和经济技术的可行性，有效地预防潜在的风险和纠纷的发生。在参与重要项目的谈判和合同的签订活动时，保证决策项目的合法性、可行性，堵塞漏洞，预防纠纷。也就是说，法律顾问在参与企业涉及法律问题的重大经营决策中"不仅仅说不"，即不仅仅从法律的制约性上否定一项决策，指出其风险所在，还要为企业经营者指明法律上可行的途径，使企业决策得以实施，使企业的生产经营活动依法进行，减少风险，消除纠纷隐患。

（3）适度原则。企业或经营者活动所涉及的法律事务千头万绪，作为法律顾问不可大包大揽，而要以指导为主、亲自办理为辅的原则进行工作。指导为主就是向有关职能部门介绍相关法律知识和处理法律事务的方法，帮助职能部门处理问题，除特别复杂、重要的以外，一般不直接出面解决，而是由各职能部门组织落实。

另外，法律顾问的职责是依照合同约定向聘请方提供法律帮助，对聘请人的法律事务只能提出建议和意见，不能发号施令，不能要求聘请单位把自己的意见当作决定去执行。即使在合同规定的法律顾问工作范围内，也必须在聘请单位同意的情况下，方可参与其活动，更不能干涉企业的内部事务。

（4）保守秘密原则。法律顾问在处理大量法律事务工作中，接触面很广，能了解企业的生产经营和经济技术等很多信息，甚至企业的核心机密，如企业的重大经营决策，企业的商业秘密，企业的商标、专利等。因此，法律顾问应当对接触和了解到的商业秘密、不宜公开的事项及个人隐私要严格保密，决不允许泄密。

（四）法律顾问的基本工作流程

1. 主动熟悉和了解情况。了解顾问单位的基本情况、运营状况、管理架构、部门结构、业务流程。包括但不限于：单位性质、职能、经营范围、内部结构及负责人、隶属关系、主要关联方；主要负责人及其家庭的情况；近期的法律事务的性质、种类以及是否有特急事项；中远期可能需要提供法律服务的事务的性质、种类及应进行的前期准备；对所需提供法律服务的事项进行归类、整理等。

2. 业务受理。接受顾问单位的相关咨询，根据顾问单位的申请审查合同，参加商务谈判，受聘代理诉讼、仲裁等相关法律事务。

3. 提供服务。接受顾问单位的相关业务后，按照受理业务的不同种类，提供相应的法律服务。

4. 记录归档。对提供的法律服务应及时记录。按照法律服务的类型，依下列方法详细地对服务内容、程序及相关建议或处理结果分别进行总结、记录和归档。

（1）工作日志。这是法律顾问服务事项的简单记录，按照日期记录。

（2）法律顾问服务记录。这是法律顾问在服务过程中，根据服务事项填写的记录性表格，表明服务内容、意见等主要事项。

（3）法律咨询服务记录。这是法律顾问对于公司口头或电话咨询事项填写的记录性表格。

（4）会议纪要。这是法律顾问参与公司召开的会议或者与公司进行法律服务事项会谈时，制作的记录性法律服务文书，会议纪要按照固定格式制作和管理。

5. 年终总结综合评价。就年度总结服务情况，要求顾问单位对服务质量和工作方法作出综合评价；同时就顾问单位的现状提出专业的整体评估。与顾问单位协商制订下年度的服务计划，签订下一年度法律顾问的续约合同。

（五）法律顾问的工作内容和工作方法

1. 参与生产、经营活动决策，就其中较重大的问题进行法律论证，提供法律意见。具体地说，就是对顾问方在生产经营、行政管理等工作中遇到的涉及法律的问题提供意见、建议和法律依据，为决策者把好法律关，使顾问方在合法的前提下，取得最大的经济效益。为顾问方的工作、生产、经营及其决策等活动提供法律服务是法律顾问的重要业务职能。

法律顾问为顾问方提供法律意见，立足点应放在顾问方决策事项涉及的政策法律问题，从法律可行性研究方面提出意见，供顾问方参考。法律可行性研究的内容包括：某项决策是否符合我国法律、政策的规定；采取什么样的法律形式与外界发生经济关系对顾问方更有利；采取什么样的法律形式行使管理权才能使顾问方的活动对国家更有利，实施该项决策会产生什么样的法律后果。对此，法律顾问需要制作法律意见书，提交顾问单位。

法律顾问出具法律意见书的步骤：

（1）收集资料。法律顾问可要求顾问单位提供相关事项的资料，尽量收集齐全、完整，对无法自行收集的证据，法律顾问也可以申请法律法规授权的有关部门收集和调取证据。

（2）审查分析。法律顾问依据法律、法规、规章和政府指导性文件的有关规定，结合已掌握的资料和相关事项的法律事实进行综合分析，提出所要论证的事项或事务的利与弊，即可行的理由、不可行的原因。

（3）撰写法律意见书。法律顾问根据所占有的资料和分析的结果，撰写法律意见书，并应提示相关的法律事务的法律风险和避免法律风险的途径和方法。

（4）签名盖章。法律顾问出具法律意见书应当加盖基层法律服务机构的公章，并由承办的法律顾问签名。

（5）法律意见书立卷归档。法律顾问在制作法律意见书过程中形成的工作记录、查阅的有关文件、会议纪要、谈话记录等资料均应归档保存。

2. 协助起草、审查合同等法律事务文书。无论是国家机关，还是企事业单位或者公民个人，对外发生行政的、经济的、民事的等各种法律关系，都是通过法律事务文书来实现的。合同、协议章程、规则、声明、决定、律师函、起诉书、答辩状等，这些法律事务文书成为组织、个人进行活动的手段和工具。法律顾问为顾问单位草拟、审查法律事务文书的合法性、可行性，可以保证顾问单位行为的正确实施，并得到法律保护。

担任企业的法律顾问，其重要任务是把好签订合同的法律关。法律顾问应企业的要求或依据法律顾问合同的约定协助企业起草、审查重要合同等法律事务文书。其中，合同审查是法律顾问工作中的一项重要内容，是指从法律方面对企业合同进行的法律把关，是企业签订合同之前的必经程序。企业合同的审查主要包括四个方面的内容：合同主体是否合法，合同形式是否合法，合同内容是否合法，合同订立程序是否合法。通过对企业合同进行法律审查，可以发现合同中的某些问题，可以减少和避免不必要的分歧和争议，提高合同履行率。即使因为某些特殊原因发生了违约或者争议，也可以比较顺利地解决问题，得到必要的补偿，避免或减少损失的发生，有利于维护企业利益，保障企业合法经营。

（1）审查合同主体是否合法。合同的主体是依据合同享有权利、承担义务的合同当事人。审查合同主体是否合法就是审查合同当事人的主体资格是否合法，也就是审查当事人是否具备相应的民事权利能力和民事行为能力。合同主体性质不同，审查的内容和方法也不同。

第一，对法人的资格审查。对法人的资格审查主要从以下几方面进行：是否依法成立；有没有必要的财产或经费；是否有自己的名称、组织结构和场所；是否能独立承担民事责任。判断一个经济组织是否具有法人资格，主要是看其是否有国家工商行政管理机关颁发的《企业法人营业执照》。

第二，对非法人单位的资格审查。非法人单位是指未取得法人资格，但依法定程序和条件取得营业执照，法律允许其从事生产经营活动的组织。对这类组织，应审查其是否按规定登记并取得《营业执照》。有些法人单位设立的分支机构或经营单位，可以在授权范围内，以其所属的法人单位的名义签订合同，产生的权利义务由该法人单位承受，对这类组织，主要审查其所属的法人单位的资格及其授权。

第三，对对方当事人的资格审查。对方当事人如果是外国的企业、组织的，对其主体资格的审查更应该慎重，应搞清其法律地位和性质。审查的内容主要有三项：该企业或组织是否合法存在；法定名称、地址、法定代表人姓名、国籍以及企业或组织的注册地；企业是有限责任公司还是无限责任公司，是否具备法人资格。

第四，对自然人个人的资格审查。对自然人的资格审查主要是对自然人的自然状况的了解，确定其是否具有相应的民事行为能力。如果该自然人所签订的合同是依法不能独立订立的合同，应及时取得该自然人的法定代理人的追认。

第五，对保证人的资格审查。合同的签订要求有保证人担保时，还应审查保证人的主体资格的合法性：①保证人必须具有民事行为能力。②保证人必须具有代为清偿主债务的能力。③保证人还必须符合以下规定：国家机关不得作为保证人，但是经国务院批准为使用外国政府或国际经济组织贷款进行转贷的除外；学校、幼儿园、医院等以公益为目的的事业单位、社会团体不得作为保证人；企业法人的分支机构（除有书面授权）、职能部门不得作为保证人。

第六，对代订立合同的代理人的资格审查。所谓代订立合同是指代理人在授权范围内以被代理人的名义与第三人签订合同，所签订合同的法律后果由被代理人承担。因此，在审查合同时一定要审查代理人的代理身份和代理资格，即是否有被代理人签发的授权委托书，其代理行为是否超越了授权范围，代理权是否超出了代理权限。

第七，特殊行业的当事人，从事一些重要的生产资料或特殊商品的生产和经营，法律或行政法规要求取得生产许可证、经营许可证或相应的资质。在这种情况下，企业法律顾问在审查合同主体资格合法性的时候，还应要求对方出示相应的证明。

（2）审查合同订立程序、合同形式是否合法。审查合同订立程序是否合法，应从以下几个方面进行：①审查合同是否需要经过有关机关批准或登记或备案，如果有关法律、法规规定需要履行上述手续的，应审查是否履行了上述手续。②若合同中约定经公证后合同方能生效，应审查合同是否经公证机关公证。③如果合同附有生效期限，应审查期限是否届至。④如果合同约定第三人为保证人的，应审查是否有保证人的签字或盖章；采取抵押方式担保的，若法律规定或合同要求必须办理抵押物登记的，应审查是否办理了登记手续；采取质押方式担保的，应按合同中约定的质物交付时间，审查当事人是否履行了质物交付的约定。⑤审查合同双方当事人是否在合同上签字或盖章；签名或印章上的企业名称是否和当事人姓名或者名称一致；签字人是否是企业法定代表人或其授权代表；签字盖章的方式是否符合法律规定或合同的约定；等等。

合同的形式应当符合要求。当事人订立合同，有书面形式、口头形式和其他形式。如果法律、行政法规规定采用书面形式的，应当采用书面形式。例如《合同法》《担保法》规定，融资租赁合同、建设工程合同、技术开发合同和技术转让合同及借款合同（自然人借款另有约定的除外）、保证合同、抵押合同、质押合同等，应以书面形式约定。其他合同，如果当事人约定采用书面形式订立的，也应当采用书面形式。但如果法律、法规规定或当事人约定采用书面形式，当事人未采取书面形式但一方已经履行主要义务，对方接受的，该合同成立。同样，采用合同形式订立合同，在签字或盖章之前，当事人一方已经履行主要义务，对方接受的，该合同成立。

有些情况，同一个合同采用不同的形式，其法律后果是不一样的。例如，对于一般的赠与合同，赠与人在赠与财产的权利转移之前可以撤销赠与，但是对于经过公证的赠与合同，赠与人不得随意撤销赠与。

对于企业来说，合同一般都是比较重大、复杂的，一般也不是即时清结的，所以应该尽量采用书面形式。

（3）审查合同的具体条款。合同的条款涉及双方的权利义务，关系到是否能够实现合同的目的。因此，这是合同审查中的重点。

第一，审查内容是否合法。企业签订合同，总是为了达到一定的经济目的。

但是，只有合法的合同才能受到法律的保护，才能依法实现自己的目的。如果合同违法，就可能被认定为无效，不但不能达到签订合同的预期目的，还可能受到法律的制裁。因此，合同内容是否合法，是企业合同审查中最重要的内容。进行合同内容合法性审查应当重点审查合同内容是否损害国家、集体或第三人的利益，是否有以合法形式掩盖非法目的的情况，是否损害社会公共利益，是否违反法律法规的规定。这几种是《合同法》明确规定合同无效的情况，也是企业签订合同中经常会发生的情况，要注意避免。

第二，审查合同的履行和中止条款。《合同法》第62条明确规定了合同中部分条款在约定不明的情形下的履行方法，对这部分条款需仔细审查，包括质量标准、价款或报酬、履行地点、履行期限、履行方式、履行费用等条款。《合同法》规定了双务合同中的不安抗辩权、先履行抗辩权和同时履行抗辩权，因此在审查合同时，应结合违约责任的约定注意审查双方义务的履行顺序问题。

第三，审查合同的终止和解除条款。首先，合同的终止和解除是两个不同的法律概念，二者在效力及适用范围上存在明显不同，在审查合同时要特别注意是否正确应用。其次，要合理应用《合同法》赋予当事人以约定来终止与解除合同的权利。如《合同法》第91条最后一项授权合同的当事人在合同终止的法定情形之外还可以自行约定终止情形。在审查这部分约定时，应结合关于违约责任的约定来分析对合同终止的约定是否属于可以且必要的情形。《合同法》第93条规定了当事人双方可以在合同中约定解除合同的条件，这些条件的设置往往与一方违约相联系，这是在合同审查时需注意的问题。另外，《合同法》第94条规定了单方解除合同的情形，但应当注意这种解除权是一种单方任意解除权而非法定解除权，对该条的适用仍需当事人的约定。同时，这种解除需要提出解除的一方通知对方，且在通知到达对方时发生解除的效力。这也是在合同审查时需要注意的问题之一。特别是在一方迟延履行时，只有这种迟延达到根本违约的程度时，另一方才享有单方解除权，否则应给予违约方合理期限令其履行合同义务而不能解除合同。最后，还要在审查时注意一个重要问题，即是否约定了行使解除权的期限。根据《合同法》第95条的规定，双方可以约定行使解除权的期限，没有约定的适用法律规定，法律也没有规定的，则在对方催告后的合理期限内必须行使，否则会导致该权利的丧失。合同法分则许多条款都有关于法定解除权的特别规定，如赠与合同、不定期租赁合同、承揽合同、委托合同、货运合同、保险合同等中的法定解除权的内容，这要求审查时掌握合同法分则对各类合同的具体规定。

第四，审查合同的争议解决条款。根据我国《合同法》第128条的规定，合同争议的解决方式有四种：和解、调解、仲裁和诉讼。对此，当事人可在合同中约定争议解决方式。由于和解和调解并非解决合同争议必经的程序，即使合同当事人在合同争议条款中作了相应的规定，当事人也可不经和解或调解而直接申请仲裁或提起诉讼。故选择仲裁还是诉讼解决合同争议是订立合同争议条款要解决的一个重要问题，也是合同审查的重点。

仲裁与诉讼各有特点。仲裁是指双方当事人根据有效的仲裁协议，将纠纷提交给仲裁机构进行处理的一种争议解决方式。仲裁协议一旦依法成立，当事人不得再就争议事项向法院提起诉讼。同诉讼相比，仲裁具有快速、便捷、高度保密、裁决便于执行、能够充分体现双方当事人的意思自治、有利于维持和发展争议双方之间的商事关系等特点。而诉讼是解决合同争议中使用得最多的纠纷解决方式。假若合同中没有有效的仲裁条款，也没有另外达成有效的仲裁协议，即使合同中没有约定诉讼，当事人仍有权就该合同争议向人民法院起诉。我国的诉讼制度与仲裁制度相比，具有程序严格、公正，对当事人的诉权保障全面，法官审判经验丰富等特点。

审查仲裁条款，应注意以下方面：

审查仲裁条款的有效性。因为合同当事人将合同争议提请仲裁，必须基于有效的仲裁协议。根据《仲裁法》第16条第2款的规定，仲裁协议必须具备三个要素：一是要有请求仲裁的意思表示；二是要有仲裁事项；三是要有选定的仲裁委员会。常见的不规范仲裁协议有：①约定了仲裁地点，但没有约定仲裁机构，或虽然有约定，但约定的仲裁机构的名称的方式、术语不规范。[1] 例如，争议在"合同签订地（履行地）仲裁解决""争议所在地仲裁解决"，争议由"本市仲裁机关仲裁""本市有关部门仲裁""当地仲裁委员会仲裁"，争议由"××市经济合同仲裁委员会仲裁"等。②同时约定两个仲裁机构仲裁。《最高人民法院关于同时选择两个仲裁机构的仲裁条款效力问题的函》（法函〔1996〕176号）对于约定两个仲裁机构的，被认定为有效的仲裁条款，当事人只要选择约定的仲裁机构之一即可进行仲裁。例如，争议可提交"A市有关仲裁机构仲裁"或"B市有关仲裁机构仲裁"。③既约定仲裁，又约定诉讼。例如，发生争议向"合同履行地（签订地）仲裁机关申请仲裁，也可以直接向人民法院起诉"，争议由"合同履行地仲裁机关仲裁，对仲裁不服，向人民法院起诉"。在现实案例中，上述各类不规范的仲裁协议，虽不是一律被认定为无效，但会因为无法明确当事人的仲裁意思表示或无法确定仲裁机构而导致无效。

---

〔1〕《最高人民法院对仲裁条款中所选仲裁机构的名称漏字，但不影响仲裁条款效力的一个案例的批复意见》（法经〔1998〕第159号）中对当事人的仲裁条款中选定的仲裁机构将名称漏掉"经济"二字，认定为不影响该仲裁条款的效力，为有效条款。

审查合同对仲裁事项的约定。我国《仲裁法》第2条规定，平等主体的公民、法人和其他组织之间发生的合同纠纷和其他财产权益纠纷，可以仲裁。这项规定不难理解，但在实际操作中合同当事人如何针对自身的情况确定提请仲裁的事项是一个值得注意的问题。如合同当事人属于长期合作关系，双方在前合同尚未履行完毕时又签订了含有仲裁条款的合同，且两合同的履行具有一定的交叉性，这样会导致合同当事人之间的纠纷一部分在仲裁管辖范围内，一部分在诉讼管辖范围内，所以一旦发生合同争议，就会出现合同当事人既要进行仲裁，又要到法院诉讼的情况。故为防止类似问题的发生，合同当事人在约定仲裁协议时，应将对前期没有约定仲裁方式的前合同一并写入新合同争议条款中。

审查以诉讼方式作为争议解决条款时应注意，根据我国《民事诉讼法》的规定，只有因合同发生的纠纷，可以由双方当事人通过订立合同争议条款自由约定由哪个法院来管辖，这在法律上称"协议管辖"。合同当事人可以通过约定一个对自己有利的法院（往往规定在本地法院）来管辖案件，这样既可以节省费用，又可避免地方保护主义因素产生的不利影响。

应注意的是，合同当事人的这种自由选择权是有条件限制的，这些限制主要表现在以下几个方面：协议管辖不得违反级别管辖与专属管辖；被选择的法院必须与合同有关联，即只能在被告住所地、合同履行地、合同签订地、原告住所地、标的物所在地的法院中进行选择，而当事人在商定合同争议条款时应做到表述明确，选择的管辖法院是确定、单一的，不能含糊不清，更不能协议选择两个以上管辖法院；合同当事人只能就第一审案件决定管辖法院，而不能协议决定第二审法院；双方必须以书面方式约定管辖法院，口头约定无效。

3. **代理参与商务法律事务谈判。**参与谈判是法律顾问为顾问单位进行法律服务的重要方式。其任务一方面保证顾问单位的行为合法，并在法律允许的范围内，使之获得最大的经济利益；另一方面及时制止、揭露对方的违法行为以及侵犯顾问单位合法权益的行为，维护顾问单位的合法权益。法律顾问参与经济谈判，可以了解顾问单位的经济活动情况，从而在各个环节为顾问单位把关，保证顾问单位每个步骤都具有法律依据，并为谈判后合同的订立履行打下良好的基础。

法律顾问在谈判前应当了解谈判事项、谈判对方的基本情况、谈判进行程度、谈判分歧、谈判进程计划等。不清楚相关情况时，应当与具体经办人核实相关情况。必要时，法律顾问可以对谈判对方的基本情况、资信状况予以调查。

法律顾问参与谈判事宜，只对谈判中涉及法律的问题提供意见，从合法性角度把握谈判，不得对顾问单位的经营活动进行不适当干预。法律顾问根据谈判事项的差异，可以采用以下方式处理：

（1）由法律顾问对谈判事项提供《法律意见书》，由顾问单位具体经办人根据法律顾问意见与对方进行磋商谈判。

（2）纯法律事务谈判，应公司要求由法律顾问单独与对方进行谈判。由法律顾问单独进行的谈判，法律顾问应当将谈判结果及时反馈给顾问单位，对谈判情况提供法律顾问意见供公司决策参考，并根据顾问单位意见进行下一步谈判或制定相关协议文本。

（3）综合性谈判，由法律顾问会同顾问单位的相关部门共同参与谈判，法律顾问同顾问单位各部门按照谈判内容进行分工合作，法律顾问应当对整个谈判的法律问题进行综合考虑，并对整体谈判法律问题提供意见供顾问单位参考。

（4）由顾问单位人员进行的谈判，法律顾问应当对有关情况及时予以了解，根据谈判结果提供新的顾问意见。

（5）对方聘请律师参与的谈判，法律顾问应当直接参与。

法律顾问应当在每次谈判后对谈判过程涉及的新的法律问题进行法律论证，适当调整谈判方案，为进一步谈判做好准备，必要时，可提请顾问单位召开协调会，对谈判情况进行通报、研讨，并就进一步谈判确定谈判方案。每次谈判的主要分歧涉及法律问题的，法律顾问对于顾问单位能否让步以及让步的方式提出建议。法律顾问建议以《法律意见书》或《法律顾问谏言》的形式提出。

重大谈判前法律顾问应当进行法律可行性论证，确定谈判方案，并就谈判有关事项与顾问单位进行沟通，取得共识或确定谈判工作原则。

法律顾问在谈判结束后，应当根据谈判结果制作《风险提示书》，对合同履行过程中应该注意的问题予以提示。

法律顾问根据谈判需要，可建议公司对谈判中的专业问题进行咨询或聘请其他专业机构或专业人士提供服务。

4. 协助建立健全各项管理制度，特别是经济合同管理制度。协助顾问单位建立健全包括管理制度和工作制度在内的各项管理制度，是法律顾问工作的一项重要内容，它对于促进顾问单位工作秩序化、规范化、合法化具有重要意义。特别是建立合同管理制度，其主要作用在于事前防范与事中控制，辅助作用是事后补救。它是防范风险的基础性制度，该制度的作用将体现在合同缔约准备、审核签订、依约履行、争议处理和违约救济等方面。

合同管理制度的内容主要包括：合同管理机构的设置与职责，合同基础资料管理，合同模版，合同签订，合同履行，纠纷处理，监督检查与奖惩。建立合同管理制度，将使公司职员在合同范本使用、授权委托、公章（合同专用章）的使用、合同评审、合同纠纷预警、合同纠纷处理、合同管理统计和合同监督检查等细节方面有章可循。

根据顾问单位的实际情况，法律工作者担任法律顾问期间应及时收集顾问单位各类合同文本，并结合顾问单位的实际情况，从法律的专业角度进行分析研究，规范合同的各项要件，对原合同中欠缺之处加以审定和修改，协助制定标准的合同文本，使顾问单位经常采用的合同格式化、规范化，达到减轻及防范风险的目的。

5. 参与处理尚未形成诉讼的民事、经济、行政纠纷和其他较重大的纠纷（见本教材的其他相关部分）。

6. 代理参加行政、经济、民事纠纷、案件的调解、仲裁和诉讼活动。对于法律服务所与聘请方在聘请合同中约定代理聘请方的诉讼、调解和仲裁活动，法律顾问应代理参加诉讼，不再与聘请方签订委托代理合同，也不再另行收费。如果没有在聘请合同中约定的，对于聘请方的诉讼、调解和仲裁活动，法律顾问无代理参加的义务。如果聘请方需要法律顾问代理参加诉讼、调解和仲裁活动，则应另行签订委托代理合同，并另行收取费用。

7. 代理工商登记、联营、租赁、承包、担保、税务、信贷、保险等业务活动中的法律事务。

（1）对工商登记、税务、信贷、保险等代理业务，首先由顾问单位出具授权委托书，并向法律顾问移交办理上述事项的相关资料。然后，由法律顾问依办事流程代为办理相关事项。如有需要，法律顾问可以要求顾问单位随时补充材料。对重大事项的决定，如果没有特别授权，应及时征求顾问单位的意见。

（2）对联营、租赁、承包、担保等代理事项，要审查对方当事人的主体资格，重点对联营、承包、担保三类事项进行可行性分析，并出具法律意见书，还可参与合同的谈判和起草合同文本。在合同的履行阶段，及时检查合同的履行情况，发现风险应及时提醒顾问单位维护自己的合法权益。

8. 协助对职工进行法制宣传教育。为从整体上提高顾问单位员工的法律素养和意识，结合顾问单位自身情况，对在顾问单位运行中涉及的专项问题，基层法律服务机构应当委派具备相应资质的专业的法律工作者对管理人员、一般员工及专题项目组成人员进行法律培训。

根据顾问单位实际情况的需要，可以采用定期或不定期的方式进行法律培训。进行法律培训应当注重以下几方面：

（1）从需要培训的对象的实际情况出发进行培训，做到有的放矢。

（2）培训的内容应当紧密地结合顾问单位的实际情况，使培训内容与实际相结合。

（3）培训方式的适当化。

（4）培训内容的合法化、程序化。

（5）培训用语的通俗化、案例化。

（6）注重培训结果，定期回访。

9. 受托办理其他法律服务业务。

三、基层司法所服务企业的主要形式

（一）主动服务地方企业，推进地方经济健康发展

1. 对所在地企业的法律事务情况进行调研。由司法行政部门牵头，对辖区企业的法律事务情况进行调研。主要方式是，法律工作者分别进驻辖区负责的企业，通过与企业经营者、管理人员、员工交谈，审阅企业文件等方式，对企业的规章制度、操作规程、合同文本、交易习惯等经营事务进行逐一分析，从法律角度对企业的运营、投资、重组以及如何规避风险提出应对措施。最后，将分析汇总的数据反馈给企业，提出针对性的法律意见和建议。对银行欠贷、民间负债、职工欠薪、企业担保承担连带责任以及资产重组、知识产权保护等共性、关键性问题，法律服务人员应加强与企业主的联系和沟通，通过资深法律职业者联席会、座谈会等形式，认真研究对策措施，提出法律意见和建议，并及时上报政府和相关部门，为政府科学决策、解决企业当前面临的困难当好法律参谋。

2. 建立法律服务单位挂钩服务企业制度。根据企业实际情况，逐步健全企业法律顾问制度，建立法律服务单位挂钩服务企业的长效机制。帮助有条件的企业建立法律顾问制度，鼓励和引导律师、法律服务工作者为企业提供各类法律服务，起草和审查合同，参与企业谈判，代理企业的诉讼和仲裁案件，在预防纠纷上下功夫，增强忧患意识。同时，法律顾问在为企业出谋划策，在当好参谋助手的基础上，提前介入企业的谋划、生产、营销活动。不具备条件的企业，帮助其建立法律服务单位挂钩服务制度，指定企业法律服务联系人，通过走访或派发调查问卷等形式，听取企业领导和职工对法律服务工作的需求和建议。开展"法律进企业"活动，宣传企业迫切需要了解的合同法、公司法、环境保护法、税法以及土地征用、诉讼程序等方面的法律知识，为企业提供免费法律咨询。

3. 建立涉企法律服务"绿色通道"。利用司法行政系统的法律服务资源力量，开辟一条方便、快捷、高效、优质的法律服务"绿色通道"，为企业解决涉法涉诉问题提供法律服务。法律服务人员对重点企业申办的单方委托事项要主动上门服务，对企业抵押贷款合同及经济合同、招商引资、重要民商事活动及重大工程建设等方面的法律事务，实行优先接收、优先办理、优惠收费。

（二）法律宣传与咨询

目前，基层法律服务有向政府主导、扶持下的公益性、救济性的社会法律服务模式发展的趋势，开展经常性的法律宣传与咨询不再是为揽业务增收入，而是更多地承载了服务民众、促进和谐的社会公益目的。通过深入开展"送法进企业"活动，在各法律服务单位制作法制宣传栏，将项目名称、责任单位、责任

人、联系电话进行公示，不定期上门开展法制宣传，提供法律咨询、法律服务，排查化解各类矛盾纠纷，从而确保社会稳定与和谐。

基层法律服务所开展法律宣传与咨询，要注意以下几点：①内容要简洁，形式要活泼。②利用重大节日，开展主题宣传活动。如利用"五一"劳动节、"3·15"消费者权益保护日等节日以及重要法律的颁布或实施周年日等，宣传相关法律。③选择重点地段或场所，如农村集市、城镇广场、车站、劳务市场、社区等，对群众关注的法律问题加以宣传。④宣传材料多样化，如发放宣传书籍、法律报刊、学法手册、传单以及具有普法内容的小用具，以及拉横幅标语、摆放宣传展板、现场咨询等。⑤联合派出所、综治、社保、工青妇等部门一起参与有关社会公益活动，或者积极鼓励放假的中小学生、各类志愿者参与有关的法律宣传。

（三）调解劳动者与企业之间的劳动纠纷

劳动关系当事人之间因劳动的权利与义务发生分歧而引起的争议称为劳动纠纷。其中有的属于既定权利的争议，即因适用劳动法和劳动合同、集体合同的既定内容而发生的争议；有的属于要求新的权利而出现的争议，是因制定或变更劳动条件而发生的争议。劳动纠纷的发生，不仅使正常的劳动关系得不到维护，还会使劳动者的合法利益受到损害，不利于社会的稳定。司法行政部门应将劳资矛盾纳入人民内部矛盾调处调解范围，加强对劳资矛盾隐患的排查，努力将纠纷苗头控制在当地，从源头上预防和减少劳动纠纷。

对此，司法行政部门一方面坚持"调防结合、以防为主"的工作方针，加强对人民调解员的选任、培训和日常管理，加强人民调解员队伍建设，大力推广在民营企业、私营企业建立调解委员会，加强行业性、专业性调委会建设。街、镇司法所要充分发挥各自基层信息员的作用，建立健全各级横向定期信息沟通报送机制，共同建立劳动纠纷预警系统，联合构建劳动纠纷排查网络体系，对辖区内劳动纠纷隐患进行联合排查，并建立排查档案。另一方面，对已经发生的劳动纠纷依据《劳动法》《劳动合同法》·《劳动争议调解仲裁法》以及《最高人民法院关于审理劳动争议案件适用法律若干问题的解释》《最高人民法院关于审理劳动争议案件适用法律若干问题的解释（二）》《最高人民法院关于审理劳动争议案件适用法律若干问题的解释（三）》《最高人民法院关于审理劳动争议案件适用法律若干问题的解释（四）》等法律法规及其他规定，妥善调解劳动纠纷，保护劳资双方的合法权益，特别是劳动者的权益。

（四）帮助困难职工依法获得法律援助

根据《法律援助条例》《律师和基层法律服务工作者开展法律援助工作暂行管理办法》《司法部关于充分发挥司法行政工作职能作用促进解决企业拖欠农民

工工资问题的通知》《司法部建设部关于为解决建筑领域拖欠工程款和农民工工资问题提供法律服务和法律援助的通知》等文件的规定，政府及律师、法律工作者等法律服务机构及人员有义务为需要提供法律援助的人提供及时有效的公益性法律服务。

1. 尽可能地通过各种方式和渠道，开展有关法律援助的法规政策宣传，并用展板、标牌、手册、活页等形式对法律援助机构地址和联系方式、法律援助手续办理须知等进行告示，便于劳动者依法申请法律援助。

2. 各司法所和法律服务所对符合法律救助条件的、经济困难的劳动者一方当事人要积极开展法律援助工作，通过法律援助将大量涉及经济困难和弱势劳动者的劳动争议和群体性劳动争议当事人导入依法维权的正确轨道上来。

3. 法律服务工作者要引导企业规范用工管理，积极参与劳动纠纷调解工作，及时消除劳资隐患；指导企业依法、慎重处理裁员及倒闭、破产企业的职工安置工作，维护职工合法权益；引导有关企业、债权人通过合法的程序和途径表达诉求、解决问题；协助政府处理金融危机引发的信访问题和突发群体性事件，坚持群访群诉案件和群体性纠纷报告制度，促进和谐劳动关系的构建。积极承办破产企业、困难企业、下岗职工的相关法律事务，要主动减、缓、免收费；符合法律援助条件的，要落实法律援助的各项规定。

学习情境

1. 法律意见书的出具。
2. 合同（协议）的审查。
3. 劳动纠纷的化解。
4. 工伤纠纷的调解。

【范例1】

〖案情简介〗

李某有一独资企业，成立于2010年7月。经营几年来，李某费力费神，但盈利很少，故想整体转让该企业。现就此事咨询该企业聘请的常年法律顾问。

〖操作指引〗

1. 接待企业主关于企业转让的相关法律问题咨询。

（1）了解该企业主的真实意图，即是经营权转让还是财产转让。

（2）了解转让人与受让人的基本情况，如该企业是该企业主的个人财产还是夫妻共有财产或者是家庭共有财产。还要看受让人的基本情况，如有无行为能力。

（3）了解该企业的债权债务、知识产权等财产情况，如数额、种类、债权人是否同意转让、有无担保等。

2. 就本案解答当事人的相关疑惑。

（1）告知当事人该企业可以转让。《个人独资企业法》第17条规定，个人独资企业投资人对本企业的财产依法享有所有权，其有关权利可以依法进行转让或继承。但转让涉及其他债权人的，需征求其同意。另据《个人独资企业登记管理办法》第17条规定，个人独资企业因转让或者继承致使投资人变化的，个人独资企业可向原登记机关提交转让协议书或法定继承文件，申请变更登记。

（2）告知该企业债务的承担责任。根据《个人独资企业法》第2条和第18条规定，自然人设立个人独资企业有两种出资形式和责任承担方式：一是投资人以个人所有的财产出资的，依法以个人财产对企业债务承担无限责任；二是以家庭共有财产作为个人出资的，依法以家庭共有财产对企业债务承担无限责任。

（3）告知当事人企业转让的收入需缴纳个人所得税。

3. 为企业主起草《出资转让协议书》，出具《法律意见书》。

附：《出资转让协议书》和《法律意见书》样本

出资转让协议书

（参考格式，适用于个人独资企业）

转让方（甲方）：

身份证号码：

地址：

受让方（乙方）：

身份证号码：

地址：

_____企业（以下简称"企业"）于_____年_____月_____日在_____市设立，由甲方个人投资并经营，"企业"全部财产属甲方个人所有，并拥有完全的处分权，"企业"出资额为_____币_____万元。甲方愿意将其在"企业"的全部出资及与此相关的合法权益（以下称出资）转让给乙方，乙方愿意受让。

现甲乙双方根据《中华人民共和国个人独资企业法》和《中华人民共和国合同法》的规定，经协商一致，就转让出资事宜，达成如下协议：

一、转让价格及转让款的支付期限和方式：

1. 甲方以人民币_____万元的价格将其在"企业"的全部出资转让给乙方。

2. 乙方应于本协议书生效之日起_____日内以银行转账（或现金支付）的方式分_____次（或一次）将上述款项支付给甲方。

二、甲方保证对上述出资拥有所有权及完全处分权，保证在出资上未设定抵押、质押，保证出资未被查封，保证出资不受第三人之追索，否则，甲方应承担由此引起的一切经济和法律责任。

三、转让的效力：

自本协议书项下的转让完成之日起，乙方对"企业"全部财产享有所有权及相关的权益，并以其个人财产对"企业"债务承担无限责任。

四、违约责任：

1. 本协议书一经生效，双方必须自觉履行，任何一方未按协议书的规定全面履行义务，应当依照法律和本协议书的规定承担责任。

2. 如乙方不能按期支付转让款，每逾期一天，应向甲方支付逾期部分转让款的万分之_____的违约金。如因乙方违约给甲方造成损失，乙方支付的违约金金额低于实际损失的，乙方必须另予以补偿。

3. 如由于甲方的原因，致使乙方不能如期办理变更登记，或者严重影响乙方实现订立本协议书的目的，甲方应按照乙方已经支付的转让款的万分之_____向乙方支付违约金。如因甲方违约给乙方造成损失，甲方支付的违约金金额低于实际损失的，甲方必须另行予以补偿。

五、甲乙双方经协商一致，可以变更或解除本协议书。经协商变更或解除本协议书的，双方应另行签订变更或解除协议书，经_____公证处公证。

六、有关费用的负担：

在本次出资转让过程中发生的有关费用（如公证、评估或审计、工商变更登记等费用），由_____承担。

七、争议解决方式：

因履行本协议书所发生的争议，甲乙双方应友好协商解决，如协商不成，按照下列方式解决（任选一项，且只能选择一项，在选定的一项前的方框内打"√"）：□ 向_____仲裁委员会申请仲裁；□ 向中国国际经济贸易仲裁委员会深圳分会申请仲裁；□ 向有管辖权的人民法院起诉。

八、生效条件：

本协议书经双方签署并经_____公证处公证后生效。双方应于本协议书生效后依法向工商行政管理机关办理变更登记手续。

九、本协议书一式_____份，甲乙双方、_____市公证处各执一份，其余报有关部门。

转让方（甲方）：　　　　　　　　受让方（乙方）：

　　　　年　月　日　　　　　　　　　　　　年　月　日

于_____市签订

法律意见书

×××有限公司

×××董事长阁下：

×××法律服务所接受贵公司的委托，指派本律师就企业转让事宜出具法律意见书，本律师审阅了《企业法人营业执照》，参考了《个人独资企业法》《外资企业法》《个人独资企业登记管理办法》等法律法规，现发表法律意见如下：

1. 转让的规定及主体要求。

从《营业执照》可知，你公司属于独资经营的企业，虽有有限公司之名，但出资人仍对企业承担无限责任。出资人对企业的财产依法享有所有权，可以依法进行转让。

受让方应当符合独资企业登记主体的要求，是具有完全民事行为的自然人，且不属于法律、行政法规禁止从事营利性活动的人。

2. 转让程序。

（1）订立企业转让协议。协议书内容双方约定，格式参考本律师提供的《出资转让协议书》。

（2）受让方可能要求企业债权债务公告。债权债务公告应当由转让双方联合在企业所在地地市级以上报刊上发布，公告的内容应包括企业转让前的债权债务由谁承担，债权人申报债权的方法、期限（可能适用个人独资企业解散、清算时 60 日的期限）等内容。转让双方在与债权债务人达成债权债务清偿协议后，方能向登记机关申请投资人变更登记。

（3）到工商部门进行变更登记。个人独资企业变更投资人姓名或居所、出资额、出资方式，应当在变更事由发生之日起 15 日内，向原登记机关申请变更登记。登记机关必须凭企业转让协议、债权债务通知公告证明及相关身份证明（双方身份证、企业营业执照、企业公章、法人代表证明书）等材料才能进行变更登记。工商登记人员在审查投资人变更登记手续时，要求能见到转让双方当事人，并亲眼看到双方在转让协议上签字或按手印。

3. 常见的风险防范。

（1）转让后债权债务全部由受让方承担，但这只是转让双方的内部约定，不能对抗拥有债权的善意第三人。有时虽然已转让，但因受让方无力承担债务，转让方还负连带责任。

（2）转让后未到工商部门变更登记，受让方继续用以前的《营业执照》，致使转让方虽然转让了企业，但仍然承担转让的法律责任。告知受让方，此种做法对受让方也是不利的，因为"个人独资企业涂改、出租、转让营业执照的由登记机关责令改正，没收违法所得，处以 3000 元以下的罚款，情节严重的吊销营业执照；承租、受让营业执照从事经营活动的，由登记机关收缴营业执照，责令停止经营活动，处以 5000 元以下的罚款"。

（3）受让方要求公告的，因公告耗费时间太长，尽量不走该公告程序。

综上，希望贵公司适当地注意上述法律问题，防范法律风险，顺利地完成企业转让事宜。

　　顺祝

商祺

××法律服务所律师：×××

××××年×月××日

【范例2】

〖案情简介〗

某单位职工甲与其亲戚介绍的外来生意人乙协商起草了一份购买集资房的协议，乙拿着该协议请求当地司法所工作人员看看是否可行。协议内容如下：

甲方现有一套单位集资房位于××区××号楼×单元×号，房屋面积为 78.02 平方米，出售给乙方，价格为 170 000 元（壹拾柒万元整）。乙方于 2012 年 10 月 1 日预付给甲方 12 万元，剩余 5 万元未付，待甲方负责办理完过户到乙方名下的所有手续后（手续费由甲方承担），由乙方一次性付给甲方剩余款项 5 万元，如因集资房与商品房差价等问题导致房屋手续无法变更，由甲方承担全部违约责任。甲乙双方均不得违约，如任何一方违约，由违约方向守约方支付违约金 5 万元。本协议一式两份，甲乙双方各执一份，签字后生效。

〖操作指引〗

1. 接待当事人时，除了查看该合同文本，还要了解哪些情况？

（1）看甲方是否获得集资房的权属证书。因为根据我国《城市房地产管理法》第 38 条第 6 项规定，未依法登记领取权属证书的，不得转让。在这里，"不得转让"是指不得发生"物权变动"，即房地产登记机构不得办理过户登记。因此，如果甲方获得权属证书，则该房屋才有可能顺利办理过户手续；如果未获得权属证书，则凭此协议暂不能办理过户登记。

（2）看甲方单位对该集资房的有关规定内容。一般情况下，单位会对集资房的交易作出限制或设定条件，如"不得转卖、转让、出租"等。当然，该文件的规定所约束的仅仅是其职工，当职工选择将自己集资所取得的房屋转让给他人时，该约定不具有对抗第三人的效力。然而，了解这些约定，有利于甲乙双方提前应对，特别是防止甲方及其单位以这些限制或条件为由拒不履行转让集资房的协议。

2. 如何看待该合同的效力？

买卖房屋一般经过两个程序：一是签订一份买卖合同（协议），这是债权行为，双方受该约定的约束；二是将买卖合同提交到房地产登记机构办理过户登记，这是物权确权行为。

转让集资房的协议，就属于债权合同。《合同法》第 88 条规定，"当事人一方经对方同意，可以将自己在合同中的权利和义务一并转让给第三人"。尽管之前有《城市房地产管理法》第 38 条的规定，但《合同法解释（一）》第 9 条规定："……法律、行政法规规定合同应当办理登记手续，但未规定登记后生效的，当事人未办理登记手续不影响合同的效力，合同标的物所有权及其他物权不能转移。"且《物权法》第 15 条规定："当事人之间订立有关设立、变更、转让和消灭不动产物权的合同，除法律另有规定或者合同另有约定外，自合同成立时生效；未办理物权登记的，不影响合同效力。"

根据《合同法》第 51 条的规定，对甲方未取得房产权属证书而与乙方签订的集资房买卖合同，该合同应属于效力待定的合同。当房证办理下来之后，房产证写的是甲方的姓名时，此时效力待定的合同就转化为有效的合同，双方即可依约定去依法办理该集资房的产权变更登记手续。

【范例3】

〖案情简介〗

孙某自 2007 年 4 月起在一家房地产公司工作，2008 年 3 月该企业为其补签了期限为 2 年的书面劳动合同，并补交了"三金"。合同期满后，孙某继续在该公司工作，公司也继续为其按月交"三金"。但双方未对续签书面合同一事再行商议。2009 年 10 月公司领导视察工作，孙某无故脱岗，领导当即宣布开除孙某，随即发文公示。公司有关部门告知孙某后，孙某即不再去公司上班。公司有关部门多次催告孙某前来办理辞退手续，孙某置之不理。2010 年 1 月，孙某告诉该公司，欲起诉该公司，要求支付未签书面合同的 2 倍工资及因被辞退的经济补偿金。公司咨询法律顾问应该如何处理此事。另，该公司因孙某未在辞退登记表上签字，当地有关部门拒绝受理停交"三金"的手续，故自 2009 年 10 月以来，该公司一直为孙某缴纳"三金"。

〖操作指引〗

1. 接待顾问单位关于辞退职工的相关法律问题咨询。

（1）公司辞退孙某是否违法？

（2）是否应该给予孙某 2 倍工资及经济补偿金？为什么？如果支付，应从何时起计算？怎样计算？

（3）2009 年 10 月以来公司为孙某缴纳的"三金"能否扣除？

（4）如果应诉，该公司应该准备哪些证据？

（5）可以通过哪些方式解决该纠纷？

2. 了解孙某的真实想法，确定最佳解决方案。

3. 建议由公司里与孙某关系较好的领导或员工代表公司出面与孙某协商最终的解决方案。

【范例4】

〖案情简介〗

翟某原系某物业公司职工。2012 年 4 月 20 日，翟某在下班回家途中，被一辆商务车撞倒受伤，商务车逃逸。经医院诊断为：左锁骨骨折，左足第一趾近节趾并基底骨折，左足第二跖骨骨折，左侧面部皮肤裂伤，多发软组织损伤。事发后，翟某要求公司为其申请工伤认定，但该公司迟迟不愿申请，且无故将翟某辞退。现翟某为维护自己的合法权益，来司法所法律援助工作站寻求帮助。

〖操作指引〗

1. 接待当事人，了解情况。

（1）翟某与公司有无劳动合同或是否存在事实劳动关系。

（2）询问翟某受伤经过，查看医院诊断书，初步确定是否属于工伤及其等级。

（3）询问翟某有何要求，以便确定其要求是否合法、合理、可行。

2. 主动与企业协商解决。

（1）到企业了解情况，确定翟某是否属于该公司员工，是否构成工伤，企业对此事的态度及处理意见。

（2）告知企业有关翟某的情况，并争取得到该公司对此问题的解决。

3. 告知翟某维权步骤。

（1）准备相关材料，协助翟某申请工伤鉴定。按照《工伤保险条例》第17条第2款规定："用人单位未按前款规定提出工伤认定申请的，工伤职工或者其近亲属、工会组织在事故伤害发生之日或者被诊断、鉴定为职业病之日起1年内，可以直接向用人单位所在地统筹地区社会保险行政部门提出工伤认定申请。"第18条第1款规定，提出工伤认定申请应当提交下列材料：①工伤认定申请表；②与用人单位存在劳动关系（包括事实劳动关系）的证明材料；③医疗诊断证明或者职业病诊断证明书（或者职业病诊断鉴定书）。

（2）进行劳动能力鉴定。《工伤保险条例》第21条规定："职工发生工伤，经治疗伤情相对稳定后存在残疾、影响劳动能力的，应当进行劳动能力鉴定。"第22条规定，劳动能力鉴定是指劳动功能障碍程度和生活自理障碍程度的等级鉴定。劳动功能障碍分为10个伤残等级，最重的为1级，最轻的为10级。生活自理障碍分为3个等级：生活完全不能自理、生活大部分不能自理和生活部分不能自理。第23条规定，劳动能力鉴定由用人单位、工伤职工或者其近亲属向设区的市级劳动能力鉴定委员会提出申请，并提供工伤认定决定和职工工伤医疗的有关资料。

《工伤保险条例》第26条规定："申请鉴定的单位或者个人对设区的市级劳动能力鉴定委员会作出的鉴定结论不服的，可以在收到该鉴定结论之日起15日内向省、自治区、直辖市劳动能力鉴定委员会提出再次鉴定申请。省、自治区、直辖市劳动能力鉴定委员会作出的劳动能力鉴定结论为最终结论。"第28条规定，自劳动能力鉴定结论作出之日起1年后，工伤职工或者其近亲属、所在单位或者经办机构认为伤残情况发生变化的，可以申请劳动能力复查鉴定。

4. 在双方在场的情况下，居中调解，促成调解协议的达成与履行。

5. 如果调解不成，帮助翟某申请仲裁。

附：《工伤认定申请表》《劳动能力鉴定申请书》和《劳动仲裁申请书》

工伤认定申请表

职工姓名		性别		出生日期	年　月　日
身份证号码			联系电话		
家庭地址			邮政编码		
工作单位			联系电话		
单位地址			邮编编码		
职业、工种或工作岗位			参加工作时间		
事故时间、地点及主要原因			诊断时间		
受伤害部分			职业病名称		
接触职业病危害岗位			接触职业病危害时间		
受伤害经过简述（可附页）					
申请事项： 　　　　　　　　　　　　　　　　　　申请人签字： 　　　　　　　　　　　　　　　　　　　年　月　日					
用人单位意见： 　　　　　　　　　　　　　　　　　　经办人签字： 　　　　　　　　　　　　　　　　　　（公章） 　　　　　　　　　　　　　　　　　　　年　月　日					
社会保险行政部门审查资料和受理意见	经办人签字： 　　　　　　　　　　　　　　　　　年　月　日				
	负责人签字： 　　　　　　　　　　　　　　　　（公章） 　　　　　　　　　　　　　　　　　年　月　日				
备注：					

劳动能力鉴定申请书

申请人：翟××，男，××年×月×日生，汉族，住××市××路××号，系××公司职工。

委托代理人：××，××律师事务所律师。联系电话：×××××××××××

请求事项：

请求对申请人因工伤事故导致的残疾进行劳动能力鉴定。

事实与理由：

2012 年 4 月 20 日，翟某在下班回家途中，被一辆商务车撞倒受伤，商务车逃逸。经医院诊断为：左锁骨骨折，左足第一趾近节趾并基底骨折，左足第二跖骨骨折，左侧面部皮肤裂伤，多发软组织损伤。为此，特申请劳动能力鉴定，请求对申请人的劳动功能障碍程度等级和生活自理障碍程度等级作出鉴定，望予支持。

　　此致
××劳动能力鉴定委员会

申请人：翟××

2012 年 8 月 20 日

劳动仲裁申请书

申请人：×××，男/女，×族，×××年×月×日出生，×省×市/县人，原系××公司××，现住××区××小区××室。

被申请人：××公司

住所地：××市××区××号

法定代表人：×××，系该公司经理。

请求事项：

请求贵委员会依法裁决被申请人支付申请人各项工伤待遇及补偿金共计××元，其中医疗费××元，住院伙食补助费、营养费××元，交通费××元，停工留薪期内工资××元，护理费××元，一次性伤残补助金××元，劳动能力鉴定费××元，二次手术费××元，失业保险赔偿金××元。

事实和理由：

申请人××原系被申请人职工。××年×月×日，申请人……事发后，申请人要求被申请人为其申请工伤认定，但被申请人迟迟不愿申请。无奈，申请人自行向××市劳动和社会保障局申请工伤认定。××年×月×日，申请人被认定为工伤。申请人在伤残评定后，多次要求被申请人为其支付各项经济损失，未果。

申请人认为，……现申请人为维护自己的合法权益，特向贵委员会提出仲裁申请，请求贵委员会在查清事实的基础上，支持申请人的各项请求。

此致
××市××区劳动争议和仲裁委员会

申请人：×××
20××年××月××日

一、思考习作

1. 2015 年 7 月 30 日，某县电机厂因扩建厂房，占用了张家村部分村民土地，村民到厂里讨说法，遭到该厂厂长的殴打，6 名村民被不同程度打伤。张家村村民自发组织人员 24 小时堵住电机厂大门。为了防止群体性矛盾激化，经县政府研究决定，由所在地的镇政府及司法所具体协调处理此事。

问题：

（1）本事件涉及的法律问题有哪些？急需解决的是什么问题？

（2）司法所可以采取怎样的工作方案来解决问题？

（3）如果该镇的法律服务所接受村民的委托，该如何维护村民的利益？

2. 2016 年春节前夕，位于某科技工业园的一机电有限公司因经营不善，拖欠本公司 109 名员工工资共 488 954 元，该镇司法所与镇劳动部门进行调处，并引导工人到该区劳动仲裁委员会申请劳动争议仲裁。由于该案从仲裁、裁决和裁决书生效需要一段时间，该公司的 63 名外省农民工因未收到工资，无钱回乡过春节，遂集体到乐平镇政府上访。

问题：

（1）在仲裁裁决生效前，这些农民工的工资能提前拿到吗？为什么？

（2）司法所该如何协调这起群体事件？

（3）如果法律服务所工作人员代理农民工维权，可以采取哪些措施帮助农民工？

3. 2014 年 4 月 9 日下午近下班时，某区城东办事处接到讯息：位于该区的一家外资企业××制衣有限公司的两名员工因遭解雇不满而与厂方发生纠纷，被解雇员工声称要放火烧厂和跳楼自杀，当事人情绪异常激动，引起数十名员工围观。办事处主任请城东司法所工作人员立即赶赴现场进行处置。经了解，被解雇外来人员李某夫妇，因制衣公司告知其二人遭解雇，并勒令其当日离厂，而两人认为公司非法解雇员工，又因经济赔偿金不合理而发生争执。

问题：

（1）司法所可以如何处理此事件？

（2）该纠纷争议的关键是什么？李某夫妇能否得到经济补偿金和赔偿金？为什么？

（3）本案由劳动仲裁委员会解决有何好处？

4. 年近五旬的陈某来自重庆某县，此前在深圳市某建筑工程有限公司做木工活。2016 年 8 月 11 日，他在单位工地因工致胸部受伤，被送往当地医院救治。经劳动部门认定陈某为工伤。同年 11 月 4 日，劳动能力鉴定委员会作出鉴定结论，陈某被评定为十级伤残。之后，陈某与建筑工程有限公司之间解除劳动关系，但双方就赔偿事宜不能协商一致，引发纠纷，遂到松岗司法所申请调解。

问题：

（1）依据什么认定陈某的情况属于工伤？

（2）工伤待遇有哪些？

（3）本案可否申请法律援助？为什么？

5. 某镇 A 公司负责人到司法所请求调解其公司与本单位李某的劳动纠纷，经询问，司法所了解到：李某与 A 公司年初签订了劳动合同，这几天一直没到公司上班，A 公司私下了解到李某可能已经到 B 公司上班了，A 公司想和李某解除劳动合同，但给李某打电话，李某迟迟未接。公司想单方和李某解约，又怕违反《劳动合同法》的相关规定，于是请求司法所予以解决。

问题：

（1）司法所应该做哪些调查工作？

（2）如果 A 公司单方解除与李某的劳动合同是否违反《劳动合同法》？

（3）司法所应当怎么说服李某与 A 公司协商解决此事？

二、阅读参考书目

1. 孙强主编：《基层法律服务工作指南》，中国法制出版社 2015 年版。

2. 高洁如主编：《基层法律服务实务》，法律出版社 2017 年版。

3. 吴江水：《完美的防范：法律风险管理中的识别、评估与解决方案》，北京大学出版社 2010 年版。

4. 张扬、蒋丹青：《企业常见法律问题及风险防范：管理者身边的法律顾问》，中国法制出版社 2017 年版。

5. 王旭光主编：《劳动争议纠纷诉讼指引与实务解答》，法律出版社 2017 年版。

附录 各单元思考习作解题思路参考

学习单元一

1. 【解题思路】

（1）法律服务工作者可以提供帮助。帮助的方式为：代书投诉信，向当地旅游监管部门——旅游质量监督所投诉，或向当地工商管理机构投诉，直至代理到向有管辖权的人民法院起诉。

投诉信需写明投诉人的基本情况，联系方式，旅行社的基本情况，联系方式，投诉人与旅行社之间的合同约定情况，旅行社的违约之处，投诉人的要求等。

（2）调解方案无统一格式，需要注意的要点有：写明双方的基本信息如自然人的姓名、性别、身份证号码、住址、联系方式，法人的名称、工商注册地址，法定代表人的姓名、联系方式等。事情的经过需写明事情的时间、地点、来龙去脉，以及合同中的相关条文，达成一致的条款需写清楚赔偿方式，如涉及金钱，需注明人民币的金额、交付的方式、交付的时间等。协议需签字盖章。

2. 【解题思路】

（1）召集双方调解解决。

（2）诉至法院，根据情势变更原则请求解除合同。胜诉则可达到目的。

（3）告知买方诉讼风险，具体须仔细研究其所签合同，须看合同上的具体规定以及各项证据的认定，是否适用情势变更原则，将取决于法官的裁量。

3. 【解题思路】

（1）合同无效。婚姻以感情为基础，不能附加物质条件。

（2）该赠与可以撤销。理由一：婚姻以感情为基础，不能附加物质条件。理由二：房产的赠与以所有权转移为完成界限，必须到房管部门过户之后才算赠与完成，过户之前可以撤销。

（3）赠与可以附条件，但不能以结婚为附加条件，可以就抚养、扶养、赡养等情况为附加条件。

4. 【解题思路】

针对蔡某的乱停车，只能采用说服教育的方法，或请物管用物理障碍物阻挡，公安、城管等执法部门的解释合法。在公共场合安装监控必须报备公安批准，不得私自安装。刘某的撞车行为属意气用事，虽然令人同情，但违法，刘某不能以恶制恶，不能损毁蔡某私有财产。刘某若不能取得对方的谅解，将根据对方财产损失的金额，被追究刑事责任，此外，还需赔偿对方的经济损失。

调解方案的要求请参照习题1的答案。

5.【解题思路】

（1）"定金"是在合同订立或在履行之前支付的一定数额金钱或替代物，作为担保的担保方式。同样的，当付定金的一方不履行约定债务时，是无权要求收受定金方返还定金的。

（2）"订金"不具有定金的性质，只是单方行为，不具有明显的担保性质。交付和收受订金的当事人一方不履行合同债务时，不发生丧失或者双倍返还预付款的后果。

（3）"押金"指一方当事人将一定费用存放在对方处，保证自己的行为不会对对方利益造成损害；如果造成损害，可以以此费用据实支付或另行赔偿。而接受押金的一方当事人不履行合同义务的，并不承担双倍返还押金的义务。

6.【解题思路】

（1）联系科拓装饰公司，要求该公司承担相应的管理责任。

（2）向媒体反映，寻求媒体曝光帮助。

（3）以自媒体——微博、微信发朋友圈的形式，寻求民众关注支持帮助。

（4）诉至法院，诉讼解决。

7.【解题思路】

（1）向消保委投诉，寻求消保委的支持帮助。

（2）向媒体反映，寻求媒体曝光帮助。

（3）以自媒体——微博、微信发朋友圈的形式，寻求民众关注支持帮助。

（4）诉至法院，诉讼解决。

现实实际解决途径是，当事人发微信朋友圈，引起媒体关注曝光，携程全额退款。

8.【解题思路】

（1）保留与卖家的网上文字交流记录，以求固定证据。

（2）向平台管理方发起介入管理的请求。

（3）如果平台管理方不予介入解决，可向卖家属地消保委投诉。

（4）如果卖家用极端语言威胁买家人身安全，可向卖家属地的警方报警（现实生活中的实际案例——阿克苏某网上卖家扬言要血洗河南某网上买家，该卖家还发了购买飞往河南机票的截图，于是河南买家向阿克苏警方报警，阿克苏警方依法将卖家拘留，并将拘留手续的截图发给买家）。

（5）诉至法院，诉讼解决。注意，为节省诉讼成本，可建议起诉方诉至互联网法院或自己所在地法院（现实生活中已有先例——北京买家诉杭州卖家，北京某区法院受理之）。

学习单元二

1. 【解题思路】

（1）应当按照抵押合同处理。根据《民法总则》第146条第1款"行为人与相对人以虚假的意思表示实施的民事法律行为无效"，认定买卖合同无效；进而，又根据《民法总则》第146条第2款"以虚假的意思表示隐藏的民事法律行为的效力，按照有关法律规定处理"，认定隐藏的行为为抵押合同，应当按照抵押合同处理。

（2）甲仅于S企业财产不足以清偿债务时以个人其他财产予以清偿；根据《个人独资企业法》第31条的规定，"个人独资企业财产不足以清偿债务的，投资人应当以其个人的其他财产予以清偿"。丁应承担连带保证责任；根据《担保法》第19条的规定，未约定保证责任形式的按照连带责任保证承担责任。戊不承担责任，其质权因丧失占有而消灭。

（3）合同有效，庚知情并不影响合同效力。庚已取得所有权，甲系有权处分，庚因登记取得所有权。

（4）甲有权收取。甲为有权占有，租赁合同有效，甲可收取房屋法定孳息。

（5）应由甲承担。根据《合同法》第142条的规定，除非当事人另有约定，标的物风险自交付时起转移。

（6）庚享有请求权。根据《保险法》第49条第1款的规定，保险标的转让的，保险标的的受让人承继被保险人的权利和义务。

2. 【解题思路】

（1）明确刘某的行为性质，理清法律关系。一是民事违法，主要涉及相邻关系问题，受害人有权要求停止侵害，赔偿损失。二是违反治安管理处罚法，可以向公安机关要求对刘某给予处罚。三是涉嫌刑事犯罪。

（2）明确维护张某的合法权益的方式途径有哪些。一般而言，解决纠纷的途径有和解、调解、仲裁、行政、诉讼，诉讼又分为民事诉讼和刑事诉讼。

（3）介绍这些途径哪种方式最优，并说明理由。作为基层法律工作者可以通过司法助理员主持调解，要求刘某停止妨害张某的居住安宁，向张某赔礼道歉，赔偿损失。

3. 【解题思路】

（1）有效。因为我国《物权法》虽然没有规定这种让与担保方式，但并无禁止性规定。通过合同约定，再转移所有权的方式达到担保目的，是不违反法律的，也符合合同自由、鼓励交易的立法目的。对于乙对汽车享有什么权利。有两种情况可以参考：一是乙享有的不是所有权，而是以所有权人的名义享有担保权。二是由于办理了过户登记手续，乙享有所有权。

（2）不能成立。有两种思路：一是乙对汽车享有所有权，其有权处分该汽车。没有导致合同无效的其他因素。二是虽然乙将汽车出卖给丙公司的行为属于无权处分，对甲也是违约行为，但无权处分不影响合同效力，法律并不要求出卖人在订立买卖合同时对标的物享有所有权或者处分权。

（3）有法律依据。因根据物权法的规定，汽车属于特殊动产，交付即转移所有权，登记只是产生对外的效力，不登记不具有对抗第三人的效力。本案中因为汽车已经交付，丙公司已取得汽车所有权。

（4）有效，因为尽管丁不享有所有权或处分权，但是并不影响租赁合同效力。其所得的租金属于不当得利。

（5）己公司无权扣留汽车并享有留置权。《物权法》第231条规定，债权人留置的动产与债权应该属于同一法律关系。而在本案中，债权与汽车无牵连关系。

（6）辛有权向戊、己公司、庚请求赔偿，因为戊系承租人，系汽车的使用权人；庚是己公司的雇员，庚的行为属于职务行为，己应当承担雇用人（或雇主）责任；庚系肇事人（或者答直接侵权行为人）。

（7）丙公司与乙之间的财产诉讼应该由破产案件受理的人民法院管辖。法院受理丙公司破产申请后，乙应当申报债权，如果对于债权有争议，可以向受理破产申请的人民法院提起诉讼，但不能按照民事诉讼程序申请执行。

4.【解题思路】

（1）分组讨论、拿出方案。针对蔡先生提供的情况和咨询要求，各小组分组进行讨论，提出满足蔡先生要求的各种方案，供陈先生参考和选择。

（2）讨论交流、全面评价。在各小组讨论的基础上，由各组派代表将各组讨论的方案写在黑板上，然后各组分别介绍各种方案的依据和理由，在全班进行交流，同学之间可以展开讨论或辩论，努力使咨询意见深化，达到不断提高咨询水平的目的。

具体做法：①根据蔡先生提供的情况，帮助蔡先生起草一份房屋投资委托合同，在合同中明确委托的具体事项、权利义务。②办理公证手续。③办理产权过户登记手续。

5.【解题思路】

（1）不能。理由是预约虽是合同，其目的在于订立主合同。按照最高法院买卖合同纠纷案件适用法律问题的司法解释，当事人签订认购书、备忘录等预约合同，约定将来订立买卖合同，一方不履行的，对方可请求其承担预约合同违约责任或者要求解除预约合同并主张损害赔偿。但是，法院不能强制当事人签订正式合同。乙可以按照《合同法》第113条请求赔偿，也可以根据第94条请求解除合同并请求赔偿。

（2）甲应对丙承担违约责任。甲应说明买卖标的物上有负担的事实而未说明，违反了法律规定的义务，在合同有效的情况下，应该纳入到违约责任中。

（3）按照我国《物权法》第21条的规定，预告登记后，甲再处分房屋的，不产生物权效力。即丙对房屋的交付请求权具有物权性优先权，可以对抗所有的未登记的购买人。

（4）预告登记后，甲与第三人签订的房屋买卖合同有效，只是不发生物权变动的效力，如果甲不履行，将对第三人承担违约责任。

（5）如果甲不履行合同义务，丙可以选择实现抵押权或者向保证人丁主张保证责任。无论丁还是戊履行担保责任后，都有权向甲追偿〔或：丁、戊可向甲追偿，也可以要求对方（丁或者戊）承担一半的份额〕。

（6）不得主张无效。即使没有处分权，也不影响合同效力。不可以主张房屋登记过户为无效，对于善意的丙不得主张无效。

（7）不成立。由于双方为夫妻共同财产制，夫妻关系存续是诉讼时效期间中止的法定事由。

6.【解题思路】

（1）李某（次承租人）可以请求代张某（承租人）支付其欠付王某（出租人）的租金和违约金，以抗辩王某的合同解除权。解析思路：按照《最高人民法院关于审理城镇房屋租赁合同纠纷案件具体应用法律若干问题的解释》（以下简称《城镇房屋租赁合同解释》）第17条第1款规定："因承租人拖欠租金，出租人请求解除合同时，次承租人请求代承租人支付欠付的租金和违约金以抗辩出租人解除权的，人民法院应予支持。但转租合同无效的除外。"据此，在合法转租的情况下，次承租人李某可通过代付租金，对抗出租人王某的合同解除权。

（2）由张某（出租人）承担。因为张某（出租人）有提供热水（热水器）的义务，张某违反该义务，致李某损失，应由张某承担赔偿责任。

按照《合同法》第107条规定，"当事人一方不履行合同义务或者履行合同义务不符合约定的，应当承担继续履行、采取补救措施或者赔偿损失等违约责任。"《合同法》第113条第1款规定，"当事人一方不履行合同义务或者履行合同义务不符合约定，给对方造成损失的，损失赔偿额应当相当于因违约所造成的损失，包括合同履行可以获得的利益，但不得超过违反合同一方订立合同时预见到或者应当预见到的因违反合同可能造成的损失。"据此，张某违反合同义务，约定提供高端热水器而没有提供，给李某造成人身损害，该损害未超过李某订立合同时的预见范围，李某有权就此损失请求张某承担违约损害赔偿责任。

（3）可以。张某承担。因为张某（出租人）作为出租人应当按照约定将租赁物交付承租人、应当履行租赁物的维修义务；张某有保持租赁物符合约定用途的义务。

《合同法》第 220 条规定："出租人应当履行租赁物的维修义务，但当事人另有约定的除外。"《合同法》第 221 条规定："承租人在租赁物需要维修时可以要求出租人在合理期限内维修。出租人未履行维修义务的，承租人可以自行维修，维修费用由出租人负担。因维修租赁物影响承租人使用的，应当相应减少租金或者延长租期。"据此，因张某不履行租赁物的维修义务，李某自行维修后，有权请求张某承担维修费用。

（4）由李某承担。因为李某（承租人）经张某（出租人）同意装饰装修，但未就费用负担作特别约定，故承租人不得请求出租人补偿费用。

首先，李某与张某的租赁合同中没有约定有出租人提供空调的义务，因此，张某不提供空调，不构成违约，没有任何法律责任。其次，《城镇房屋租赁合同解释》第 12 条规定，"承租人经出租人同意装饰装修，租赁期间届满时，承租人请求出租人补偿附合装饰装修费用的，不予支持。但当事人另有约定的除外"。这意味着经出租人同意的装修装饰，没有特别约定的情况下，承租人承担费用。题中李某经出租人同意安装空调的行为，是一种装修装饰行为，对于空调的费用没有特别约定，此时，应当由承租人承担费用。

（5）对于黄某的损失，李某、张某不承担赔偿责任。因为李某与黄某之间并无合同，李某不需承担违约损害赔偿责任；对于黄某的损失，李某亦无过错，不需承担侵权责任。故李某不应承担赔偿责任。张某与黄某之间并无合同，张某不需要承担违约损害赔偿责任；对于黄某的损失，张某并无过错，不需承担侵权责任。故张某不应承担赔偿责任。

承担违约责任的前提是有约定义务，在没有履行造成损害的情况下，才承担责任，本题中张某和李某与黄某之间不存在合同关系，因此，不可能有违约责任。《侵权责任法》第 3 条规定，"被侵权人有权请求侵权人承担侵权责任"。在法律没有特别规定为特殊侵权的情形下，要成立侵权责任，加害人必须有过错这一要件。张某和李某对于黄某的损害，不存在过错，因此，也没有侵权责任。综上，对于黄某的损害，张某、李某均无责。

（6）郝某不应当承担赔偿责任。B 公司应当承担赔偿责任。因为郝某是 B 公司的工作人员，执行 B 公司的工作任务，故不需承担侵权责任。因热水器是缺陷产品，缺陷产品造成损害，被侵权人（黄某）既可向产品的生产者请求赔偿，也可向产品的销售者请求赔偿。故 B 公司需承担侵权责任。

《侵权责任法》第34条第1款规定："用人单位的工作人员因执行工作任务造成他人损害的，由用人单位承担侵权责任。"据此，郝某系因执行工作任务致黄某损害，应由用人单位B公司承担替代责任。《侵权责任法》第43条规定，"因产品存在缺陷造成损害的，被侵权人可以向产品的生产者请求赔偿，也可以向产品的销售者请求赔偿。产品缺陷由生产者造成的，销售者赔偿后，有权向生产者追偿。因销售者的过错使产品存在缺陷的，生产者赔偿后，有权向销售者追偿"。据此，受害人黄某可以向生产者主张赔偿，也可以向销售者主张赔偿，B公司是销售者，因此，应当承担赔偿责任。

（7）李某不应承担赔偿责任，B公司应承担赔偿责任。因为李某对衣物受损并无过错。缺陷产品的侵权责任，由生产者或销售者承担，故B公司应对张某衣物受损承担侵权责任。

如题目所述，木箱损害的发生是由于产品缺陷所致，此时，受害人可以选择产品的生产者或者销售者承担责任，B公司作为销售者，应当承担责任。李某是否应当承担责任，关键要看李某是否存在过错。《侵权责任法》第6条第1款规定："行为人因过错侵害他人民事权益的，应当承担侵权责任。"李某使用木箱，没有搬出浴室，将其放在墙边，尽管有不当之处，对于因热水器缺陷而造成接口处迸裂导致热水喷溅不止而导致的损害，难以预见，因此，并不能认定为过错，故李某没有责任。换一种情形，如果是因为木箱长期在浴室，因潮湿导致衣物之损失，则李某对于此种损害的发生，明显具有过错，应当承担赔偿责任。

7.【解题思路】

（1）答辩的理由，这是答辩状的主体部分，答辩状通常包括以下内容：就案件事实部分进行答辩；就适用法律方面进行答辩。

（2）提出答辩主张，即对原告起诉状或上诉人上诉状中的请求是完全不接受，还是部分不接受，对本案的处理依法提出自己的主张，请求法院裁判时予以考虑。

答辩状

答辩人：通达物业公司

就傅女士诉我单位通达物业公司妨害了其正当行使权利，诉请法院判决物业公司停止侵权，不得无理阻扰她及房客正常进入小区，并赔偿她的房屋租金2400元一案，答辩如下：

答辩请求：

请求人民法院依法驳回原告诉讼请求。

主要事实和理由：

1. 因原告傅女士存在擅自改变住宅实际功能和布局的情况，未按照设计功能使用物业的分割转租行为违反法律规定和管理规约，物业公司作为物业管理企业有权采取措施予以制止。

2. 被告的行为系行使管理权的行为，方式并无不当，不应承担侵权责任，故应判决驳回原告的诉讼请求。

3. 傅女士的行为损害了绿城小区其他业主的权益，物业公司有责任采取措施予以制止，不构成侵权。

4. 根据《物权法》第81条和第82条的规定，业主和物业之间的关系，一方面，物业是业主大会或者业主委员会委聘的，双方通过委托合同，确立物业为业主的区分所有建筑物进行管理，物业在业主的监督之下实施管理行为。另一方面，物业在接受委托之后，有权按照业主大会的意志对物业进行管理，其中不仅仅是对建筑物和附属设施的管理，也包括对业主违反管理规约的行为的管理，业主必须接受管理——因为接受物业的管理，就是接受业主共同意志的管理。

5. 在本案中，傅女士作为建筑物区分所有权人即业主，应当按照管理规约（即本案的《上海绿城住宅临时公约》）使用房屋，当其使用行为违反了管理规约的时候，就是违反了全体业主的共同意志，物业有权进行管理和纠正。

6. 傅女士将一个三室一厅的单元改造成十室的房间，分别出租给10个人居住使用，违反了管理规约的规定，物业当然有权管理。傅女士将物业的正常管理行为认为是侵权行为，提起诉讼，显然是不正确的，判决其败诉，既在法理之中，也在情理之中。

　　　　此致
××人民法院

　　　　　　　　　　　　　　　　　　　　　　　答辩人：＿＿＿＿＿＿
　　　　　　　　　　　　　　　　　　　＿＿＿＿＿年＿＿＿＿月＿＿＿＿日

　　附：答辩书副本＿＿＿＿＿份，其他证明文件＿＿＿＿＿份。

学习单元三

1.【解题思路】

（1）第一，要告知甲乙，作为夫妻一方个人所有的财产，无论婚姻存续期间有多长，都不能转化为夫妻共同财产，除非当事人另有约定。且应由其本人占有、管理、支配和处分，他人无权干预。在离婚时，归个人所有，他人无权分割；在财产所有人死亡时，应划入遗产的范围，按继承法处理。

第二，要告知甲乙夫妻个人财产的范围。一是根据夫妻之间约定归夫妻个人所有的财产，二是《婚姻法》第 18 条所规定的：①一方的婚前财产。包括婚前个人劳动所得财产、继承或受赠与所得财产以及其他合法财产。财产的形式可以是存款、婚前购置的用于个人使用的生活用品，也可以是普通的生产资料、生活资料；可以是动产也可以是不动产。②因一方身体受到伤害获得的医疗费、残疾人生活补助费等费用。③遗嘱或赠与合同中指明归一方的财产。④一方专用的生活用品，是指婚后以夫妻共同财产购置的供夫或妻个人使用的生活消费品，具有专属于个人使用的特点，包括个人的衣服、鞋帽、化妆品、残疾人使用的轮椅或其他辅助器械、专业书籍等物品。但如果属于"一方专用的生活用品"价值较高，或者在家庭财产中所占比重较大，在离婚分割其他共同财产时应当对另一方的份额或比例予以适当考虑。⑤其他应当归一方所有的财产。如根据《婚姻法解释（二）》第 13 条的规定，军人的伤亡保险金、伤残补助金、医药生活补助费属于个人财产。

　　第三，要告知甲乙夫妻还可以约定财产归夫妻一方或共同所有。根据《婚姻法》第 19 条规定，我国的约定夫妻财产制主要有以下内容：①约定的主体须具有合法的夫妻身份，且双方须具有完全民事行为能力。②约定必须双方自愿，意思表示真实，以欺诈、胁迫手段或乘人之危使对方在违背真实意愿的情况下作出的约定，对方有权请求变更或者撤销。③约定的内容必须合法，不能损害国家、集体及他人的利益，不得违背社会公共利益。例如，不得为逃避对第三人的债务，而将本属于夫妻双方共有的财产约定为一方个人所有等。④约定应采用书面形式。当然，如夫妻双方有口头约定，事后对约定没有争议的，该约定也有效。⑤可以在婚前、结婚登记时或婚后约定，约定可以附条件和期限。约定生效后，因夫妻一方或双方的情况发生变化，可以依法变更或撤销原约定。⑥可以约定夫妻婚前及婚姻关系存续期间的财产归共同所有或各自所有，或部分共同所有、部分各自所有。⑦约定财产制与法定财产制二者可以同时并用，但前者的效力高于后者，即有约定从约定，没有约定或约定不明确的从法定。⑧约定一经生效，对夫妻双方具有法律约束力。⑨夫妻对婚姻关系存续期间所得的财产约定归各自所有的，夫或妻一方对外所负的债务，第三人知道该约定的，以夫或妻一方的财产清偿。此处所称"第三人知道该约定的"，根据《婚姻法解释（一）》第 18 条的规定，"夫妻一方对此负有举证责任"，即夫妻一方必须要证明在发生债权债务关系时，第三人确已明确、清楚地知道其夫妻财产约定，才可以对抗第三人，否则，不得对抗第三人。

　　第四，要告知甲乙，为了避免日后不必要的财产纠纷，双方可以对婚前财产进行公证。可以办理婚前财产公证的人有两种：未婚夫妻只是其中之一，已婚夫妻也可办理婚前财产公证，只不过双方订立的协议内容只涉及各自的婚前财产，而不涉及婚后双方取得的财产。因此称作"婚前财产协议公证"。未婚夫妻由于不具有法律上的夫妻关系，各自的财产归属容易界定，不存在共同财产问题。而已婚夫妻要想做此项公证，就要取得配偶的完全同意和充分支持，才能顺利办理此项公证。因为我国《婚姻法》规定，夫妻关系存续期间所得的财产，除另有约定外，属于夫妻共有财产。由于双方结婚后，对财产的共同使用、消耗、经营，使个人财产很难与共有财产进行区分和认定，除非夫妻双方对所达成的协议均无异议，否则婚前财产公证就没法办了。因此，从办理婚前财产公证的最佳时间上看，晚办不如早办，婚后再办不如婚前就办。那么如何办理婚前财产公证呢？

第一步，当事人要准备好以下几种材料：①个人的身份证明，如身份证、户口簿，已婚的还要带上结婚证。②与约定内容有关的财产所有权证明，如房产证、未拿到产权证的带购房合同和付款发票。③双方已经草拟好的协议书。协议书的内容一般包括：当事人的姓名、性别、职业、住址等个人基本情况；财产的名称、数量、价值、状况、归属；上述婚前财产的使用、维修、处分的原则等。一般双方当事人的签名和订约日期空缺，待公证员对协议进行审查和修改后，再在公证员面前签字。

第二步，准备好上述材料后，双方必须共同亲自到公证处提出公证申请，填写公证的申请表格。委托他人代理或只是一个人来办婚前财产公证，是不会被受理的。

第三步，公证申请被接待公证员受理后，公证员就财产协议的内容，审查财产的权利证明；查问当事人的订约是否受到欺骗或误导。当事人应如实回答公证员的提问，公证员应履行必要的法律告知义务，告诉当事人签订财产协议后承担的法律义务和法律后果，当事人配合公证员做完公证接谈笔录，并在笔录上签字确认。应重视公证员制作谈话笔录这个过程，由于婚前财产约定涉及当事人财产实体权利的转移，公证员在这个过程中，会再三确认当事人划分财产归属的意见，明确双方对财产的分配关系，当事人一旦在笔录上签字，该笔录就成为具有法律效力的书面证据，应保存于公证卷宗内。这份笔录和公证书不仅可以防止当事人之间出现纠纷，而且，对于与当事人发生债权债务关系的第三人，也是一种保护。

第四步，双方当事人在公证员的面前在婚前财产协议书上签名。至此，婚前财产公证的办证程序履行完毕，两周后当事人就可凭收费单据来领取公证书了。当然，如果双方都抽不出时间来领公证书，也可以在预交邮费后享受"邮递送达"服务。

（2）要告知甲可以选择协议离婚，前提是双方都同意离婚。如果乙不同意离婚，那甲只好向法院提起离婚的诉讼，甲须向法院提交起诉书及相关的证据，如身份证、结婚证、财产清单等。法院受理后，会通知甲缴纳诉讼费，并传票通知甲乙开庭的时间，在开庭之后，法院会作出离婚或不离婚的判决。如果第一次法院判决不准离婚的话，在没有新情况、新理由时，过了 6 个月之后，甲还可以再次起诉离婚。

乙无权分割甲前夫留下来的财产。对于乙提供的装修和家具部分，如果是他在与乙结婚前提供的，则是其个人财产，甲无权分割，如果是在与乙结婚后提供的，双方又没有约定财产归属的话，则是甲乙的夫妻共同财产，双方可以分割。

（3）法院应该驳回甲的诉讼请求。《婚姻法》第 46 条规定，"有下列情形之一，导致离婚的，无过错方有权请求损害赔偿：①重婚的；②有配偶者与他人同居的；③实施家庭暴力的；④虐待、遗弃家庭成员的"。《婚姻法解释（二）》第 27 条也明确规定，当事人在婚姻登记机关办理离婚登记手续后，以《婚姻法》第 46 条规定为由向法院提出损害赔偿请求的，人民法院应当受理。但当事人在协议离婚时已经明确表示放弃该项请求，或者在办理离婚登记手续 1 年后提出的，不予支持。甲与乙在婚姻登记机关办理离婚时，并没有明确表示放弃损害赔偿请求权，甲在登记离婚后的 1 年内向法院提起诉讼，要求乙承担损害赔偿责任，没有超过 1 年的除斥期间，那么，甲的诉讼请求为什么会驳回呢？《婚姻法》第 46 条虽然规定了有四种过错情形之一的，无过错方有权请求损害赔偿，但是该条也同时明确规定了既要有此类过错存在，同时还必须是因此类过错而导致离婚，也就是说，无论是诉讼离婚还是协议离婚，离婚的原因必须是这些过错，在这种情形下，无过错方才有权请求损害赔偿。如果当事人在离婚时不知道对方存在这些过错而与之离婚的话，那么就不能认定这些过错是导致离婚的直接原因。因此，离婚时就知道对方存在这些过错情形是适用《婚姻法》第 46 条的前提。如果在协议离婚后才发现对方原来曾存在过错情形而向法院提起损害赔偿请求的，法院不会支持当事人的诉讼请求。就本案而言，甲和乙协议离婚时并不知道乙在离婚前和其他女性同居的事实，因此，即使甲在离婚后 1 年内提出损害赔偿请求，法院也不会支持其诉讼请求。

2.【解题思路】

（1）第一，要告知甲父：遗嘱是遗嘱人生前在法律允许的范围内，按照法律规定的方式处分其个人财产或者处理其他事务，并在其死亡时发生效力的单方法律行为。公民可以立遗嘱将个人财产指定由法定继承人的一个或者数人继承，也可以将个人财产赠给国家、集体或者法定继承人外的人。公民立遗嘱需具备以下条件：①遗嘱人必须具有完全民事行为能力，遗嘱人在立遗嘱时必须精神正常，有正常的思维意识能力或语言表达能力，能够清楚表达自己的真实意思。无民事行为能力或者限制民事行为能力人所立的遗嘱无效。②遗嘱人的意思表示真实，遗嘱的内容必须是遗嘱人自己真实意愿的表达，不存在遗嘱人受胁迫、欺骗的情况，遗嘱人受胁迫、欺骗所立的遗嘱没有法律效力。③遗嘱的内容和形式不得违反法律或社会公共利益，遗嘱的内容和形式应当符合《继承法》及其他相关法律的规定，不能与之相抵触。④遗嘱人处分的财产必须是其个人合法财产，遗嘱人的财产涉及夫妻共有或者家庭共有的，遗嘱人只能处分属于自己份额的个人财产，处分超出个人份额的遗嘱内容部分，该部分内容无效。

第二，要告知：遗嘱的形式包括公证遗嘱、自书遗嘱、代书遗嘱、录音遗嘱和口头遗嘱五种。其中自书遗嘱要遗嘱人亲笔书写、签名，要注明年、月、日。代书遗嘱要同时具备以下条件：①有两个以上合格的见证人到场见证；②其中一个见证人代书；③代书人、其他见证人、遗嘱人均签名，另外，要注明年、月、日。录音遗嘱要两个以上合格的见证人到场见证，否则无效。口头遗嘱是在危急情况下立的，应当有两个以上合格的见证人到场见证，否则无效；危急情况解除后，遗嘱人能够用书面或者录音形式立遗嘱的，所立的口头遗嘱无效。要注意的是，见证人必须符合一定的条件，方有资格做遗嘱见证人，否则所作见证无效。《继承法》第18条规定："下列人员不能作为遗嘱见证人：①无行为能力人、限制行为能力人；②继承人、受遗赠人；③与继承人、受遗赠人有利害关系的人。"《继承法意见》第36条进一步规定："继承人、受遗赠人的债权人、债务人，共同经营的合伙人，也应当视为与继承人、受遗赠人有利害关系，不能作为遗嘱的见证人。"公证遗嘱要由遗嘱人申请，经公证机关办理公证。五种形式的遗嘱中公证遗嘱的效力最高，自书、代书、录音、口头遗嘱不得变更公证遗嘱。

第三，要告知甲父可对其遗嘱进行公证。办理遗嘱公证，由遗嘱人住所地或遗嘱行为发生地的公证处受理。办理遗嘱公证，申请人应亲自到公证处提出申请，不能委托他人办理，并要提交以下证明材料：①户口簿、居民身份证，已出境的，提供护照或有效旅行证件、通行证的复印件，已注销户口的，应提交原户籍所在地公安派出所出具的户籍记载情况的证明。②遗嘱涉及的财产清单及财产的所有权证明。③遗嘱书。遗嘱书应当包括以下内容：立遗嘱人的姓名、年龄、性别等；立遗嘱人的家庭情况；订立遗嘱的原因；遗嘱处分的财产状况（名称、数量、所在地点以及是否共有、抵押等）；遗嘱受益人姓名、性别、年龄等；对财产及其他事务的处理意见；遗嘱的份数、保留以及是否有执行人执行等；有遗嘱执行人的，应当写明执行人的姓名、性别、年龄、住址等；遗嘱制作的日期以及遗嘱人的签名。④遗嘱公证申请书。申请书内容应包括遗嘱人的姓名、性别、年龄、居所地、家庭状况、工作单位、遗嘱涉及的财产状况等。⑤其他认为需要提供的证明材料。

在办理遗嘱公证过程中，还应注意以下的一些问题：①遗嘱人亲自到公证处有困难的，可以书面或者口头形式请求有管辖权的公证处指派公证人员到其住所或者临时处所办理。②遗嘱中一般不得包括与处分财产及处理死亡后事宜无关的其他内容。③遗嘱人未提供遗嘱或者遗嘱草稿的，公证人员可以根据遗嘱人的意思表示代为起草遗嘱，公证人员代拟的遗嘱，应当交遗嘱人核对，并由其签名。④公证遗嘱采用打印形式，遗嘱人根据遗嘱原稿核对后，应当在打印的公证遗嘱上签名，遗嘱人不会签名或者签名有困难的，可以盖章，遗嘱人既不能签字又无印章的，应当以按手印的方式代替。⑤公证遗嘱生效前，遗嘱公证卷被列为密卷，不得对外借阅，公证人员也不得对外透露遗嘱内容。⑥如果遗嘱申请人要撤销或者变更遗嘱，必须经过再公证，数份遗嘱中有公证遗嘱的，公证遗嘱为有效遗嘱，其他遗嘱形式不能撤销公证遗嘱。

（2）就本案而言，如果甲父立有有效遗嘱，其遗产分割按遗嘱办理。如果没有遗嘱，则按法定继承分割遗产，根据《继承法》的相关规定，甲虽然是其父的遗产继承人，对其父的遗产具有法定继承权，但是，在其父的遗产继承程序启动前，也就是甲父死亡前，甲就已经死亡了，从而丧失了对甲父的遗产继承权。因此甲父的所有财产按法定继承处理时，只能由其法定第一顺序继承人也就是由甲弟全部继承。

甲妻乙，是甲的法定第一顺序继承人，只对甲的财产拥有法定继承权，对于甲父的财产并不享有继承权。甲父与甲虽然遭遇同一场车祸，但是死亡时间不同，实际上就引发了两次继承关系。第一次：甲死亡，其财产由法定第一顺序继承人其妻与其父继承；第二次：甲父死亡，其财产由法定第一顺序继承人甲弟继承。甲先于甲父死亡失去对其遗产的继承权，乙并不是甲的晚辈直系血亲，没有代位继承权，也就无权要求分得甲父的遗产。当然，如果甲乙有子女，其子女倒是可以代位继承甲父的遗产。另外还要注意查找甲父有没有其他法定继承人。

3．【解题思路】

（1）要告知甲可以要求办理收养公证，公证程序不是收养成立的必经程序，只有在一方或双方要求之下，才必须办理收养公证手续。

收养公证由当事人住所地的公证机关管辖。实践中当事人往往不在一个公证处的管辖区，可以本着有利于被收养人的原则，到被收养人住所地的公证机关办理。

办理收养公证时，收养人、送养人应当亲自到公证机关办理，不得委托他人代办。如果被收养人是年满10周岁以上的未成年人，还应征得本人的同意。

当事人应当向公证处提供相关证明材料。收养人应提交：①居民身份证、户口本及其复印件；②要求收养子女的申请书（主要内容包括收养目的、有无子女、本人经济状况、有无抚养能力以及不虐待、不遗弃被收养人的保证等）；③婚姻状况证明（已婚者提交结婚证，未婚者提交未婚证明，离婚者提交离婚证明，丧偶者提交配偶死亡证明）及其复印件；④收养人本人所在单位人事部门或所在街道办事处出具的婚姻、家庭、年龄状况和有抚养教育被收养人能力的证明；⑤计划生育办公室出具的婚姻、子女状况证明；⑥县以上医院出具的不孕（不育）诊断证明；⑦事实收养公证应出具收养人与被收养人共同生活多年的证明材料，如是捡拾的弃婴应出具捡拾弃婴的证明材料；⑧收养三代以内同辈旁系血亲子女的，应提供三代以内同辈旁系血亲证明，华侨收养的提供华侨身份证明。送养人应提交：①夫妻双方同意送养的书面意见、婚姻状况证明、户口本、居民身份证及其复印件，所在单位或街道办事处（乡镇人民政府）计划生育部门出具的子女情况和送养人有特殊困难无力抚养子女的证明；②社会福利机构为送养人的，需提交经该单位法定代表人签名同意送养的书面文件；③孤儿的监护人有监护资格的证明和同意送养的书面意见及户口本、居民身份证及其复印件，被收养人的户口证明或出生证明及其复印件。特殊收养应提交：①三代以内旁系血亲证明；②达到法定婚龄的，提交婚姻状况证明、户口证明或居民身份证及其复印件；③被收养人有配偶的，提交配偶同意其被收养的书面意见。

收养人、送养人双方应订立书面协议。收养协议书的主要内容有：①送养人、收养人、被收养人的姓名、性别、出生日期、住址及相互关系；②收养的原因；③共同送养人、共同收养人的意思表示；④被收养人（年满10周岁以上的未成年人）的意思表示；⑤送养人、收养人、被收养人的权利与义务；⑥收养开始的时间；⑦共同送养人、共同收养人和具有完全行为能力的被收养人在协议书上签字；⑧约定收养解除条件和事项；⑨收养协议纠纷处理方式和违反约定所产生的责任承担。

收养协议书范本

甲方（收养人）：×××（姓名、住址）

乙方（送养人）：×××（姓名、住址）

甲乙双方就收养×××（被收养人姓名）达成协议如下：

第一条　被收养人的基本情况（写明被收养人的姓名、性别、年龄、健康状况、现住址）。

第二条　收养人（已婚的，收养人为夫妻双方）×××是××单位的××（职务），现年××岁，住在×市×区（县）××街××号。

第三条　收养人×××的基本情况（写清楚收养人的健康、财产等收养法规定的条件）。

第四条 送养人的基本情况（写明送养人的姓名或者名称，送养的理由）。

第五条 收养人×××保证在收养关系存续期间，尽抚养被收养人之义务。

第六条 甲乙双方在本协议签订后×日内，到××民政局办理收养登记手续。

本收养协议自×××公证机关公证之日起生效。

甲方：×××（签字、盖章）　　　乙方：×××（签字、盖章）

　　×××年×月×日　　　　　　　×××年×月×日

（2）根据《收养法》的相关规定，收养关系解除后，经养父母抚养的成年养子女，对缺乏劳动能力又缺乏生活来源的养父母，应当给付生活费。乙系甲与其夫收养之女，在乙成年后虽因双方产生矛盾解除了收养关系，但解除收养关系前乙一直与甲及其夫共同生活并由夫妻二人抚养至成年。现甲已年老体迈，丧失了劳动能力，无经济来源，又无其他子女赡养，乙理应对甲老年的生活给予一定的扶助。甲要求乙给付生活费的请求合理，理由充分，于法有据，应予以支持。

4. 【解题思路】

参考《婚姻法解释（二）》第 14～18、20、21 条等规定的精神，离婚诉讼中对这些问题应作如下处理：

（1）涉及分割发放到军人名下的复员费、自主择业费等一次性费用的，以夫妻婚姻关系存续年限乘以年平均值，所得数额为夫妻共同财产。"年平均值"是指将发放到军人名下的上述费用总额按具体年限均分得出的数额，其具体年限为人均寿命 70 岁与军人入伍时实际年龄的差额。

【例】甲原是一营职军官，在 1987 年 20 岁时参军，1996 年结婚，2002 年复员，得复员费、自主择业费等共计 25 万元。甲复员后不久与其妻离婚，请计算该笔费用属于夫妻共同财产的数额。

答案：3 万元。

计算公式：25 万元 ÷（70－20）×（2002－1996）＝3 万元

（2）分割共同财产中的股票、债券、投资基金份额等有价证券以及未上市股份有限公司股份时，协商不成或者按市价分配有困难的，人民法院可以根据数量按比例分配。

（3）涉及分割夫妻共同财产中以一方名义在有限责任公司（注意股份有限公司不存在此问题）的出资额，另一方不是该公司股东的，按以下情形分别处理：①夫妻双方协商一致将出资额部分或者全部转让给该股东的配偶，过半数股东同意、其他股东明确表示放弃优先购买权的，该股东的配偶可以成为该公司股

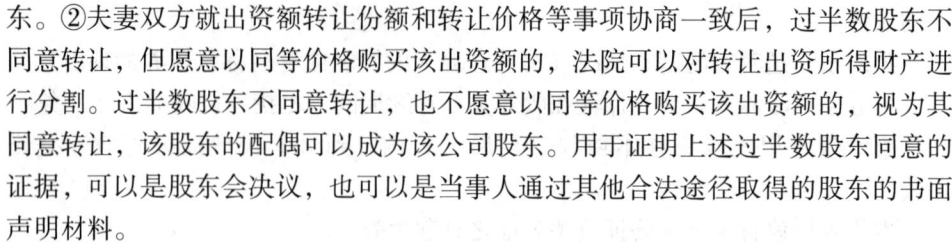

东。②夫妻双方就出资额转让份额和转让价格等事项协商一致后，过半数股东不同意转让，但愿意以同等价格购买该出资额的，法院可以对转让出资所得财产进行分割。过半数股东不同意转让，也不愿意以同等价格购买该出资额的，视为其同意转让，该股东的配偶可以成为该公司股东。用于证明上述过半数股东同意的证据，可以是股东会决议，也可以是当事人通过其他合法途径取得的股东的书面声明材料。

（4）涉及分割夫妻共同财产中以一方名义在合伙企业中的出资，另一方不是该企业合伙人的，当夫妻双方协商一致，将其合伙企业中的财产份额全部或者部分转让给对方时，按以下情形分别处理：①其他合伙人一致同意的，该配偶依法取得合伙人地位。②其他合伙人不同意转让，在同等条件下行使优先受让权的，可以对转让所得的财产进行分割。③其他合伙人不同意转让，也不行使优先受让权，但同意该合伙人退伙或者退还部分财产份额的，可以对退还的财产进行分割。④其他合伙人既不同意转让，也不行使优先受让权，又不同意该合伙人退伙或者退还部分财产份额的，视为全体合伙人同意转让，该配偶依法取得合伙人地位。

（5）夫妻以一方名义投资设立独资企业的，法院分割夫妻在该独资企业中的共同财产时，应当按照以下情形分别处理：①一方主张经营该企业的，对企业资产进行评估后，由取得企业一方给予另一方相应的补偿。②双方均主张经营该企业的，在双方竞价基础上，由取得企业的一方给予另一方相应的补偿。③双方均不愿意经营该企业的，按照《个人独资企业法》等有关规定办理。

（6）双方对夫妻共同财产中的房屋价值及归属无法达成协议时，法院按以下情形分别处理：①双方均主张房屋所有权并且同意竞价取得的，应当准许。②一方主张房屋所有权的，由评估机构按市场价格对房屋作出评估，取得房屋所有权的一方应当给予另一方相应的补偿。③双方均不主张房屋所有权的，根据当事人的申请拍卖房屋，就所得价款进行分割。

（7）离婚时双方对尚未取得所有权或者尚未取得完全所有权的房屋有争议且协商不成的，法院不宜判决房屋所有权的归属，应当根据实际情况判决由当事人使用。待完全取得房屋所有权后，仍有争议的，可以另行起诉。

（8）离婚后农村妇女土地承包经营权的保护。《婚姻法》第39条第2款规定："夫或妻在家庭土地承包经营中享有的权益等，应当依法予以保护。"同时《农村土地承包法》第30条规定："承包期内，妇女结婚，在新居住地未取得承包地的，发包方不得收回其原承包地；妇女离婚或者丧偶，仍在原居住地生活或者不在原居住地生活但在新居住地未取得承包地的，发包方不得收回其原承包地。"因此，农村妇女在离婚后不离开原来村子的，承包土地等村民待遇应不变。

当事人的土地承包权不因离婚而丧失或有重大改变。因离婚不给农村的妇女责任田或收回离婚妇女责任田的行为属于违法行为。

5.【解题思路】

讨论观点一：人民法院会支持王女士的请求而认定婚姻无效。简单述理：李某某与赵女士登记结婚时，其同时还与王女士存在婚姻关系，李某某的行为属于典型的重婚，从性质上来说是绝对无效、自始无效。不能认为前一个婚姻关系已经解除，后一个婚姻关系就不能被宣告为无效，因此，不能简单地将重婚事由消失认定为"法定的无效婚姻情形已经消失"。

讨论观点二：人民法院不会支持王女士的请求。简单述理：依据《婚姻法解释（一）》第 8 条规定，当事人申请宣告婚姻无效时，如果重婚的情形已经消失，法院对当事人的申请应当不予支持。该条并没有规定重婚情形除外，既然没有作出排除或例外性规定，就不能以维护一夫一妻制为由，简单认为重婚属于绝对无效的情形。本案中王女士申请宣告婚姻无效时，其与李某某的婚姻关系已被法院生效判决所解除，即李某某重婚的事实状态已不存在，法院判决驳回王女士请求宣告李某某与赵女士婚姻无效的申请是正确的。

法院判决结果：法院经审理后认为，王女士到法院申请宣告李某某与赵女士的婚姻无效时，其已经与李某某离婚，此时李某某只有一个婚姻，并非同时存在两个或两个以上的婚姻。根据依据《婚姻法解释（一）》第 8 条规定："当事人依据《婚姻法》第 10 条规定向人民法院申请宣告婚姻无效的，申请时，法定的无效婚姻情形已经消失的，人民法院不予支持。"据此判决：驳回王女士请求宣告李某某与赵女士婚姻无效的申请。

最高人民法院民一庭倾向性意见：当事人以重婚为由向人民法院申请宣告婚姻无效的，申请时，有效婚姻关系的当事人办理了离婚手续或配偶一方已经死亡的，人民法院不予支持。

6.【解题思路】

讨论观点一：沈某军对被告沈某玲的收养行为发生在《收养法》修改前，根据原法律规定，收养登记并不是收养关系成立的条件。收养行为只要不违反原法律规定的其他条件，就应认定收养关系成立。

讨论观点二：该案应适用修改后的《收养法》，应当办理收养登记，且沈某玲并未与沈某军生活过，而一直跟随沈某孝共同生活，故应确认收养关系无效。

法院判决结果：本案所涉收养关系发生在 1994 年 12 月，应适用收养行为发生时的法律规定确认收养行为的效力。本案收养人沈某军与原告生父系亲堂兄弟关系，属收养三代以内同辈旁系血亲子女，同时收养人收养被告时已年满 35 周岁，无子女，符合《收养法》规定的收养条件，虽未经登记，但应认定双方收养关系已成立。而且沈某军收养行为没有违反计划生育规定。沈某玲长时间在沈某孝家生活并不能改变沈某军收养沈某玲事实成立。故确认沈某军生前与沈某玲存在收养关系。

7.【解题思路】

讨论观点一：涉案车辆应为夫妻共同共有。该车虽是婚前原告父亲购买，但是车辆登记的时间在结婚之后，且登记在被告名下，应属于夫妻共同财产。

讨论观点二：涉案车辆应为婚前个人财产。原告父亲为其女儿结婚而购买的车辆，在性质上属于陪嫁物，陪嫁物在法律性质上属于婚前个人财产。

法院判决结果：为女儿结婚，原告父亲在婚前购买的汽车作为陪嫁物，是女方家人对女方的婚前个人赠与，属女方的婚前个人财产。

8.【解题思路】

讨论观点一：婚姻关系存续期间，夫妻一方以个人名义所负债务应当按夫妻共同债务处理，本案中徐先生对何女士的债务承担连带清偿责任。

讨论观点二：依据《最高人民法院关于审理涉及夫妻债务纠纷案件适用法律有关问题的解释》第3条的规定，夫妻一方在婚姻关系存续期间以个人名义超出家庭日常生活需要所负的债务，债权人以属于夫妻共同债务为由主张权利的，人民法院不予支持，但债权人能够证明该债务用于夫妻共同生活、共同生产经营或者基于夫妻双方共同意思表示的除外。

法院判决结果：本案所涉债务虽然发生在徐先生与何女士夫妻关系存续期间，但徐先生具有正当职业和收入，何女士所借款项远远超出了家庭日常生活需要。何女士在本案中以个人名义所负的债务未取得徐先生的共同签字或者事后追认，卢女士、张女士亦未能举证证明该债务用于徐先生和何女士的共同生活、共同生产经营或者基于徐先生和何女士双方共同意思表示。因此判决徐先生对何女士债务不承担连带清偿责任。

9.【解题思路】

讨论观点一：蒋某妻子向原告借款即便属实，因发生在其起诉与妻子离婚及双方分居之后，故借款属妻子单方面的意思，不属于夫妻共同债务。

讨论观点二：债权人就婚姻关系存续期间夫妻一方以个人名义所负债务主张权利的，应当按夫妻共同债务处理。但夫妻一方能够证明债权人与债务人明确约定为个人债务，或者能够证明属于《婚姻法》第19条第3款规定情形的除外。

法院判决结果：法院经审理认为，本案原告与被告冯女士间的民间借贷关系既有借贷合意，又有款项交付事实，该借贷关系成立。但冯女士在向原告借款时，蒋某已再次起诉离婚，两人夫妻关系不和，冯女士向原告借款事先未征得丈夫同意，事后亦未得到丈夫追认。蒋某与原告互不相识，也未参与借款洽谈，两人间也缺乏借贷合意。冯女士向原告借款金额巨大，冯女士为儿子购房也属家庭重大事项，应由夫妻双方共同协商处理，冯女士单方向原告借款不构成家事代理。同时，冯女士为其子购房并非履行法定抚养义务，其向原告借款未用于家庭共同生活，且并未因此增加夫妻共同财产。法院还认为，冯女士在婚姻关系面临解体之际向陈某举债，其真实目的是增加夫妻共同债务，以此增加蒋某负担，主观上存在恶意。据此，法院判决被告冯女士向原告借款属冯女士个人债务，由被告冯女士独自还本付息，被告蒋某不负责任。

10. 【解题思路】

讨论观点一：祁某新持有的祁某升代书遗嘱是无效的，祁某忠、祁某新、祁某兰三兄妹依照法定继承的原则共同继承父母留下的房屋。

讨论观点二：祁某新持有的祁某升代书遗嘱是有效的，本案诉争遗产房屋应由祁某新继承所有。继承开始后，有遗嘱的，按照遗嘱继承。代书遗嘱应当有两个以上的见证人在场见证，其中一人代书，注明年、月、日，并由代书人、其他见证人和遗嘱人签名。根据本案证人证言：该代书遗嘱系祁某升口述，代书人蓝某所写，焦某、宿某在场见证，并且祁某升在遗嘱上按手印，该遗嘱是祁某升的真实意思表示。且依据当时张某荣的病情，张某荣已无能力表达自己的意见，不具备完全民事行为能力，祁某升作为张某荣的配偶，是张某荣的法定代理人，其代表张某荣对其二人财产的处分，亦对张某荣发生法律效力。故该代书遗嘱合法有效，诉争房屋应当按照遗嘱内容由祁某新继承所有。

讨论观点三：祁某新持有的祁某升代书遗嘱中涉及处理祁某升遗产的部分合法有效，该份遗嘱中处分张某荣财产的部分应属无效。因诉争房屋系祁某升与张某荣的夫妻共同财产，其中1/2份额应当作为祁某升的遗产，按照遗嘱应由祁某新继承所有。诉争房屋中属于张某荣的一半份额应当由其三个子女祁某忠、祁某新、祁某兰按照法定继承的相关规定依法继承。

法院判决结果：本案争议的焦点问题是祁某新所持有的祁某升遗嘱的效力问题。根据《继承法》第17条的相关规定，代书遗嘱应有两个以上见证人在场见证，其中一人代书，注明年、月、日，并由代书人、见证人及遗嘱人签名，方为有效。祁某新持有的祁某升遗嘱，经由蓝某代书，焦某、宿某在场见证，蓝某、焦某、宿某分别在遗嘱上签字，虽然祁某升以按手印的方式代替了签字，但蓝某、焦某、宿某均出庭作证证明了该份遗嘱确是祁某升真实意思表示且手印确为祁某升亲自所留，故可以认定祁某升所立遗嘱符合代书遗嘱的法定生效条件，该份遗嘱中涉及处理祁某升遗产的部分合法有效。因诉争房屋系祁某升与张某荣的夫妻共同财产，其中1/2份额应当作为祁某升的遗产，按照遗嘱应由祁某新继承所有。关于祁某新所持有的遗嘱中涉及处分张某荣财产部分的效力问题，虽然祁某忠、祁某新、祁某兰均认可张某荣在去世之前的十余年间因患脑部疾病瘫痪在床失去语言表达能力，但张某荣现已去世，目前已不具备准确判断其是否具备遗嘱行为能力的客观条件。但根据本案的查明事实，祁某新持有的遗嘱上并无张某荣签字或手印，从见证人的证言中亦可得知立遗嘱时张某荣并不在场，故即使在 2008 年立遗嘱当时，张某荣具备遗嘱行为能力，该份遗嘱亦不能证实系其真实意思表示，该份遗嘱中处分张某荣财产的部分应属无效。反之，若张某荣在 2008 年立遗嘱时已不具备相应的行为能力，其配偶祁某升固然可作为其法定代理人，但根据《民法通则》第 18 条的相关规定，法定代理人必须依法履行其监护职责，除为被监护人自身利益外，不得处理被监护人的财产。综上所述，无论张某荣在 2008 年祁某升订立代书遗嘱时是否具备行为能力，该份遗嘱中处分张某荣财产的部分均属无效。故诉争房屋中属于张某荣的一半份额应当由其三个子女祁某忠、祁某新、祁某兰按照法定继承的相关规定依法继承。

学习单元四

1.【解题思路】

（1）把握处理相邻关系的基本原则和方法，只要做到有利生产、方便生活、团结互助、公平合理，调处结果就是科学的，也是合法有效的。

（2）在民法上，比照适用是普遍存在的，可以参照类似问题的法律规定处理。

（3）充分考虑当地的民情民意。

2.【解题思路】

（1）如果当地的风俗习惯是国家认可的民事习惯（如合同法中的交易习惯），该风俗习惯已经具备法律规范的效力，当然适用。

（2）如果当地的风俗习惯还没有经过认可，虽不具备法律规范的效力，在调处矛盾纠纷时也要充分考虑。

（3）民法上当事人意思自治是普遍适用的原则，具有非常重要的作用，当事人自愿达成的协议只要不违反法律的强制性规定和禁止性规定即为有效。

3.【解题思路】

（1）赵某、钱某、孙某在自家窗户上安装防盗护栏是出于安全考虑，显然没有违反小区管理有关规约的规定，其行为是合法的、适当的。

（2）在允许安装防盗护栏的小区里，安装护栏是很多居民的共同做法，符合当地的民情民意，是一种民事习惯。

（3）无论在《民法通则》上还是在《侵权责任法》上，赵某、钱某、孙某的行为均不构成侵权行为，对李某不承担损害赔偿责任。

（4）应当做李某的思想工作，让其也安装护栏以防再次被盗，可以调处赵某、钱某、孙某分担一定的费用。

4.【解题思路】

（1）本案涉及农村建房的"共山"（共用山墙）问题，通常情况下，后建房的一方需要共山的应当经先建房的一方同意，是否支付费用由双方协商。

（2）本案两家房屋原本就共山，若不同意吴某共山就要拆除吴某才建好的二层并且也会缩小吴某房屋的面积，同时也在一定程度上改变了房屋的原有结构。所以，文某应当同意吴某共山。

（3）文某若要求吴某支付费用，应当支持。

（4）若文某坚决要求吴某拆除二层的飘檐，应当支持。

学习单元五

1.【解题思路】

在处理悬赏广告纠纷时应当注意以下问题：①首先确认悬赏人的资格。②帮助当事人确定报酬的数额。一般情况下，悬赏广告会对支付报酬的数额有明确约定，支付报酬时以约定为准。也有一些悬赏广告只是说"请予归还遗失物，失主愿重金酬谢"。在处理此类纠纷时，报酬的数额一般应当不低于行为人为此付出的费用等成本又不高于悬赏广告人因此而获得的最高利益。③帮助当事人确定特殊情况下报酬的领取人。对于悬赏广告约定的行为负有特定义务、法定义务的人，不能按照悬赏广告，要求支付报酬。④确定完成悬赏广告行为所产生的成果的归属。

2.【解题思路】

本题的焦点是酒店和顾客之间是否成立保管合同关系。解题要点有：成立保管合同，保管合同是实践合同；酒店应当负责，酒店停车惯例，无偿保管人对保管物毁损、灭失的责任（参见《合同法》第367、368、374条的规定）。

3.【解题思路】

（1）本案法律分析：本案的焦点是民间借贷合同纠纷，纪某无法证明其与陈某之间存在着1万元的借款合同。刘某提供的证书只能证明纪某参与介绍宅基地买卖赚取介绍费是事实，不能据此推定纪某借款给陈某的事实。证人的证词虽在一定程度上证明了借款情况，但由于证人证言的复杂性，在没有其他相关证据相互印证的情况下，纪某所举的证据不足以证明借款的事实，证据不足，应承担不利的法律后果，故不应支持纪某的诉求。

（2）作为司法所工作人员，应当按照规定的程序接待当事人，为当事人简单进行法律分析，根据当事人要求，提供相关指引。

在我国农村的民间借贷中，由于双方相互信任，特别是在双方有一定的亲戚、朋友关系的借款中，出借方因碍于面子开不了口要借条，借款方也没主动出具借据，一旦发生纠纷时出借方很难举出足够有力的证据，有时明明是借出了钱也得吃哑巴亏。

4.【解题思路】

（1）法律分析：本案是服务合同纠纷，酒店应当承担赔偿责任。肖某接受新郎李某的宴请，到某大酒店去喝酒，事实上就与该酒店形成了一种服务合同关系。因此该酒店作为服务一方的经营者就应当保证其提供的各种服务（不管是有偿还是无偿）都是有利于消费者，而不能危害消费者的人身或财产的安全，否则就得承担赔偿责任。免费的酒水属于酒店所提供服务的一部分，因此酒店作为服务的经营者应当为此承担赔偿责任，而不能以免费提供服务为由拒绝赔偿（《消费者权益保护法》第11、35条）。酒水的生产厂家也要承担损害赔偿责任，肖某作为消费者，有权按照自己的意愿选择索赔对象。

（2）根据当事人要求，按照工作规程，进行代理。

学习单元六

1.【解题思路】

依据《司法鉴定程序通则》《全国人民代表大会常务委员会关于司法鉴定管理问题的决定》以及《司法鉴定机构登记管理办法》，司法鉴定机构应当经各省、区、直辖市司法行政机构批准登记。

司法鉴定机构接受鉴定委托，应当要求委托人出具鉴定委托书，提供身份证明，并提供委托鉴定事项所需的鉴定材料。委托人委托他人代理的，应当要求出具委托书。司法鉴定机构应当在与委托人签订司法鉴定协议书之日起30个工作日内完成委托事项的鉴定。鉴定事项涉及复杂、疑难、特殊的技术问题或者检验过程需要较长时间的，经本机构负责人批准，完成鉴定的时间可以延长，延长时间一般不得超过30个工作日。司法鉴定机构和司法鉴定人在完成委托的鉴定事项后，应当向委托人出具司法鉴定文书。

有下列情形之一的，司法鉴定机构可以接受委托进行重新鉴定：①原司法鉴定人不具有从事原委托事项鉴定执业资格的；②原司法鉴定机构超出登记的业务范围组织鉴定的；③原司法鉴定人按规定应当回避没有回避的；④委托人或者其他诉讼当事人对原鉴定意见有异议，并能提出合法依据和合理理由的；⑤法律规定或者人民法院认为需要重新鉴定的其他情形。

接受重新鉴定委托的司法鉴定机构的资质条件，一般应当高于原委托的司法鉴定机构。

2.【解题思路】

由于经济发展是一个动态过程，而《人身损害赔偿解释》关于赔偿标准的计算是依据受害人当地人均收入和生活水平确定，因此人身损害赔偿数额就需要依据当地统计部门每年公布的统计公报计算，统计公报是各省、自治区、直辖市每年度的《国民经济和社会发展统计公报》，此数据在网上即可查询获得。

3.【解题思路】

法律服务工作人员应首先了解双方的主要争议，了解双方真实诉求。找准切入点、采取正确方法进行解决。

本案涉及的主要争议在于赵某家对李某红姓名的不当使用，不仅侵害了李某红的姓名权，而且由于双方居住地域距离较近，一定程度上对李某红造成了一定的心理压力。因此，李某红和方某提出将其自己的名字从墓碑上抹去的要求是合理的，但需考虑到赵某家当时使用李某红姓名并非出于恶意，且修改墓碑涉及费用问题，因此应以说服工作为主，必要时可由李某红给予对方相应补偿。

4.【解题思路】略。

5.【解题思路】

周家人打伤孙乙的行为侵害了其健康权，应当予以赔偿。如果孙乙的伤情经鉴定构成轻伤，则孙乙有权以提起刑事自诉的方式要求追究侵害人的刑事责任；如果孙乙的伤情经鉴定构成重伤，则由公安机关进行立案侦查。

孙周两家买卖房屋的纠纷在先，但并不构成周家人侵害他人人身权的理由。但在调解解决时双方可据此原因互谅互让，相互承担各自的责任。

6.【解题思路】略。

学习单元七

1.【解题思路】

国务院《国有土地上房屋征收与补偿条例》（以下简称《条例》）颁布实施后，原《城市房屋拆迁管理条例》随即废止。结合房屋拆迁行为的过程，拆迁人可以提起行政诉讼的具体行为有：

（1）含有具体行政行为内容的拆迁公告。对于拆迁公告的可诉性问题，应当具体问题具体分析。如果拆迁公告仅为政府某项区域性建设决定，无论形式还是内容，其只能归入抽象行政行为范畴，而不具可诉性。但如果拆迁公告中包含对特定对象的拆迁补偿安置标准，搬迁方法和某些限制性强制措施，被拆迁人认为公告的这些内容不合法则可提起行政诉讼，人民法院应当受理。

（2）履行补偿协议过程中发生争议。《条例》第 25 条第 2 款规定："补偿协议订立后，一方当事人不履行补偿协议约定的义务的，另一方当事人可以依法提起诉讼。"与之前拆迁条例中签订补偿协议的是拆迁人不同，本条例中与被征收人签订补偿协议的是房屋征收部门，因此，补偿协议由原先的民事合同变为现在的行政合同。

根据《条例》的规定，补偿协议是房屋征收部门与被征收人之间就房屋征收与补偿等具体事宜所达成的协议。协议主体为房屋征收部门与被征收人，其中房屋征收部门为行政主体；协议内容为房屋征收与补偿的具体事宜，包括补偿方式、补偿金额、支付期限、用于产权调换房屋的地点和面积、搬迁费、临时安置费或者周转房、停产停业损失、搬迁期限、过渡方式和过渡期限等事项。由于征收是一种公权力行为，征收与补偿的具体内容由此也具有了一定的公共性。因此，从主体、内容等方面分析，条例所规定的征收补偿协议应属于行政合同。

根据《条例》的规定，补偿协议签订后，一方当事人不履行补偿协议所确定的义务，另一方有权向法院提起诉讼。在实践中，如果当事人因补偿协议发生争议，应适用特殊的诉讼程序救济，即行政诉讼，而不是普通的民事救济程序。

（3）搬迁补助和奖励办法。《条例》第 17 条规定："作出房屋征收决定的市、县级人民政府对被征收人给予的补偿包括：①被征收房屋价值的补偿；②因征收房屋造成的搬迁、临时安置的补偿；③因征收房屋造成的停产停业损失的补偿。市、县级人民政府应当制定补助和奖励办法，对被征收人给予补助和奖励。"补助和奖励并不是普惠的，而是有特定对象的。补助主要是针对因征收而导致生活困难的被征收人，由政府根据被征收人的生活困难程度及其工作能力而给予的一种补贴和帮助。而奖励则是为了鼓励被征收人配合政府征收工作而给予的一种物质上的激励。

因此补助和奖励行为是直接涉及被征收人权益增损的具体行政行为，对此不服的，被征收人应有权提起行政诉讼。此外，从行政行为的法律性质上讲，此处的补助和奖励分别属于行政给付与行政奖励。最高人民法院《关于规范行政案件案由的通知》已明确将行政奖励和行政给付列为行政案件的案由。

2.【解题思路】

实施行政处罚，必须依照法定程序进行。行政处罚的程序分为简易程序和一般程序。行政机关和当事人对违法事实认定有重大分歧，当事人要求听证或者行政机关认为有必要进行听证的，行政机关应当组织听证，进入听证程序。

（1）简易程序。简易程序指违法事实确凿并有法定依据，对公民处以 50 元以下、对法人和其他组织处以 1000 元以下罚款或者警告处罚的，可以当场作出行政处罚决定。其具体步骤是：首先，执行人员向当事人出示执法身份证件。其次，填写预定格式行政处罚通知书，并当场交付当事人。最后，当事人对行政处罚决定没有异议，应在行政处罚决定书上签名或盖章；若对处罚不服，可以申请行政复议或者提起行政诉讼。另外，当场作出的行政处罚决定，执法人员要向所属行政机关备案。

（2）一般程序。除简易程序外，行政处罚按一般程序进行。其具体步骤：一是对违法行为进行调查，收集证据。二是调查终结后，行政机关负责人对调查结果进行审查，根据不同情况，分别作出给予行政处罚、免予行政处罚、不给予行政处罚、移送司法机关的决定。三是行政机关告知当事人作出行政处罚决定的事实、理由及其依据，并告知当事人依法享有陈述和申辩的权利。四是制作行政处罚决定书。五是将行政处罚决定书交付当事人，不能当场交付的，应当在 7 日内送达当事人。

（3）听证程序。行政机关作出责令停产停业、吊销许可证或执照、较大数额罚款等行政处罚之前，应当告诉当事人有要求举行听证的权利；当事人要求听证的，行政机关应当组织听证。当事人不承担行政机关组织听证的费用。听证程序步骤如下：一是当事人要求听证的，应当在行政机关告知后 3 日内提出；二是行政机关应当在举行听证 7 日前，通知当事人举行听证的时间、地点；三是听证由行政机关指定的非本案调查人员主持，当事人认为主持人与本案有利害关系时，有权申请回避；四是当事人可以参加听证，也可以委托 1～2 人代理；五是举行听证时，调查人员提出当事人违法的事实、证据和行政处罚建议，当事人进行质证；六是听证应当制作笔录，笔录交当事人审核无误后签字或者盖章；七是除涉及国家秘密、商业秘密或者个人隐私外，听证公开举行。

（4）治安管理处罚。这是特殊的行政处罚，有三种形式：一是警告；二是 1元以上 200 元以下罚款；三是 1 日以上 15 日以下的拘留。处罚机关是有关公安部门。处罚适用传唤、讯问、听证、裁决的程序。《治安管理处罚法》对相关内容都有明确规定。

3.【解题思路】

（1）依据《江西省行政处罚听证程序规定》第 2 条第 3 项规定，对法人处以 2 万元以上罚款的，应当告知当事人有要求举行听证的权利。被申请人在作出处罚决定前没有告知申请人该项权利，其作出的《行政处罚决定书》因违反程序而无效，复议机关应予撤销。

（2）依据国家××总局《××××处罚办法》第 17 条第 2 项规定，省辖市级人民政府××××行政主管部门可处以 5 万元以下罚款，超过 5 万元的罚款，报上一级××××行政主管部门批准。被申请人对申请人的罚款高达 10 万元，而其作出的《行政处罚决定书》没有载明其已得到江西省××××厅的批准，显而易见，被申请人越权作出的行政处罚没有法律效力，复议机关应予撤销。

4.【解题思路】

（1）沙×在尚未离婚时就与原告登记领取结婚证，且用的婚姻状况证明等全是通过私刻公章等方法伪造的，那么原告王×与沙×登记结婚，就属于无效婚姻，婚姻登记机关应当撤销当事人的结婚证。

（2）原告向婚姻登记机关兰州市××区民政局要求撤销结婚证，可被告的一位负责人对此事调查后却以"经请示市局，要求当事人到法院办理"为由不予理睬。被告的行为已构成行政不作为，故原告可以提起诉讼，请求判令被告履行法定职责，依法撤销原告与沙×的结婚证。

5.【解题思路】

本书认为，被告无任何证据证实被害人梁××有吸毒行为，随意将其抓走，实行强制戒毒，这是违法的，是造成被害人梁××死亡的前提和基本原因。

张××等人执行戒毒所的保安工作，是行使职权行为，与被告实施强制戒毒密不可分，他们的违法行为造成被害人梁××死亡的严重后果当然由被告承担。

戒毒所是被告所属单位，被告对戒毒所负有监管的责任。张××等人伤害被害人梁××致死是被告对强制戒毒所管理不善所致，被告理应承担法律责任。

原告作为被害人梁××的母亲，以上诉讼请求正当、合法，但因请求赔偿和复议未果，故向法院起诉，请求法院维护原告的合法权益。

学习单元八

1.【解题思路】

（1）一是电机厂占用村民土地引发的土地纠纷；二是电机厂打伤村民而产生的人身伤害纠纷；三是村民围堵机电厂引发的治安案。急需解决的就是围堵电机厂影响其生产之事。

（2）由街道、司法所及有关部门负责人组成工作小组，首先，深入该村民小组做群众思想教育工作，向群众宣传有关法律知识，教育群众解决纠纷要依照法律程序，把法律教育与行政措施相结合，稳住民心，劝解村民主动解除围堵。其次，会同派出所、村委会对双方当事人打架造成的医疗费、营养费的赔偿问题进行协商调解。最后，协调解决电机厂占用村民土地的问题。

（3）法律服务所接受村民委托后，首先要指定法律服务工作者代理村民解决与电机厂的法律问题。对村民土地被非法占用的问题，经村民同意后，正式向电机厂要求其停止侵害、退出所占用的土地，并要求电机厂对非法占用期间给村民造成的土地损失给予补偿；对被打伤村民的人身伤害赔偿问题，要求电机厂赔偿被打伤村民的医疗费、误工费等损失。

对这两个问题的解决方法，首先谋求协商解决；协商不成，再起诉至人民法院。

2.【解题思路】

（1）可以。根据《劳动争议调解仲裁法》第44条规定，该案符合先予执行的条件，可以根据当事人的申请，裁决先予执行，移送人民法院执行。

（2）一是可以说服镇政府领导先从镇财政所拨钱垫付63名外省农民工的工资。二是引导农民工向仲裁庭申请先予执行。

（3）代理全部员工（包括被垫资的员工）向法院申请执行，经过法院拍卖厂房、设备，收回垫资款归还给乐平镇政府。

3.【解题思路】

（1）第一步：司法所人员一方面稳定两人情绪，疏散现场围观员工；另一方面电话联系公司负责人，暂缓清理员工出厂，劝说双方依法依规解决问题。

第二步：引导劳资双方到该区劳动仲裁委员会解决问题。

（2）争执关键在于公司是否非法解除劳动合同。

可以得到。依据《劳动合同法》《劳动合同法实施条例》的规定，用人单位依法解除、终止劳动合同应当向劳动者支付经济补偿，同时规定用人单位违法解除或者终止劳动合同，应当向劳动者支付赔偿金。

（3）请劳动仲裁委员会出面帮助做解释工作，可利用劳动仲裁委员会对当事人的约束力和公信力弥补调解工作中的不足，起到事半功倍的作用。

4.【解题思路】

（1）《工伤保险条例》第14条第1项规定，在工作时间和工作场所内，因工作原因受到事故伤害，应当认定为工伤。

（2）《工伤保险条例》对工伤待遇作了如下规定：

第五章 工伤保险待遇

第三十条 职工因工作遭受事故伤害或者患职业病进行治疗，享受工伤医疗待遇。

职工治疗工伤应当在签订服务协议的医疗机构就医，情况紧急时可以先到就近的医疗机构急救。

治疗工伤所需费用符合工伤保险诊疗项目目录、工伤保险药品目录、工伤保险住院服务标准的，从工伤保险基金支付。工伤保险诊疗项目目录、工伤保险药品目录、工伤保险住院服务标准，由国务院社会保险行政部门会同国务院卫生行政部门、食品药品监督管理部门等部门规定。

职工住院治疗工伤的伙食补助费，以及经医疗机构出具证明，报经办机构同意，工伤职工到统筹地区以外就医所需的交通、食宿费用从工伤保险基金支付，基金支付的具体标准由统筹地区人民政府规定。

工伤职工治疗非工伤引发的疾病，不享受工伤医疗待遇，按照基本医疗保险办法处理。

工伤职工到签订服务协议的医疗机构进行工伤康复的费用，符合规定的，从工伤保险基金支付。

第三十一条　社会保险行政部门作出认定为工伤的决定后发生行政复议、行政诉讼的，行政复议和行政诉讼期间不停止支付工伤职工治疗工伤的医疗费用。

第三十二条　工伤职工因日常生活或者就业需要，经劳动能力鉴定委员会确认，可以安装假肢、矫形器、假眼、假牙和配置轮椅等辅助器具，所需费用按照国家规定的标准从工伤保险基金支付。

第三十三条　职工因工作遭受事故伤害或者患职业病需要暂停工作接受工伤医疗的，在停工留薪期内，原工资福利待遇不变，由所在单位按月支付。

停工留薪期一般不超过 12 个月。伤情严重或者情况特殊，经设区的市级劳动能力鉴定委员会确认，可以适当延长，但延长不得超过 12 个月。工伤职工评定伤残等级后，停发原待遇，按照本章的有关规定享受伤残待遇。工伤职工在停工留薪期满后仍需治疗的，继续享受工伤医疗待遇。

生活不能自理的工伤职工在停工留薪期需要护理的，由所在单位负责。

第三十四条　工伤职工已经评定伤残等级并经劳动能力鉴定委员会确认需要生活护理的，从工伤保险基金按月支付生活护理费。

生活护理费按照生活完全不能自理、生活大部分不能自理或者生活部分不能自理 3 个不同等级支付，其标准分别为统筹地区上年度职工月平均工资的 50%、40% 或者 30%。

第三十五条　职工因工致残被鉴定为一级至四级伤残的，保留劳动关系，退出工作岗位，享受以下待遇：

（一）从工伤保险基金按伤残等级支付一次性伤残补助金，标准为：一级伤残为 27 个月的本人工资，二级伤残为 25 个月的本人工资，三级伤残为 23 个月的本人工资，四级伤残为 21 个月的本人工资；

（二）从工伤保险基金按月支付伤残津贴，标准为：一级伤残为本人工资的 90%，二级伤残为本人工资的 85%，三级伤残为本人工资的 80%，四级伤残为本人工资的 75%。伤残津贴实际金额低于当地最低工资标准的，由工伤保险基金补足差额；

（三）工伤职工达到退休年龄并办理退休手续后，停发伤残津贴，按照国家有关规定享受基本养老保险待遇。基本养老保险待遇低于伤残津贴的，由工伤保险基金补足差额。

职工因工致残被鉴定为一级至四级伤残的，由用人单位和职工个人以伤残津贴为基数，缴纳基本医疗保险费。

第三十六条 职工因工致残被鉴定为五级、六级伤残的，享受以下待遇：

（一）从工伤保险基金按伤残等级支付一次性伤残补助金，标准为：五级伤残为 18 个月的本人工资，六级伤残为 16 个月的本人工资；

（二）保留与用人单位的劳动关系，由用人单位安排适当工作。难以安排工作的，由用人单位按月发给伤残津贴，标准为：五级伤残为本人工资的 70%，六级伤残为本人工资的 60%，并由用人单位按照规定为其缴纳应缴纳的各项社会保险费。伤残津贴实际金额低于当地最低工资标准的，由用人单位补足差额。

经工伤职工本人提出，该职工可以与用人单位解除或者终止劳动关系，由工伤保险基金支付一次性工伤医疗补助金，由用人单位支付一次性伤残就业补助金。一次性工伤医疗补助金和一次性伤残就业补助金的具体标准由省、自治区、直辖市人民政府规定。

第三十七条 职工因工致残被鉴定为七级至十级伤残的，享受以下待遇：

（一）从工伤保险基金按伤残等级支付一次性伤残补助金，标准为：七级伤残为 13 个月的本人工资，八级伤残为 11 个月的本人工资，九级伤残为 9 个月的本人工资，十级伤残为 7 个月的本人工资；

（二）劳动、聘用合同期满终止，或者职工本人提出解除劳动、聘用合同的，由工伤保险基金支付一次性工伤医疗补助金，由用人单位支付一次性伤残就业补助金。一次性工伤医疗补助金和一次性伤残就业补助金的具体标准由省、自治区、直辖市人民政府规定。

第三十八条 工伤职工工伤复发，确认需要治疗的，享受本条例第三十条、第三十二条和第三十三条规定的工伤待遇。

第三十九条 职工因工死亡，其近亲属按照下列规定从工伤保险基金领取丧葬补助金、供养亲属抚恤金和一次性工亡补助金：

（一）丧葬补助金为 6 个月的统筹地区上年度职工月平均工资

（二）供养亲属抚恤金按照职工本人工资的一定比例发给由因工死亡职工生前提供主要生活来源、无劳动能力的亲属。标准为：配偶每月 40%，其他亲属每人每月 30%，孤寡老人或者孤儿每人每月在上述标准的基础上增加 10%。核定的各供养亲属的抚恤金之和不应高于因工死亡职工生前的工资。供养亲属的具体范围由国务院社会保险行政部门规定

（三）一次性工亡补助金标准为上一年度全国城镇居民人均可支配收入的 20 倍。

伤残职工在停工留薪期内因工伤导致死亡的，其近亲属享受本条第一款规定

的待遇。

一级至四级伤残职工在停工留薪期满后死亡的，其近亲属可以享受本条第一款第（一）项、第（二）项规定的待遇。

第四十条　伤残津贴、供养亲属抚恤金、生活护理费由统筹地区社会保险行政部门根据职工平均工资和生活费用变化等情况适时调整。调整办法由省、自治区、直辖市人民政府规定。

第四十一条　职工因工外出期间发生事故或者在抢险救灾中下落不明的，从事故发生当月起3个月内照发工资，从第4个月起停发工资，由工伤保险基金向其供养亲属按月支付供养亲属抚恤金。生活有困难的，可以预支一次性工亡补助金的50%。职工被人民法院宣告死亡的，按照本条例第三十九条职工因工死亡的规定处理。

第四十二条　工伤职工有下列情形之一的，停止享受工伤保险待遇：

（一）丧失享受待遇条件的；

（二）拒不接受劳动能力鉴定的；

（三）拒绝治疗的。

第四十三条　用人单位分立、合并、转让的，承继单位应当承担原用人单位的工伤保险责任；原用人单位已经参加工伤保险的，承继单位应当到当地经办机构办理工伤保险变更登记。

用人单位实行承包经营的，工伤保险责任由职工劳动关系所在单位承担。

职工被借调期间受到工伤事故伤害的，由原用人单位承担工伤保险责任，但原用人单位与借调单位可以约定补偿办法。

企业破产的，在破产清算时依法拨付应当由单位支付的工伤保险待遇费用。

（3）可以。依据《法律援助条例》第10条第2项的规定，公民对请求给予社会保险待遇或者最低生活保障待遇的事项，因经济困难没有委托代理人的，可以向法律援助机构申请法律援助，也可以就该事项向法律援助机构申请法律咨询。另外，该条例第14条规定，请求给予社会保险待遇、最低生活保障待遇或者请求发给抚恤金、救济金的，向提供社会保险待遇、最低生活保障待遇或者发给抚恤金、救济金的义务机关所在地的法律援助机构提出申请。

5.【解题思路】

（1）与B公司取得联系，确定李某是否已到B公司上班。了解李某的真实想法。

（2）确定李某的行为是否属于《劳动合同法》第39条第2项规定的"严重违反用人单位的规章制度的"行为。如果A公司的规章制度将此行为确定为严重违纪行为，则A公司解除劳动合同不违反法律，且无需支付补偿金。

（3）司法所工作人员应向李某说明：根据《劳动合同法》第 39 条第 4 项的规定，劳动者同时与其他用人单位建立劳动关系，对完成本单位的工作任务造成严重影响，或者经用人单位提出，拒不改正的，用人单位可以解除劳动合同。并且告知李某，因劳动者的违法行为导致解除合同的，用人单位不给予经济补偿金或赔偿金。